DROEMER

Prof. Dr. Axel Buether

Die geheimnisvolle Macht der Farben

Wie sie unser Verhalten und Empfinden beeinflussen

DROEMER

Besuchen Sie uns im Internet:
www.droemer.de

Aus Verantwortung für die Umwelt hat sich die Verlagsgruppe Droemer Knaur zu einer nachhaltigen Buchproduktion verpflichtet.
Der bewusste Umgang mit unseren Ressourcen, der Schutz unseres Klimas und der Natur gehören zu unseren obersten Unternehmenszielen.
Gemeinsam mit unseren Partnern und Lieferanten setzen wir uns für eine klimaneutrale Buchproduktion ein, die den Erwerb von Klimazertifikaten zur Kompensation des CO_2-Ausstoßes einschließt.
Weitere Informationen finden Sie unter: www.klimaneutralerverlag.de

MIX
Papier aus verantwortungsvollen Quellen
FSC www.fsc.org
FSC® C083411

Originalausgabe Mai 2020

Ein Imprint der Verlagsgruppe Droemer Knaur GmbH & Co. KG, München

Infografiken Teil 1: Dinah Kübeck
Infografiken Teil 2: Heike Krauss und Rahel Brochhagen
Wissenschaftliche Mitarbeit: Heike Krauss
Redaktion: Nadine Lipp
Covergestaltung: Rahel Brochhagen
Satz: Adobe InDesign im Verlag
Druck und Bindung: CPI books GmbH, Leck
ISBN 978-3-426-27787-4

5 4

Inhalt

II
DIE KULTUR DER FARBEN

Einleitung
Wie Farben unser Leben beeinflussen

»Die Erfahrung lehrt uns,
daß die einzelnen Farben besondre
Gemütsstimmungen geben.«
Johann Wolfgang von Goethe

Die ganze Welt ist voller Farben. Bunte, grelle, sanfte; reine, laute, kühle; dumpfe, satte, leuchtende Farben. Es gibt Farbexplosionen und »Fifty shades of grey«. Wir sind umgeben von Farben, und ihre Wirkung auf uns ist unmittelbar. Farben teilen uns etwas mit, sie ziehen uns an oder stoßen uns ab, sie beruhigen oder warnen uns. Sie sind Botschafter der Natur, ebenso wie auch wir uns über Farben mitteilen. Als Kommunikationsinstrument haben Farben nicht nur eine große Bedeutung, sie sind sogar überlebenswichtig. Hätten sie diese eingeschriebene biologische Funktion und Bedeutung nicht, würden wir sie erst gar nicht sehen. Farben sind kein hübsches Beiwerk, wir brauchen sie tatsächlich zum Überleben.

Farben prägen unsere Selbst- und Umweltwahrnehmung und steuern unser Verhalten. Dabei ist es keineswegs selbstverständlich, dass Lebewesen Farben wahrnehmen, denn der biologische Aufwand fürs Farbensehen ist extrem hoch. Unser Gehirn verbraucht etwa 60 Prozent seiner neuronalen Ressourcen für die Verarbeitung der Informationen, die es über das Licht erhält und aussendet.[1] In Bruchteilen einer Sekunde werden gewaltige Datenmengen von bis zu 240 Megabit zwischen Augen und Gehirn ausgetauscht – solche Datenmengen würden einen modernen Breitbandanschluss komplett auslasten.

Farbe ist unser schnellstes, leistungsfähigstes und einflussreichstes Sinnesmedium. Farben offenbaren uns nicht nur die faszinierenden Geheimnisse der Natur, sondern auch die Schöpfungen unserer eigenen Farbkultur. Dabei können wir die verschiedenen Farben niemals von ihren Bedeutungen und Wirkungen trennen, denn sobald wir sie bewusst wahrnehmen, hat unser Gehirn sie bereits interpretiert. Demzufolge nimmt jeder Mensch Farben auf seine ganz persönliche Weise wahr, sodass Farben nur in unserem Kopf existieren. Die Umwelt bleibt so lange unsichtbar, bis das Licht zur Wahrnehmung wird.

Unsere Farbwahrnehmung wird von biologischen und kulturellen Faktoren geprägt, weshalb sie dort objektiv und mitteilbar ist, wo sie der Verständigung mit der Natur und den Menschen dient. Farben sind unser Fenster zur Welt – im Einklang mit allen Sinnen legt dieses Fenster fest, was wir von der Welt wahrnehmen, worauf wir reagieren und wie wir uns dabei fühlen. Doch die Macht der Farben reicht weit über unsere Spezies hinaus. Farben bilden das größte Kommunikationssystem der Erde. Jede Farbe der Natur hat genau bestimmbare biologische Funktionen, die ich Ihnen an anschaulichen Beispielen aus dem Tier- und Pflanzenreich zeigen und in ihrer Bedeutung für unsere Farbkultur und unseren Alltag vorstellen werde. Die tiefen Beziehungen zwischen der Natur und Kultur der Farben werden Ihnen nach dem Lesen so selbstverständlich erscheinen, dass Sie Ihre Umwelt fortan mit anderen Augen sehen werden.

Farbe ist ein atmosphärischer Umweltfaktor, der uns müde, lustlos und krank machen oder auch wach, aktiv und gesund erhalten kann. In der weltweit größten Studie zu den Wirkungen von Farben auf das Wohlbefinden und die Gesundheit von Patienten und Personal in der Intensivmedizin habe ich mit meinem

Forschungsteam dazu erschreckende wie ermutigende Tatsachen herausgefunden. Atmosphären wirken nicht nur auf das Wohlbefinden und die Gesundheit des Menschen, sondern sie beeinflussen auch den Medikamentenverbrauch und den Krankheitsstand des Pflegepersonals.

Doch Farben erfüllen noch viele andere wichtige Funktionen. Wir orientieren uns an Farben, identifizieren uns mit Farben, ernähren uns nach Farben, werben durch Farben oder verstecken uns hinter Farben. Wir nehmen Farben zwar erst einmal nur mit unseren Augen, danach jedoch stets mit allen Sinnen wahr. Verantwortlich dafür sind wirkmächtige Assoziationen, die uns beständig mitteilen, wie etwas riecht und schmeckt oder sich anfühlt und verhält. Um es mit den leicht abgeänderten Worten des Philosophen Paul Watzlawick zu sagen: Wir können nicht nicht über Farben kommunizieren.[2]

Wir bilden unsere Farbexpertise in der frühen Kindheit und vervollkommnen sie ein Leben lang. Farben geben Auskunft über unsere Person, unser gesellschaftliches Milieu und unsere Identität – und jeder Mensch ist ein Farbexperte! Wir wissen meist nur sehr wenig davon, denn unser Gehirn verarbeitet etwa 99 Prozent aller Farbinformationen unbewusst. Farbe ist ein Medium wie die Sprache, das die innere psychische Welt unserer Erinnerungen, Gedanken und Emotionen mit der äußeren physischen Welt verknüpft. Jeder Mensch entwickelt daher seine eigenen Farbpräferenzen und reagiert individuell auf die Farbigkeit seiner Lebenswelt. Was uns dennoch verbindet, ist die Natur bzw. die natürliche Umgebung, in der wir leben, und die Teilhabe an der uns umgebenden Farbkultur.

Wer den Einfluss der Farben auf sein Leben verstehen und gestalten möchte, muss sich mit ihren Bedeutungen auseinandersetzen und ihre Wirkungen in unterschiedlichen Situationen verstehen. Wer die für sich richtigen Farben für den jeweiligen Gebrauchszweck findet, fühlt sich wohler und lebt gesünder, ist wacher, aufmerksamer und leistungsfähiger, denkt und lernt konzentrierter oder kommt schneller zur Ruhe und schläft besser ein, um nur einige Wirkungen zu nennen.

Mit diesem Buch möchte ich Sie ermuntern, mehr Farbe in Ihr Leben zu lassen, denn Farb-Wissen ist Macht und ein Schlüssel zu einem bewussteren und selbstbestimmten Leben.

I
DIE NATUR DER FARBEN

Die sieben biologischen Funktionen der Farben. Warum wir Farben sehen

Was verstehen Sie unter dem Begriff der Farbe?« Diese Frage stellte ich zum Auftakt einer internationalen Fachkonferenz etwa einem Dutzend Expertinnen und Experten aus Wissenschaften, Kultur und Industrie, als ich vor gut zehn Jahren zum Vorsitzenden des Deutschen Farbenzentrums gewählt wurde. Das Ergebnis erstaunte alle Beteiligten, denn jede der befragten Disziplinen definiert Farbe anders. Ob Naturphänomen, Sinnesempfindung, Wellenlänge, Farbladung, Farbvalenz, Farbwiedergabe, Pigment, Farbstoff, Atmosphäre, Ausdrucksmittel oder Kulturprodukt, wir brauchen viele Blickwinkel, um das Wesen der Farbe zu begreifen.

Um herauszufinden, warum es Farben überhaupt gibt, oder anders gesagt, warum das Farbensehen für unsere Spezies so bedeutend ist, dass es den größten Teil der Gehirnkapazität beansprucht, ist eine nähere Betrachtung ihrer biologischen Funktionen nötig. Ich habe mir dafür unterschiedliche Forschungsfelder der Biologie angeschaut und zum ersten Mal alle überlebenswichtigen Funktionen der Farbe nach signifikanten Merkmalen geordnet. Die sieben Kategorien, auf die ich so gekommen bin, ergeben die sieben biologischen Grundfunktionen der Farben. Diese sind: Orientierung, Gesundheit, Warnung, Tarnung, Werbung, Status und Verständigung. Im ersten Teil dieses Buches werde ich die Wirkung dieser Grundfunktionen an Beispielen aus der Tier- und Pflanzenwelt exemplarisch aufzeigen. Bevor es im zweiten Teil des Buches um die von uns Menschen produzierte Farbkultur geht, ist es wichtig, die Natur der Farben zu verstehen. Denn nur so lässt sich erkennen, warum, wie und in welchem Umfang Farben unser Leben steuern. Innerhalb der sieben biologischen Grundfunktionen, auf denen die Wirkmacht der Farben gründet, lässt sich keine Rangfolge festmachen, da die Funktionen oft gemeinsam auftreten und allesamt von großer Bedeutung für die Entfaltung und den Erhalt des Lebens sind.

Orientierung. Farbleitsysteme der Natur

Farbe ist das größte und vor allem leistungsfähigste Orientierungssystem der Natur. An der Buntheit der Natur zeigt sich das Maß an Biodiversität, von der Buntheit lässt sich auf die Vielfalt der Flora und Fauna schließen. Die Lebensräume mit dem größten Artenreichtum und der größten Farbenvielfalt der Erde sind die tropischen Regenwaldgebiete und die Korallenriffe.

Die größten Bauwerke der Welt werden von lebenden Korallenpolypen geschaffen, die Fotosynthese betreiben und dafür von vielfarbigen Mikroorganismen mit Glukose und anderen Nährstoffen versorgt werden. Wo Hunderttausende Arten auf engstem Raum in Freundschaft und Feindschaft zusammenleben, sind eindeutige und leistungsfähige Orientierungs- und Leitsysteme wichtig.[1] Nahsinne wie Tasten, Riechen und Schmecken reichen hier nicht aus, denn sie vermitteln Lebewesen in komplexen Umgebungen keine Übersicht. Auch das Hören verliert an Wert, wo wichtige Ereignisse wie Bedrohungen, Nahrung, Partner oder soziale Kontakte entweder keine identifizierbaren Geräuschmuster entwickeln oder von anderen Schallquellen überlagert werden. Stellen Sie sich einfach eine große Bahnhofshalle vor, in der Sie jemanden oder etwas suchen. Obwohl es dort meist sehr bunt zugeht, sorgen prägnante Farben wie ein roter Mantel, ein gelbes Taxischild oder eine blaue Anzeigentafel einfach, schnell und effizient für Orientierung.

Vielleicht haben Sie sich schon einmal gefragt, was die schöpferische Kraft der Evolution mit den expressiven Farbmustern bezweckt, etwa bei vielen Bewohnern der Korallenriffe. Wer würde sich Lebewesen ausdenken, deren goldenes Schuppenkleid mit cyanblauen Pünktchen übersät ist? Warum gibt es einen geleeartigen zitronengelben Fisch, dessen Augenränder und Schwanzflossen neongrün leuchten? Oder weshalb befindet sich auf einem ganz gewöhnlichen silbrig geschuppten Fisch ein großer neonoranger Fleck, der wie aufgesprüht wirkt?

In tropisch warmen Gewässern leben mehr als 1700 Buntbarscharten.[2] Die großen schwarzen Augen hat der Buntbarsch mit vielen Meeresbewohnern gemein. Die weit geöffneten Pupillen sorgen dafür, dass unter Wasser genügend Licht auf die Netzhaut fällt. Doch die hierdurch entstehende große Brennweite der Linse würde die Lichtstrahlen bei Tag auf verschiedenen Bereichen der Netzhaut fokussieren. Dieses Problem löst die Natur durch eine optische Meisterleistung. Die Linse des Buntbarschs weist gleich mehrere konzentrische Zonen auf, die durch Anpassung der Brennweiten das einfallende Licht verschiedener Wellenlängen optimal auf der Netzhaut bündeln. Buntbarsche haben noch einen weiteren Farbrezeptortyp für ultraviolettes Licht. Mit einer UV-Kamera erhalten wir eine Ahnung von den geheimnisvollen Mustern, die für seine Artgenossen auf dem Schuppenkleid zu sehen sind. Das kurzwellige Farbspektrum erleichtert Buntbarschen die Nahrungssuche, da sich kleinste Meeresbewohner wie Wasserflöhe viel deutlicher vor der hellen Wasseroberfläche abzeichnen. Das exklusive Farbspektrum hilft den Buntbarschen bei der Orientierung in sozialen Systemen, da sie ihre Artgenossen hierdurch schneller und sicherer identifizieren können.

Woran sich Buntbarschweibchen bei der Partnersuche orientieren, wurde kürzlich bei Forschungsexperimenten im Victoriasee entdeckt.[3] Reagieren die Augen der Weibchen sensibler auf kurzwelliges Licht, bevorzugen sie Männchen im blauen Schuppenkleid. Sind ihre Augen hingegen sensibler für das langwellige

Spektrum, geben sie Männchen mit orangeroten Zeichnungen den Vorzug. Die Auswahl des »Richtigen«, der nicht unbedingt der Schönste sein muss, liegt hier im wahrsten Sinne des Wortes im Auge der Betrachterin. Selbstverstärkungsprozesse, bei denen die Präferenzen des Weibchens die entscheidende Rolle spielen, bezeichnet man in der Biologie als »Fisher's Runaway Selection«.[4] Die Farbpräferenz der Weibchen sorgt für die Selektion der männlichen Gene, die darüber hinaus keine weiteren Vorteile bieten müssen. Dass Männchen nicht nur auf Basis eines allgemeinen Schönheitsideals, sondern auch aufgrund ihrer persönlichen Eigenarten geliebt werden können, ist nicht nur eine wunderbare Vorstellung, sondern ein Selektionsprinzip der Evolution. Buntbarschweibchen sorgen mit ihrer Farbpräferenz für die Selektion höchst individueller Farbkombinationen. Die exzentrischen Farbpräferenzen der Weibchen wie auch die fantasievollen Muster der Männchen werden gleichermaßen an die Nachkommen vererbt.

In komplexen Lebensumwelten sorgt der Ausdruck individueller Farbpräferenzen sehr effizient für Orientierung. Daran ändert sich auch nichts, wenn Korallenriffe für Außenstehende wie uns lediglich bunt und verwirrend wirken. Für den Arterhalt reicht es völlig aus, wenn sich die richtigen Adressaten von den Farbcodes angesprochen fühlen und hierüber die für sie wichtigen Informationen erhalten.

Gesundheit. Wohltuende Farben

Unsere nächsten biologischen Verwandten, die Schimpansen, bauen zwar keine Häuser, doch sie errichten sich Schlafnester aus Zweigen und Blättern in Baumkronen, die sowohl ausreichend Licht als auch genügend Schatten und Schutz bieten. Der Lebensraum der Schimpansen ist auch unsere angestammte Farbheimat.

Wir brauchen Licht, Luft und Farben für unser Wohlbefinden. Am gesündesten lebt es sich im Grünen, was aktuelle Studien eindrucksvoll belegt haben.[5] Mit dem Grünraum steigt die Lebensqualität. Am wohlsten fühlen wir uns, wenn wir uns in der freien Natur bewegen, doch selbst der Sichtkontakt zu einem Garten wirkt sich positiv auf unser Wohlbefinden und unsere Gesundheit aus.[6] Denn Grün ist nicht nur irgendeine Farbe für uns – der grüne Anteil des Lichtspektrums umfasst mehr als die Hälfte aller wahrnehmbaren Farbtöne. Das schauen wir uns später noch genauer an.

Tiere nutzen Farbmerkmale nicht nur für die Suche nach einem lebenswerten Habitat, sondern auch für die Auswahl gesunder Nahrungsmittel. In der Regel müssen sie viel Zeit und Energie für die Nahrungssuche aufwenden, weshalb es ihnen einen erheblichen Vorteil bietet, wenn sie einem Naturprodukt aus der Ferne ansehen können, ob sich der Aufwand seiner Beschaffung lohnt. Die gesparte Zeit kann das Tier sehr viel besser verwenden, um Naturprodukte wie reife Früchte, Pilze und Beeren oder frische Triebe zu suchen, deren Nährwert unverkennbar ist. Wer schon einmal in freier Natur nach Walderdbeeren oder Pilzen gesucht hat, kann das sicher gut nachvollziehen. Selbst die Ernte auf dem Erdbeerfeld wird deutlich erschwert, wenn man die Farben der reifen Früchte nicht erkennt.

Der Vorteil der Farbwahrnehmung zeigt sich nicht nur bei pflanzlicher Nahrung. Eine frische rötliche Farbe ist ein untrüglicher Indikator für die Beurteilung des Nährwerts und der Bekömmlichkeit von fleischlicher Nahrung. Bakterien und Pilze setzen Enzyme frei, die organische Verbindungen nach dem Tod schnell zersetzen. So wie viele andere Fleischfresser auch können wir den Fortschritt dieser Oxidationsprozesse anhand der Farbveränderungen diagnostizieren. Unwillkürlichen Körperreaktionen, die von Appetit und Heißhunger bis hin zu Ekel und Übelkeit reichen, können wir uns deshalb kaum entziehen. Der Stoffwechsel von Fleischfressern reagiert direkt auf die zartrosa

Färbung von Geflügelfleisch, die tiefrote von Rindfleisch und die dunkelrote von Wildfleisch. Färbt sich das Fleisch grau, sinkt der Appetit. Industriell produziertes Fleisch wird daher fast immer rot gefärbt, bevor es in den Handel kommt.[7] Auf gräulich-grüne und -gelbliche Farbspuren von Verwesungs- und Fäulnisprozessen reagiert unser Körper unwillkürlich mit Ekelgefühlen. Das ist ein natürlicher Schutzreflex, der uns ebenso wie viele Tiere vor Vergiftungen, bakteriellen Krankheitserregern und Parasitenbefall bewahrt.

Farben sind der natürliche Ratgeber für eine gesunde Ernährung, weil genau das zu ihren biologischen Grundfunktionen gehört. Wir nutzen unsere Sinne, um den Nährwert, Reifegrad und die Bekömmlichkeit potenzieller Nahrungsmittel zu beurteilen – und viele Tierarten tun das auch. Wenn wir der Farbe nicht vertrauen, sind wir an weiteren Merkmalen wie dem Geruch und der Konsistenz schon gar nicht mehr interessiert.

Doch Farben tun noch viel mehr für uns. Sie wirken ebenso wie der Geruch, die Konsistenz und der Geschmack auf unser vegetatives Nervensystem, um uns bei der Auswahl der Nahrung zu unterstützen und unseren Körper auf den bevorstehenden Verdauungsprozess vorzubereiten.[8] Beim Anblick von Farben, die wir mit nährstoffreichen Nahrungsmitteln assoziieren, reagiert unser Stoffwechsel mit Unterzuckerung. Die Produktion von Magensäften und der Speichelfluss werden angeregt, wir spüren Appetit. Dieses Gefühl macht sich auch dann bemerkbar, wenn wir auf farbige Abbildungen von Speisekarten oder Produktwerbungen schauen.

Warnfarben. Zwischen Angst und Provokation

Menschen und Tiere reagieren reflexhaft auf Warnfarben, ihre Reaktionen sind blitzschnell, intuitiv und hochemotional, denn genau das ist ihre biologische Funktion. Vom Zeitpunkt eines Ereignisses bis zu dem Augenblick, in dem wir es bildhaft vor uns sehen, vergeht etwa eine Sekunde. Um einer akuten Gefahr zu entkommen, kann diese Zeitspanne dennoch zu lang sein, zumal wir auch noch unsere Reaktionszeit dazuaddieren müssen. Darauf müssen wir uns zum Glück nicht immer verlassen, denn unser Nervensystem verfügt über einen reflexartigen Schutzmechanismus, der uns häufig vor Schlimmerem bewahrt. Achten Sie beispielsweise im Alltag auf Ihre Reaktionen, wenn sich eine Wespe nähert. Die Farbkombination Gelb-Schwarz sorgt dafür, dass wir intuitiv zurückweichen, was uns manch schmerzhafte Begegnung erspart. Wir agieren weit defensiver als bei anderen Insekten, deren harmlose Farbtracht keinen Alarm verursacht. Abschreckende Farben oder Farbkombinationen sorgen nicht nur für maximale Aufmerksamkeit und Emotionen, sondern lösen in Bruchteilen einer Sekunde unwillkürliche Abwehr-, Flucht- oder Vermeidungsreaktionen aus.[9]

Warnfarben warnen selbst unaufmerksame Beobachter schnell und effizient vor lebensbedrohlichen Gefahren wie Krankheiten, Verletzungen und Tod. Einige Tierarten haben hieraus wirksame Waffen zur Abschreckung ihrer Feinde entwickelt. Dieser evolutionäre Erfindungsgeist, der uns schon einmal in Schockstarre versetzen kann, zeigt sich besonders anschaulich an den Baumsteigerfröschen, von denen uns etwa 170 Arten bekannt sind. Obwohl sie sehr klein sind, flößen sie Menschen wie Tieren großen Respekt ein. Dabei produziert nur etwa ein Drittel der Arten die tödlichen Hautgifte, die ihnen auch den Titel Pfeilgiftfrösche eingetragen haben. Einige Arten der Lurche sowie Giftfrösche bilden geradezu chemische Kampfstoffe. Nicht um zu töten, sondern um potenzielle Feinde vor einem Angriff zu warnen. Leuchtend rote, gelbe, orange, grüne und blaue Signalfarben sorgen vor schwarzem Hintergrund für ein Repertoire des Schreckens. Damit die Gefahr selbst unter komplexen Umweltbedingungen und bei wenig Licht nicht zu übersehen ist, werden sogar fluoreszierende Pigmente eingesetzt.

Das Prinzip der Abschreckung funktioniert jedoch nur dann erfolgreich, wenn Angreifer mit dem Leben davonkommen und anderen über die qualvollen Erfahrungen berichten. Was nutzt einem Giftfrosch wie dem brasilianischen Aparasphenodon brunoi sein starkes Gift, von dem ein Gramm 80 Menschen oder 300 000 Mäuse töten kann, wenn niemand davon weiß! Der A. brunoi nutzt daher seinen Stachel, um Angreifer durch die Verabreichung einer winzigen Giftdosis so leiden zu lassen, dass sie dieses fürchterliche Erlebnis und seine Warntracht nie wieder vergessen.[10] Nach dieser Erfahrung wird der Angreifer einen großen Bogen um alle Tiere mit glänzend schwarzer Haut und neonorange schimmernden Flecken machen. Es ist zudem wahrscheinlich, dass andere Warntrachten gleichermaßen erkannt und respektiert werden.

Wespen setzen ihr Gift ebenfalls dosiert ein, um vom Angreifer Respekt einzufordern. Wenn wir panische Angstreaktionen vor Wespen zeigen, legen wir anderen Menschen unsere Warnung sehr viel eindringlicher ans Herz, als wir es mit Worten jemals könnten. Dass wir beobachtete Angstreaktionen emotional und physisch am eigenen Leibe spüren, haben wir den Spiegelneuronen unseres Gehirns zu verdanken. Die Wirkungen von Warnfarben graben sich hierdurch besonders tief in unser emotionales Gedächtnis.[11]

Warnfarben wirken daher auch bei völlig harmlosen Tieren wie Schmetterlingen. Die großen Punkte auf ihren Flügeln sollen weit aufgerissene Augen imitieren – und ihre Fressfeinde fallen tatsächlich darauf herein. Die Imitation von Warntrachten wird in der Biologie als Mimikry bezeichnet. Schlangenarten wie die Dreiecksnatter und die Lystrophis nutzen den schwarz-weiß-roten Farbcode hochgiftiger Korallenottern, um Angst und Schrecken zu verbreiten. Die schwarz-gelbe Warntracht von Wespen ist bei Hochstaplern aus dem Reich der Insekten sehr gefragt. Schwebfliegen, Bockkäfer, Hornissenschwärmer und die Schmetterlingsraupen der Gattung Jakobskrautbär nutzen den Bekanntheitsgrad dieser Warntracht, um ihre Feinde von einem schmackhaften Imbiss abzuhalten. Das Pokerspiel geht jedoch nur dann gut, wenn nicht zu viele Nachahmer in einem Habitat vorhanden sind. Sobald die Räuber den Bluff entdecken, wird es lebensgefährlich für die Betrüger.

Von jeder Gefahr geht auch eine Faszination aus, wenn wir sie aus sicherer Entfernung oder in anderem Kontext betrachten. Die Farbkombination von Schwarz und Neonrot wirkt extrem abschreckend, wenn wir sie bei einer Giftspinne wie der Schwarzen Witwe wahrnehmen. Kaum jemand würde sich so anziehen oder seine Umgebung mit Warnfarben gestalten. Doch bei Produkten für junge Zielgruppen, wie Sportschuhe und T-Shirts, können diese aufreizenden Farbkombinationen sehr erfolgreich sein. Bei der Beurteilung der Farbwirkung kommt es immer auf den Kontext an.

Tarnfarben. Die Kunst des Verschwindens

Die Kunst der Tarnung, in der Biologie auch Mimese genannt, wird im gesamten Naturraum praktiziert. Wer zu schwach, zu langsam oder zu unbeweglich ist, um sich durch Angriff oder Abschreckung vor gefährlichen Räubern in Sicherheit zu bringen, muss sich gut verstecken. Am effektivsten funktioniert das Versteckspiel im gesamten Tagesablauf, wenn Tiere für die Augen ihrer Feinde unsichtbar werden. Die meisten Tiere sind in ihrem angestammten Lebensraum sehr schwer zu finden, da ihre Tarntracht perfekt mit den Farben des Hintergrunds verschmilzt. Selbst nachtaktive Tiere legen Wert auf Tarnfarben, damit sie bei Tageslicht ungestört ruhen können und auch bei Mondlicht nicht zu erkennen sind. Die hohe Kunst des Farbwechsels, die wir tagtäglich mit unserer Kleidung praktizieren, bleibt hingegen nur wenigen Tieren wie Tintenfischen, Kraken und Chamäleons vorbehalten. Mithilfe von Chromatophoren passen sie ihre Körperfarbe jeder Umgebung an. Wenn das nicht reicht, verschwinden Tintenfische in einer Farbwolke aus Melanin, ein Farbstoff, den sie für den Fall ihrer Entdeckung aufbewahren.

Quallen verzichten hingegen lieber ganz auf Farbstoffe, damit ihre transparenten Körper im Meer nicht so einfach zu entdecken sind. Doch wie uns das glänzend weiße Fell von Eisbären zeigt, kann sich der Verzicht auf Farbstoffe auch ganz anders auf das Erscheinungsbild auswirken. Der schillernd weiße Glanzeffekt des Eisbärfells entsteht an den hohlförmigen transparenten Haaren, an denen sich das Licht wie in Schneekristallen spiegelt und bricht. In seiner eisigen weißen Lebenswelt ist das Raubtier damit ebenso perfekt getarnt wie die dort lebenden Schneeleoparden und Schnee-Eulen. Andere Tiere wie Schneehasen, Hermeline und Polarfüchse wechseln ihre Farbtracht mit den Jahreszeiten, im Winter ist ihr Fell weiß, im Sommer braun.

Die meisten Tiere nutzen jedoch die sandigen und erdigen Tönungen des Farbstoffs Melanin für ihre Tarnung, der auch dem menschlichen Körper seine Farbe gibt. Wo der Farbstoff nicht gleichmäßig über Haut, Fell, Federn und Schuppen verteilt ist, kommt es zur Musterbildung. Die Evolution lebt zwar vom kreativen Zufall, doch auf lange Sicht sorgt allein das Leben dafür, dass die effizientesten Muster genetisch bewahrt werden.

Die Tarnkunst wird nicht nur von den Gejagten, sondern auch von den Jägern beherrscht. Raubtiere brauchen eine wirksame Tarnung, um sich dicht an ihre Opfer heranzuschleichen, denen sie in Sachen Geschwindigkeit und Ausdauer meist deutlich unterlegen sind. Großkatzen sind für ihre Opfer besonders schwer erkennbar. Wenn sich ein Raubtier seinem Opfer gegen die Windrichtung annähert und dabei Gräser, Buschwerk oder Unterholz zur Tarnung nutzt, bewirken unregelmäßige Streifen, Flecken und Rosetten, dass die Gestalt des Jägers in unidentifizierbare Einzelteile zerfällt. Bei Raubtieren funktioniert dieses Verwirrspiel weit weniger effizient, da ihre Farbwahrnehmung meist sehr viel besser funktioniert. Für sie bleibt die Gestalt der gemusterten Opfer meist konstant. Daher ist man auch lange Zeit nicht darauf gekommen, warum Zebras so auffällige Streifenmuster tragen. Die Facettenaugen von Insekten wie Mücken und Tsetse-Fliegen, die gefährliche Krankheitsüberträger sind, können diese Streifenmuster nicht ausreichend auflösen, was ihnen die Landung nachweisbar erschwert.[12] Was Tarnfarben sind, liegt im Auge des Betrachters.

Schauen wir zuletzt noch auf die Meister der Tarnung, die so detailgenau an ihre Umgebung angepasst sind, dass sie sich nicht vor den wachsamen Blicken ihrer Feinde verstecken müssen. Die Sandflöhe der Tropeninsel Ascension passen sich den Korngrößen und Farben der hellgelben, bräunlichen und rötlichen Sandstrände so perfekt an, dass sie für die scharfen Augen hungriger Krabben und Raubvögel nicht zu sehen sind. Furchtlose Vögel wie die Regenpfeifer legen ihre gefleckten Eier ganz offen in das Kiesbett von Flüssen und Seen, die den Steinen selbst in der Nähe noch zum Verwechseln ähnlich sehen. Wie Ausgeburten einer überschäumenden Fantasie wirken hingegen Stabheuschrecken und tropische Gespenstschrecken, die ihre Namen völlig zu Recht tragen. Einige Exemplare imitieren das Erscheinungsbild brauner Äste oder grüner Blätter mit so hoher Perfektion, dass sie selbst in der Fortbewegung noch wie wandelnde Pflanzen wirken.

Werbung. Die Schönheit der Farben

Sie haben sicher schon einmal die Schleppe eines Pfaues bewundert, auf der uns eine Vielzahl schillernder bunter Augen anblickt, wenn das Tier seine Schwanzfedern zu einem kreisrunden Rad aufspannt. Doch hätten Sie gewusst, dass die Anzahl und Fläche dieser Augen auf der Farbtracht des Männchens verlässliche Prognosen zur Überlebenswahrscheinlichkeit seines Nachwuchses erlaubt?[13] Pfauenweibchen reagieren intuitiv auf das Geheimnis dieser Farbenpracht und räumen den Bewerbern höhere Chancen ein. In der Evolutionsbiologie gibt es dafür eine Erklärung, die als »Gute-Gene-Hypothese« bekannt wurde. Farben gelten hiernach als Visitenkarte des genetischen Codes, da sie den Angehörigen der betreffenden Art die Vorhersage gesunder und starker Nachkommen erlauben.[14] »Schöne Farben« sind für den jeweiligen Betrachter oder die Betrachterin ein genetisches Kennzeichen von Vitalität.

Die biologische Funktion der Schönheit zeigt sich auf ganz andere Weise an den Kunstwerken der Laubenvögel, die einzigartige Bauwerke errichten und sie mit farbigen Blättern, Blüten und Früchten dekorieren. Je unscheinbarer ein Männchen gefärbt ist, desto mehr Mühe und Sorgfalt verwendet es auf die Farbgestaltung seines Baus. Die Schönheit des fertigen Werks bringt ihm die Bewunderung der Weibchen ein und ermöglicht ihm die Weitergabe seiner Gene.[15] Die Bauten der Laubenvögel befinden sich oft in Sichtweite, was die Weibchen zu Vergleichen ermuntert und den Konkurrenzdruck bei den Männchen erhöht. Wer nicht genug Farben findet, bedient sich auch mal bei den Nachbarn.[16] Der Ideenklau ist keine menschliche Erfindung. Die erfolgreichsten Künstler können sich auf diese Weise mit Dutzenden von Weibchen verpaaren. Wer nicht kreativ genug ist, stirbt aus. Schönheit ist der Preis für die Unsterblichkeit.

Biologen gehen sogar so weit, die Baukünste des Laubenvogels als sekundäres Geschlechtsmerkmal zu bezeichnen. Die Gestaltung der eigenen Lebenswelt lässt ihre Bewohner attraktiv, begehrenswert und vital erscheinen. Kreise aus leuchtenden Blütentönen wie Blau, Orange oder Gelb bilden einen spannenden Kontrast zu den gräulichen Brauntönen der Gräser und Zweige, die sie für das Flechtwerk ihrer Nestbauten verwenden.[17] Tragwerk und Dekor bilden hierdurch eine gestalterische Einheit, die jedem Element seine Wirkung lässt. Wo keine Farbe, kein Kontrast und kein Farbklang unbedacht bleibt, kann auch nicht weggenommen oder ergänzt werden, ohne die gesamte Komposition zu schwächen. Doch woher wissen Laubenvögel eigentlich, was schöne Farben sind und wie sie damit schöne Lebensumwelten gestalten können?

Ganz einfach, sie richten die Farbauswahl und Komposition an den Verhaltensänderungen aus, die sie bei ihrer Zielgruppe bewirken wollen. Präferiert das Weibchen Blau, dann basiert die Gestaltung ganz auf dieser Farbe. Der männliche Seidenlaubenvogel sammelt zum Beispiel bevorzugt blaue Blüten, Früchte und Schwanzfedern, die er zu kunstvollen Ornamenten anordnet. Manche Vögel betätigen sich auch als Maler, indem sie Früchte zerkauen und die gewonnenen Farbstoffe mithilfe ihrer Federn am Bau verstreichen. Damit das Blau besser zur Geltung kommt, werden Farbkontraste geschaffen, was der Laubenvogel durch die Komposition von Blau mit rosa Blütenblättern oder purpurfarbenen Federn erreicht. Mit großer Selbstverständlichkeit machen Laubenvögel auch von Resten der Zivilisation Gebrauch. Wenn Laubenvögel farbige Objekte wie Verschlüsse von Trinkflaschen, Becher und Löffel in den Schnabel bekommen, dann bauen sie aus Plastikmüll kunstvolle Installationen mit Hunderten von Einzelteilen, die in der Tierwelt einzigartig sind.

Status.
Die soziale Hierarchie der Farben

Auffällige Farben sind ein biologisches Merkmal von Dominanz. Nach der »Handicap-Hypothese« haben die Männchen mit den auffälligsten Farbtrachten schon deshalb gute Chancen bei den Weibchen, weil sie noch am Leben sind.[18] In den Augen der Weibchen haben sie besonderen Mut bewiesen, denn die Zurschaustellung auffälliger Farbmerkmale provoziert nicht nur die Konkurrenz, was zu dauerhaften Machtkämpfen führen kann, sondern weckt auch den Appetit potenzieller Feinde. Wer seine Farbpracht offensiv zur Schau stellt, muss sich das Statussymbol leisten können.

Schauen wir uns dazu die Hackordnung der Hühnervögel an, die das Sozialverhalten aller Gruppenmitglieder steuert. Der evolutionäre Nutzen von Farbhierarchien zeigt sich immer dort, wo die einzelnen Mitglieder sozialer Gemeinschaften von klar erkennbaren Rangordnungen profitieren. Bei den etwa 250 bekannten Arten der Hühnervögel ist der Sexualdimorphismus meist sehr stark ausgeprägt. Die geschlechtsspezifischen Statusgruppen der Hähne und Hühner sind sofort und eindeutig an ihrer Farbigkeit erkennbar. Die Farbtracht der Junghühner ähnelt den graubraunen Tarnfarben der Hennen, wobei je nach Art noch einige spezifische Farbmerkmale hinzukommen. Die Farben der alten und kranken Tiere wirken verblasst. Die dominanten Männchen sind nicht nur bunter, sondern auch größer, schwerer und kräftiger. Sie sorgen für die innere Ordnung, den sozialen Zusammenhalt und die äußere Sicherheit der Gruppe. Dafür stehen sie ganz oben in der sozialen Hierarchie.

Die prägnantesten Bunttöne zeigen sich an den langen prachtvollen Schwanzfedern wie den meist nackten Kamm-, Kehl- und Ohrlappen, die stark durchblutet sind und bei emotionaler Erregung deutlich anschwellen. Die Kämme vieler Arten wie die unserer Haushühner sind immer signalrot gefärbt. Bei den Hennen erreicht die Schwellung und Rötung der Kämme ein Maximum während der Legeperiode. Die trächtigen Hühner bilden daher eine eigene Statusgruppe, die von den anderen klar unterscheidbar ist.

Am Erscheinungsbild der Männchen tritt die soziale Funktion der Farben noch deutlicher zum Vorschein. Die Köpfe und Hälse dominanter Männchen sind auffällig gefärbt, während die Rangniederen deutlich blasser daherkommen, was ihre Chancen bei den Weibchen zunichtemacht. Sie fügen sich in ihr Schicksal und unterstützen den farbenprächtigsten Hahn bei der Eroberung der Hennen, was sozialen Zusammenhalt der Gemeinschaft und langfristig auch ihren Fortbestand fördert. Am spannendsten jedoch sind die Farbveränderungen, die bei Schwäche, Krankheit oder Tod des Anführers zu beobachten sind. Beim Sieger der Hahnenkämpfe um die Macht sorgen genetische Veränderungen in verhältnismäßig kurzer Zeit für ein farbenprächtigeres Aussehen. Aus dem subdominanten wird ein dominanter Phänotyp.[19] Farbe ist das Statussymbol, mit dem der neue Herrscher seinen Rang in der Gruppe manifestiert. Ein Blick auf den Symbolgebrauch des Purpurs, auf den ich im zweiten Teil des Buches zu sprechen komme, weist erstaunliche Parallelen zur Farbhierarchie der Hühnervölker auf.

Verständigung. Die Sprache der Farben

Da Farben das Verhalten so stark steuern, stellt sich die Frage, ob der Austausch von Farbcodes in der Tier- und Pflanzenwelt bereits eine Sprache ist. Die Klärung der kommunikativen Funktion des Sinnesmediums bildet einen Schwerpunkt meiner eigenen Farbforschung, die von den biologischen Ursprüngen bis zum Symbolgebrauch führt.

Alles Leben steht untereinander und mit der Umwelt in einem ständigen Austausch. Mit jeder neuen Erkenntnis über die Zeichensysteme in Flora und Fauna wächst unsere Einsicht, dass die Sprache keine Erfindung des Menschen ist, sondern eine Grundbedingung der Evolution. Die moderne Bio- und Zoosemiotik führt uns vor Augen, dass jedes Lebewesen mit seiner Umwelt kommuniziert und dafür alle Mittel nutzt, die ihm zur Verfügung stehen.[20]

Farbe ist das leistungsfähigste Kommunikationsmittel der Natur, was allein schon der Aufwand belegt, den ein Organismus in die Produktion und Verteilung von körpereigenen Farbstoffen und die neuronalen Kapazitäten für das Farbensehen investieren muss. Der größte Aufwand steckt in der Produktion des Seheindrucks, der uns natürlich viel mehr zu erzählen hat als die Farben, aus denen er besteht.

Farben sind das Sinnesmaterial und der Programmcode unserer Bilder, die wir heute mit einem Klick auf das Display unserer Smartphone-Kameras erstellen und in Echtzeit mit Adressaten auf der ganzen Welt austauschen können. Pflanzen und Tiere verfügen über viel einfachere Kommunikationsmittel, die dennoch ihren Zweck erfüllen. Die Farbensprache der Tiere führt uns vor Augen, wie gut diese nonverbale Verständigungsform in komplexen sozialen Gemeinschaften funktioniert. Jedes Individuum kann seine Gefühle, Gedanken und Handlungsabsichten durch Farben zur Sprache bringen und hierdurch gezielt Wirkung erzielen.

Chamäleons sind bekannt als Magier des Tierreichs, da sie ihre Körperfarben nach Belieben wechseln können. Doch die Frage, warum sie das tun und wie sie es anstellen, blieb lange Zeit ein Mysterium. Doch mit dem steigenden Interesse an den Geheimnissen der Natur wird immer deutlicher, dass diese Zeichensysteme auch unserer Sprachkultur zugrunde liegen.

Die Farbensprache der Chamäleons weist nicht nur ein Repertoire an bedeutsamen Zeichen auf, sondern besitzt auch eine semantische und syntaktische Struktur. Die Reptilien nutzen ihre Farbwechsel, um anderen Mitgliedern ihrer Sprachgemeinschaft konkrete Bedeutungen zu signalisieren, um sie zu Handlungen wie Verhaltensänderungen aufzufordern. Die Adressaten zeigen wiederum durch Farbsignale, ob und wie sie die Botschaft verstanden haben. Sie signalisieren ihre Antworten in differenzierter Form, was zur Weiterführung oder auch zum Abbruch der Konversation führen kann. Alle Mitglieder dieser Sprachgemeinschaft kennen diese Farbcodes und gebrauchen sie, um sich untereinander zu verständigen.

In ihrer angestammten Umgebung sind Chamäleons nicht einfach zu entdecken, da die Köperfarbe der Reptilien perfekt an ihre Umgebung angepasst ist. Doch anders als die meisten Tiere sind sie in der Lage, die Farbe ihrer Körperhülle zu verändern, um ihrer Umgebung etwas mitzuteilen und sich mit ihren Artgenossen zu verständigen. (Das tun wir übrigens auch, wenn wir durch Farben kommunizieren, doch mit ganz anderen Mitteln.) Seine wundersame Fähigkeit zum Farbwechsel verdankt das Chamäleon »intelligenten« Materialien, die in zwei Hautschichten seiner Körperhülle eingebettet sind. In der tiefer liegenden Hautschicht befinden sich Iridophoren, die ein Gitternetz aus Nanokristallen bilden und durch Interferenzeffekte für schillernde Buntfarben sorgen. Die typischen Farbwechsel entstehen durch Veränderungen des Gitterabstandes, die über physische Faktoren wie den Blutdruck und die Muskelanspannung gesteuert werden. Dem Chamäleon stehen damit aktive wie passive Kommunikationsmittel zur Verfügung.[21]

Wenn ein Chamäleon keinen Kontakt will und seine Ruhe braucht, dann passt es sich der Farbigkeit seiner Umgebung an. Auch wir nutzen unauffällige Kleidungsfarben, wo wir nicht auffallen oder ungestört bleiben möchten. Die Farbigkeit eines Chamäleons nimmt hingegen sichtbar zu, wenn es emotional erregt ist, was den aufmerksamen Artgenossen nicht entgeht, die solche Botschaften intuitiv verstehen. Hinter dem faszinierenden

Farbenspiel können sich Gefühle wie Wut und Aggression oder Zuneigung und Liebe verbergen. Für Machtkämpfe steht den Reptilien ein ganzes Repertoire an Farbcodes zur Verfügung, mit dem sie ihren Konkurrenten Verhaltenszustände anzeigen, die zwischen Dominanz und Unterwerfung liegen. Signalfarben wie leuchtende Rot-, Gelb- und Orangetöne, die oft in grellen Kombinationen auftauchen, signalisieren dem Kontrahenten höchste Kampfbereitschaft und geben ihm eine unmissverständliche Warnung. Wer hingegen seinen Rückzug ankündigen will, um einen Kampf zu vermeiden oder zu beenden, vermittelt seine Absicht durch matte Farben, die zugleich auch an Kontrast verlieren.

Weibchen sind bei den Chamäleons an ihrer dezenten Farbtracht erkennbar, bei der pastellige Töne dominieren. Wenn sie paarungswillig sind, kommen weibliche Farben verstärkt zur Geltung. Wer jetzt sofort an Rosa denkt, hat eine weitere Gemeinsamkeit zu unserer Farbensprache entdeckt. Männchen werden von den Farbsymbolen der Weiblichkeit erregt und zur Kontaktaufnahme ermuntert. Befruchtete Weibchen legen sich hingegen dunkle Muster auf ihren zarten Farben zu, um aufdringlichen Bewerbern ihr Desinteresse zu demonstrieren und weitere Flirtversuche zu unterbinden. Männchen nutzen Signalfarben wie Blutrot, Neonorange und Neongrün sowie spektakuläre Farbkontraste, um dem anderen Geschlecht durch ihre Schönheit aufzufallen und Begehren zu erregen. Sie tun dies, da vitale Farben, wie bereits ausgeführt, die effektivste Strategie der Werbung sind. Männchen fragen attraktive Weibchen zudem mit speziellen Farbsignalen höflich an, ob sie an einer Paarung interessiert sind. Diese geben wiederum durch Farbsignale kund, was sie von dem Annäherungsversuch halten. Das Männchen merkt daran, ob sich weitere Versuche lohnen oder ob bei diesem Weibchen einfach nichts zu erreichen ist.

Wenig attraktiv wirken blasse Farben, die Alter und Krankheiten kennzeichnen. Jungtiere können im Wettstreit noch nicht mithalten, da sie ihre unauffällige Farbtracht, die zwischen Beige, Ocker und Schwarz liegt, noch nicht ablegen können. Sie müssen warten, bis sie »sprachfähig« geworden sind, was erst dann eintritt, wenn sich die Iridophoren in den Hautschichten gebildet haben.

Die Farbensprache ist ein Instrument der Mündigkeit, denn durch die selbst gewählten Farbsignale vermitteln Chamäleons der Gemeinschaft ihr Einverständnis oder auch ihre Ablehnung der vorgefundenen sozialen Hierarchie. Wie die meisten Tiere bekommen auch wir kaum etwas von den oftmals sehr angeregten Unterhaltungen der Chamäleons mit, da das Frage-und-Antwort-Spiel meist in so kurzen Intervallen erfolgt, dass es von trägeren und farbschwächeren Augen wie den unseren nicht zu sehen ist. Chamäleons sind Meister der geschützten Farbkommunikation. Sie sehen viermal schneller als wir und können Ziele in Entfernungen von einem Kilometer noch scharf und kontrastreich auflösen. Durch ihre herausstehenden drehbaren Augen erhalten sie einen panoramaartigen Rundumblick von 342 Grad, mit dem sie zugleich ihre Vergangenheit wie ihre Zukunft sehen.

7 BIOLOGISCHE FUNKTIONEN DER FARBE

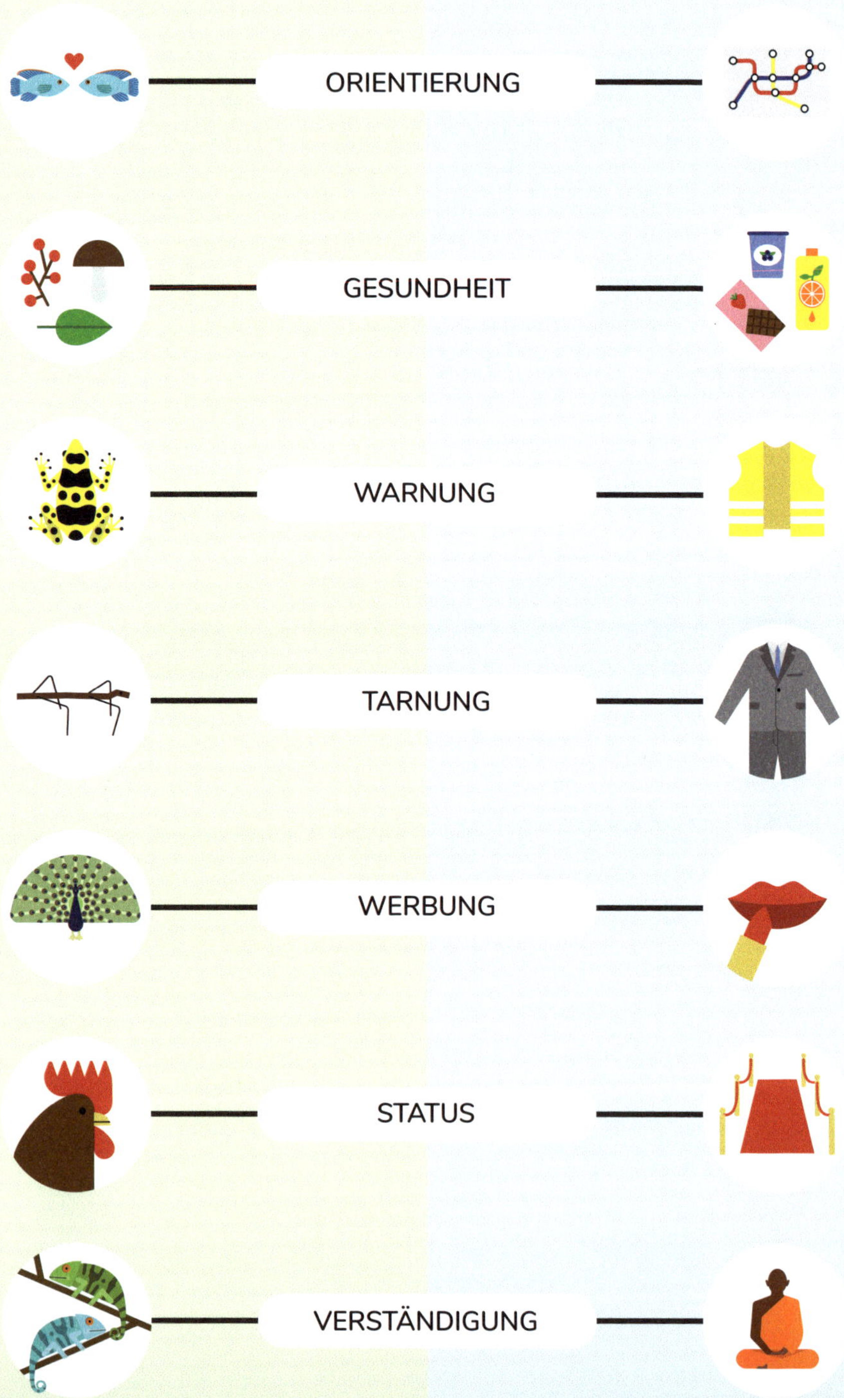

Das größte Kommunikationssystem der Erde. Die Evolution des Farbensehens

Das Wunder des Farbensehens

Die Farben der Erde verdanken wir so unglaublichen Zufällen, dass man dabei fast an Wunder oder Vorsehung glauben könnte. Das erste Wunder offenbart sich, wenn wir den Abstand zwischen Augen und Sonne in den Blick nehmen. Das Sonnenlicht reist über eine Entfernung von rund 150 Millionen Kilometern durch die endlose Weite des Universums, bevor es nach etwa acht Minuten auf die Erde trifft, wo es augenblicklich reflektiert wird und ein Strahlungsbild der Oberfläche erzeugt. Durch die Kernfusion der Sonne gelangt die unfassbare Energieleistung von $3{,}8 \times 10^{26}$ Watt pro Sekunde ins All. Bis zum Kontakt mit der hochempfindlichen Netzhaut unserer Augen reduziert sich die mittlere Leistung auf ein perfektes Maß von 1367 Watt. Diese sogenannte Solarkonstante schuf die Voraussetzung für die Entwicklung des Farbensehens.

Durch die Umlaufbahn der Erde um die Sonne schwankt die Wegstrecke des Lichts um etwa drei Prozent. Am Unterschied zwischen Sommer und Winter erleben wir ganz direkt, was die damit verbundene Energieschwankung für unser Farbensehen bedeutet. Der sichtbare Farbraum reduziert sich während der lichtarmen Jahreszeit so dramatisch, dass uns der blaue Himmel und die brillanten Farben sonniger Urlaubsorte wie ein Schlag treffen, wenn wir aus dem Flugzeug steigen. Setzen wir die Energieleistung in Bezug zur erleuchteten Fläche, erreicht die Beleuchtungsstärke des Sonnenlichts etwa 100 000 Lux. Mit Kunstlicht erreichen wir im Mittel etwa 500 Lux, also weniger als ein Prozent. Das erklärt, warum Farben bei Tageslicht völlig anders aussehen als bei Kunstlicht. Wenn Sie Kleidung kaufen, dann verlassen Sie sich nicht auf den Blick in den Spiegel, sondern gehen damit nach draußen ins Sonnenlicht. Das gilt natürlich auch für den umgekehrten Fall. Wenn Sie Fliesen für innen liegende Räume wie Bäder im schönsten Sonnenlicht aussuchen, dann sind Sie vermutlich entsetzt über das Resultat. Das Licht ändert nicht nur die Helligkeit, sondern auch alle anderen Farbeigenschaften wie den Buntton und Glanz oder die Transparenz und Farbsättigung. Betrachten Sie Dinge immer im richtigen Licht, denn nur so erhalten Sie Kontrolle über die Farbwirkungen.

Doch wie sieht es mit der Beleuchtungsstärke auf unseren Nachbarplaneten aus? Auf dem Mars, der in einer 1,5-fachen Entfernung um die Sonne kreist, ist es nicht nur leblos und kalt, sondern es gibt dort für uns auch kaum Farben zu sehen. Das liegt nicht allein an der Beleuchtungsstärke, die dort nur etwa 60 Prozent geringer ist als auf der Erde. Wo es kein Leben gibt, kann sich auch keine Farbvielfalt entwickeln. Noch dramatischer für das Farbensehen wäre ein geringer Abstand zur Sonne. Auf der Venus ist die Solarkonstante fast doppelt so hoch wie bei uns, was eine mittlere Temperatur von 464 Grad Celsius auf der Oberfläche erzeugt. Die lebensfeindliche Umwelt würde irreparable Schäden auf unserer Netzhaut verursachen, ähnlich wie ein Laserpointer, der länger als 0,25 Sekunden auf eine Stelle gerichtet bleibt. Bei modernen Lasern verstärken wir die Lichtemission heute so weit, dass wir damit bis zu 40 Millimeter dicken Stahl durchtrennen können. Wie durch ein Wunder ist das Verhältnis zwischen der Energieleistung der Sonne und ihrem Abstand zur Erde absolut perfekt für unser Farbensehen.

Die Frage, was das Phänomen der Farben hervorgebracht hat, hat viele der bedeutendsten Physiker bis in unsere Tage hinein beschäftigt. Isaac Newton hielt seine Antrittsvorlesung an der Royal Society über seine Theorie der Farben, die er auf unveränderliche Lichtteilchen oder Korpuskel zurückführte.[1] Die Korpuskeltheorie veröffentlichte er 1704 in seinem Hauptwerk *Opticks*.[2]

Etwa hundert Jahre später kamen Thomas Young und Augustin Fresnel mit ihrer Wellentheorie zu einer ganz anderen Erklärung. Sie betrachteten Farben als energetische Schwingungen, die gleich den Wellen der Meeresoberfläche Interferenzmuster erzeugen. Wie dieses Prinzip der Lichtbeugung funktioniert, können Sie an den schillernden Spektralfarben jeder Ölpfütze beobachten. Das Strahlungsspektrum der Sonne durchdringt den Ölfilm, wird dort gebrochen und von der darunterliegenden Wasserschicht gespiegelt. Es durchdringt den Ölfilm erneut, wird von der Luftschicht reflektiert und zurück durch die Ölschicht geschickt. Durch den ständigen Richtungswechsel bilden sich Schwingungen, die sich wie Wasserwellen immer wieder treffen und überlagern. Trifft ein Wellenberg auf ein Wellental, löscht sich die Energie aus. An diesen Stellen bleibt der Ölfilm transparent. Wo sich die Wellen gegenseitig verstärken, nehmen wir Farben wahr. Die Wellenlänge bestimmt den Farbton. Die Wellenhöhe, auch Amplitude genannt, wirkt sich auf die Eigenschaften des Farbtons wie seine Helligkeit und Sättigung aus.

Das Verhältnis von Licht und Farbe war hiermit für die Physik geklärt. Doch dann kam plötzlich noch einmal alles ganz anders. Kein Geringerer als Albert Einstein erbrachte den Nachweis, dass Lichtwellen auch ein Teilchenverhalten zeigen, was ihm 1921 den Nobelpreis und uns die Erkenntnis des Welle-Teilchen-Dualismus gebracht hat. Der von Einstein entdeckte »Fotoelektrische Effekt« zeigt, dass die Energie der Elektronen nicht von der Intensität des Lichts abhängt, sondern von der Wellenlänge, die wir als Farbe wahrnehmen. Aus den bereits zur Seite gelegten Korpuskeln von Newton wurden plötzlich Photonen, die als Lichtquanten oder Lichtteilchen elektromagnetische Wechselwirkungen erklären. Obwohl Farben heute in der Physik auf das elektromagnetische Wellenspektrum des Lichts zurückgeführt werden, bleibt ihre Natur immer noch ein rätselhaftes Phänomen. Farben besitzen sowohl eine Wellen- als auch eine Teilchennatur. Als Wellenphänomen kann sich die Strahlungsenergie der Sonne völlig unsichtbar im luftleeren Raum des Weltalls ausbreiten, das uns hierdurch lichtlos und schwarz erscheint. Die Strahlungsenergie nehmen wir erst dann als Licht und Farbe wahr, wenn sie mit den Materieteilchen interstellarer Staubwolken, von Himmelskörpern oder der Erdoberfläche in Wechselwirkung tritt.

Wunder oder Glück, wenn wir den Einfluss des Lichts auf das Farbensehen betrachten, muss noch ein zweiter erstaunlicher Zufall zur Sprache kommen. Für das Sehen nutzen wir nicht das gesamte energetische Spektrum des Sonnenlichts, das sich von der Gammastrahlung im Bereich von 0,005 Nanometer bis zur Niederfrequenzstrahlung ausdehnt und Wellenlängen von 100 000 Kilometer erreicht. Farben nehmen wir nur in dem verhältnismäßig winzigen Bereich zwischen 380 und 780 Nanometern wahr. Doch exakt in diesem Nanobereich des Spektrums erreicht unser Sonnenlicht seine größte Intensität. Den besten und gleichmäßigsten Empfang von Umweltinformationen haben wir daher genau auf den Frequenzen, die wir über die Sensorik unserer Augen als Farben wahrnehmen! Wären die nur geringfügig kürzeren Wellenlängen des Lichts intensiver, also das UV-Licht im Bereich von 100 bis 380 Nanometer, würde die Strahlung unsere Netzhaut zerstören. Wären die längeren Wellenlängen intensiver, hätten wir zwar besseren Empfang mit unseren Smartphones, doch für das Farbensehen sind diese Frequenzen unbrauchbar.

Kommen wir zuletzt noch auf den dritten wunderbaren Zufall zu sprechen, durch den sich die Farben im Verlauf der Evolution zum größten Kommunikationssystem der Erde entwickeln konnten. Die Fasern pflanzlicher Zellwände und tierischer Bindegewebe, auch Fibrillen genannt, haben einen Durchmesser von 300 bis 500 Nanometer, was genau dem Bereich entspricht, in dem wir die meisten Farben sehen.[3] Die Wellenlängen des sichtbaren Lichts, die wir als Farben wahrnehmen, korrespondieren erstaunlich genau mit den Molekülgrößen organischer Substanzen wie den Zellmembranen von Pflanzen oder den Hautzellen von Menschen und Tieren. Wir können daher nicht nur Farben, sondern auch die hiervon codierten Inhalte in hoher räumlicher Auflösung und optimaler Detailgenauigkeit sehen. Die Chlorophyllmoleküle der belebten Natur sind nicht nur die Grundbausteine des Lebens, sondern sie sind auch biochemisch wie genetisch eng verwandt mit den Sehfarbstoffen unserer Augen.

Wenn wir das Energiefeld der Sonne als Sender von Umweltinformationen betrachten, dann sind die Farbsehzellen in der Netzhaut unserer Augen der perfekte Empfänger. Das Sonnenlicht ist daher nicht nur unsere Hauptenergiequelle, sondern zugleich auch die wichtigste Datenressource der Erde. Erst die Entwicklung des Farbensehens hat es uns ermöglicht, das Informationspotenzial dieser Quelle für unsere anschauliche Erkenntnistätigkeit zu nutzen.

Stellen Sie sich den Prozess des Farbensehens als Schlüssel-Schloss-Prinzip vor. Die Strahlung der Sonne erzeugt ein energetisches Feld auf der Erde, in dem sich die materielle Struktur abbildet. Diese Bildprojektionen erscheinen jedoch nur dem, der über einen funktionierenden Decoder oder Schlüssel verfügt. Die Sehfarbstoffe unserer Augen bilden den Schlüssel zu den farblich codierten Inhalten unserer Lebenswelt. Viele Wissenschaftler wurden und werden angesichts solcher Zufälle nachdenklich. Albert Einstein hat uns dafür die richtigen Worte zurückgelassen: »Man wird zum tiefreligiösen Ungläubigen. Dies ist eine einigermaßen neue Art von Religion.«[4]

DER PERFEKTE ABSTAND

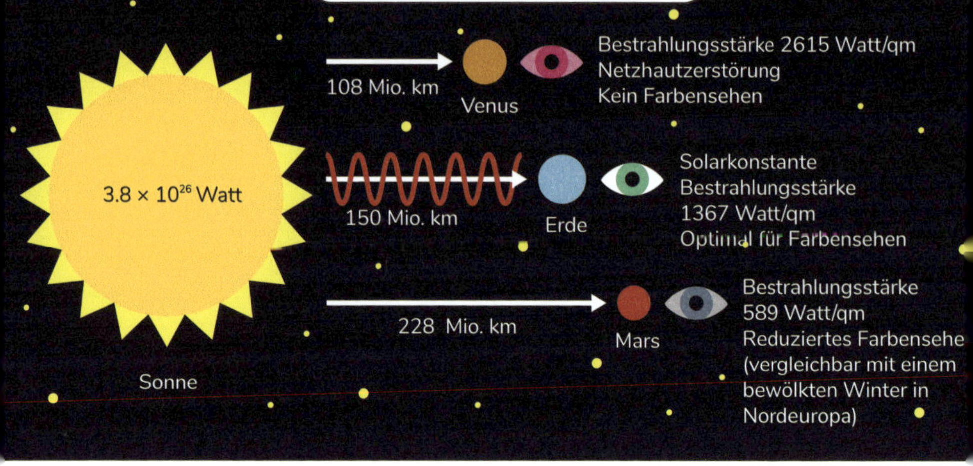

DER BESTE EMPFANG

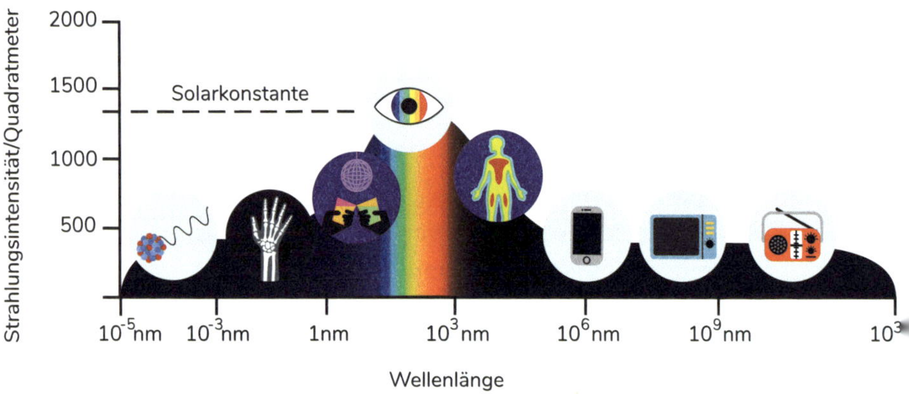

DIE OPTIMALE ENTSCHLÜSSELUNG

Sehfarbstoffe der Augen

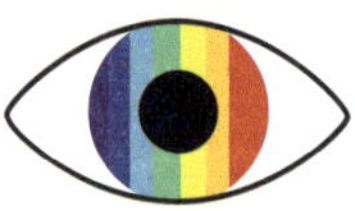

Decodierung der vom Licht übertragenen Umweltinformationen im besten Empfangsbereich des Lichts (biochemische Reaktion im Spektrum von 380–780 Nanometern)

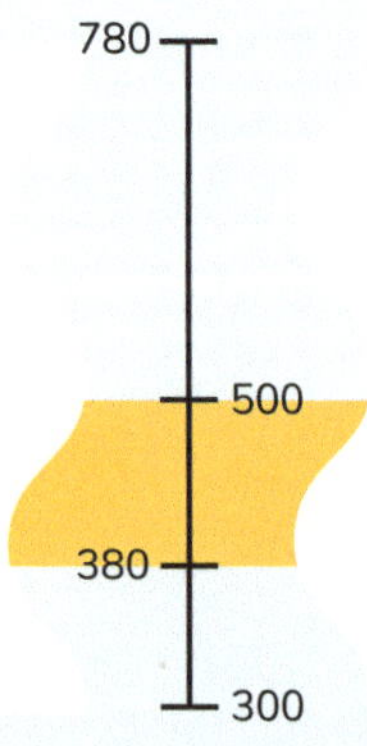

Farbstoffe der Umwelt

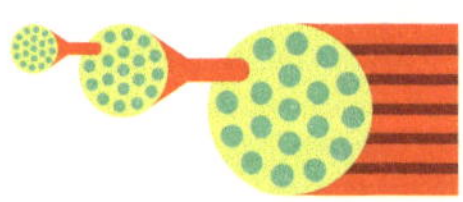

Codierung der Umweltinformationen im besten Sendebereich des Lichts (die Molekülgröße pflanzlicher und tierischer Gewebe, auch Fibrille genannt, liegt im Bereich von 300–500 Nanometern)

Farbstoffe als Grundbausteine des Lebens

Um zu verstehen, wie es auf der Erde zur Entwicklung der Farben gekommen ist und warum wir Farben sehen, lohnt ein Blick auf die Erkenntnisse der modernen Evolutionsbiologie. Denn die Ursache für die geheimnisvolle Macht der Farben offenbart sich nirgendwo so anschaulich wie am Leben selbst.

Der Begründer der Evolutionstheorie, Charles Darwin, befasste sich bereits in seinem Buch *Die Entstehung der Arten* von 1859 mit den biologischen Funktionen der Farben.[5] Doch zu seiner Zeit mussten noch viele Fragen offenbleiben, auf die wir heute Antworten haben. Die evolutionäre Herleitung der Farbenvielfalt auf der Erde ist nicht nur wichtig für ein besseres Naturverständnis, sondern sie eröffnet uns zugleich auch eine wissenschaftliche Erklärung für die Entwicklung unserer Farbkultur. Die Einsicht in die evolutionäre Zweckbestimmung des Farbensehens und der Naturfarbigkeit hilft uns auch dabei, den Gebrauch von Farben im Alltag sehr viel besser zu verstehen. Die Evolutionstheoretikerinnen Eva Jablonka und Marion Lamb bringen diesen Zusammenhang sehr gut auf den Punkt, wenn sie feststellen: »Evolution findet heute nicht mehr nur auf der genetischen, sondern ebenso auch auf der epigenetischen, der kulturellen und der symbolischen Ebene statt.«[6]

Farbstoffe gehören zu den Grundbausteinen des Lebens. Sie waren schon von Bedeutung, als die Weltmeere vor etwa drei bis vier Milliarden Jahren von Blaualgen bevölkert waren, während die Erdoberfläche noch wüst und leer war. Die auch als Cyanobakterien bezeichneten Einzeller gehören zu den ältesten Lebewesen der Erde. Blaualgen nutzen Sonnenlicht, um aus energieärmeren Stoffen wie Kohlenstoffdioxid und Wasser energiereiche Biomoleküle wie Kohlenhydrate zu produzieren, die sie zur Fortbewegung, Nahrungsaufnahme und für den Arterhalt benötigen.

Sie sind die Vorläufer der heutigen Chloroplaste, die unsere Pflanzen zur Fotosynthese befähigen und die für die typisch grüne Farbigkeit sorgen. Die Fotosynthese verläuft bis heute über den Farbstoff Chlorophyll, der Sonnenlicht absorbiert, wandelt und dem Einzeller in verwertbarer Form zur Verfügung stellt. Der Farbstoff ist zugleich Energiedetektor, Energiewandler und Energielieferant für den Organismus. Alle Farbstoffe der Erde bis hin zu den Sehfarbstoffen unserer Augen entstammen diesem Urtyp und funktionieren nach diesem Prinzip.

Chlorophyll, der erste Farbstoff des Lebens, ermöglichte dem Einzeller die Kontaktaufnahme mit seiner Umwelt. Er befähigt auch die noch heute lebenden Blaualgen zur Fototaxis, für die sie den Linseneffekt ihrer kugelförmigen Zellhülle nutzen. Beim Eingang in den Zellkörper wird das einfallende Licht gebrochen und an der gegenüberliegenden Zellwand gespiegelt. Hierdurch erhalten die Einzeller Informationen über die Lage ihres Körpers zum Sonnenlicht, die sie für Orientierungszwecke nutzen. Wenn Sie heute beim Baden in Seen einen blaugrünen Algenteppich wahrnehmen, ist Vorsicht angeraten. Von den mehr als tausend erfassten Bakterienarten geben einige ein Gift ab, das Hautreizungen, Bindehautentzündungen und Ohrenschmerzen verursachen kann. Wenn Sie Blaualgen verschlucken, kann das Fieber, Übelkeit und Atembeschwerden verursachen.[7] Sie merken daran bereits, welchen Nutzen es hat, dass wir heute Farben sehen. Doch bis Farbstoffe sichtbar wurden, war es im Verlauf der Evolution ein weiter Weg.

Sehen und gesehen werden

Mit der kambrischen Explosion der Arten vor etwa 500 Millionen Jahren verbreiteten sich nicht nur die Landpflanzen und Landtiere über die Erde, sondern es bildete sich auch der einzigartige Farbenreichtum, der uns heute völlig selbstverständlich erscheint. Das evolutionäre Prinzip, das der Farbenvielfalt unseres Planeten zugrunde liegt, lautet: »Sehen und gesehen werden.« Pflanzen brauchten wirksame Farbstoffe, um mit Tieren zu kommunizieren. Tiere wiederum brauchten wirksame Sehfarbstoffe, um sich in der Pflanzenwelt zu orientieren, sich innerhalb ihrer Art zu verständigen und von anderen Arten abzugrenzen. Sehfarbstoffe sind lichtempfindliche Pigmente, die es einfachen wie hochkomplexen Lebewesen erlauben, Umweltinformationen zu gewinnen und ihr Verhalten danach auszurichten.

Die Entwicklung der Farbenvielfalt unserer Erde ist ohne die Koevolution der Farbwahrnehmung nicht denkbar. Der lange Weg bis zum Farbensehen begann mit der Herausbildung von sogenannten Augenflecken, die schon bei einzelligen Lebewesen zu finden sind. In den spezialisierten Hautzellen sorgten Signalmoleküle, die wir als Lipide bezeichnen, für die Informationsverwertung durch den Organismus. Die Decodierung der im Licht vorhandenen Farbinformation erfolgte durch eingelagerte Farbstoffe wie Carotin, woran sich im Prinzip bis heute nichts geändert hat. Die Verarbeitung der Farbsignale ist immer komplexer geworden, wofür sich immer komplexere Nervensysteme, Augen und Gehirn, herausbilden mussten. Der Wettbewerb um die wirksamsten Farben verlief außerordentlich fantasievoll, was wir an den etwa 8,7 Millionen Tier- und Pflanzenarten bewundern können, die heute auf der Erde leben. Gewinner der Evolution waren nicht die Stärksten, sondern die Kreativsten.

Mit der Entwicklung der Flora und Fauna entstanden immer neue Farbstoffe und Sehfarbstoffe. Die Welt wurde zunehmend bunter. Variationen bildeten sich durch zufällige Mutationen der Gene, doch jeder neue Farbstoff und Sehfarbstoff musste seinen Nutzen im täglichen Leben erweisen, um nicht wieder verloren zu gehen. Organismen konnten immer größere Bereiche ihrer Umwelt sehen und wurden selbst auch immer differenzierter von anderen gesehen. Durch die Augenentwicklung erweiterte sich die Funktion von Farbstoffen. Sie waren nicht mehr nur Energiedetektor, Energiewandler und Energielieferant wie bei den Einzellern, sondern allmählich auch ein Kommunikationsmedium. Pflanzen und Tiere konnten über die Entwicklung korrespondierender Farbstoffe an der Körperhülle und Sehfarbstoffe in den Augen untereinander kommunizieren. Doch warum entwickelten Pflanzen bis heute zwar eine schier unglaubliche Farbenvielfalt, doch keine Augen?

Die Fähigkeit zum Farbensehen entwickelten nur Lebewesen, die aufgrund ihrer Beweglichkeit von diesem neuen Fernsinn profitieren konnten, also die Tiere. Pflanzen brauchten keine Augen, denn um mit Tieren zu kommunizieren und sie hierdurch für ihre Zwecke zu instrumentalisieren, reichten ihnen die richtigen Farbstoffe. Die gleichzeitig entstandenen Duft- und Geschmacksstoffe haben übrigens eine vergleichbare Funktion, doch davon später.

Um zu verstehen, wie das größte Kommunikationssystem der Erde funktioniert, werfen wir einen Blick auf die Welt der Blütenpflanzen, denen wir einen Großteil des Farbenreichtums der Erde verdanken. Die Evolution der Blütenpflanzen begann im Karbon vor etwa 320 Millionen Jahren mit der Verdoppelung des pflanzlichen Genoms. Bis heute hat diese Entwicklung mehr als 300 000 Arten hervorgebracht. Für die Färbung der mannigfaltigen Blüten und Früchte nutzen Pflanzen nur eine verhältnismäßig geringe Anzahl von Farbstoffen, die als Wirkstoffe gleich mehrere Zwecke erfüllen. Die aromatischen blauen, violetten und roten Anthocyane dienen nicht nur der Verführung von Bestäubern, sondern sie schützen Blüten und Früchte auch vor schädlichem UV-Licht und wehren als Antioxidantien Zellschäden der Pflanze ab. Letzteres gilt auch für die gelben und orangen Carotinoide und Xanthophylle.

Flavone und Flavonoide finden sich in Blüten, Obst und Gemüse, wo ihre gelben, gelbgrünen, roten und blauen Varianten nicht nur Bestäuber anlocken, sondern auch Infektionen durch Pilze und Viren abwehren. Andere Farbstoffe wie Gallotannine und Catechine haben Pflanzen speziell zum Schutz vor Fressfeinden entwickelt. Helle zarte Farbtöne enthalten nur geringe Anteile an Farbstoffen, dunkle gesättigte Buntfarben hingegen sehr hohe. Weiße Blüten und Früchte enthalten häufig Farbstoffe, die nur den ultravioletten Bereich des Spektrums reflektieren. Diese farbig codierten Botschaften können nur die richtigen Adressaten wie nützliche Insekten- und Vogelarten wahrnehmen. Wir zählen leider nicht dazu. Doch wenn Sie die zauberhaften Aufnahmen betrachten, die Craig Burrows der Natur mithilfe der Schwarzlichtfotografie entlocken konnte, erhalten Sie eine zwar verfälschte, doch überaus eindrucksvolle Vorstellung von der ultravioletten Farbenpracht.[8]

Der enorme Erfolg der Blütenpflanzen basiert auf der Macht ihrer Farben, mit denen sie Tiere dazu bewegen konnten, ihre Samen über immer größere Entfernungen zu verbreiten. Die Bestäuber erhielten zur Belohnung gesunde Nährstoffe, die bald zur Lebensgrundlage vieler neuer Arten wurden. Blüten wie Früchte erreichen ihren größten Nährwert und ihre verlockendste Farbenpracht erst dann, wenn sich die Samen so weit entwickelt haben, dass ihre Übertragung beginnen kann. Doch die Botschaft der wunderschönen Pflanzenfarben kann nur dann die beabsichtigte Wirkung entfalten, wenn sie beim richtigen Adressaten ankommt. Für den Empfang der von den Blütenpflanzen gesendeten Botschaften mussten die Tiere die Fähigkeit zum Farbensehen entwickeln, was die Genese neuer Sehfarbstoffe, Augentypen und Nervensysteme vorangebracht hat.

Um sich in einem pflanzenbewachsenen Habitat zurechtzufinden, reichte den Tieren ein leistungsfähiger Decoder für den mittleren grünen Frequenzbereich. Dieser war mit dem Sehfarbstoff Rhodopsin gefunden, das noch heute in allen Augenformen zum Einsatz kommt, von den Augenflecken der Ringelwürmer bis zu unseren hochentwickelten Wirbeltieraugen. Das Absorptionsmaximum von Rhodopsin liegt bei etwa 500 Nanometern. Warum uns die Welt bei Einbruch der Dämmerung dennoch nicht grün erscheint, verrät bereits viel über die Natur des Farbensehens, denn Buntfarben bilden sich nur durch den Vergleich unterschiedlicher Strahlungsspektren des Lichts. Wir bezeichnen Tiere daher auch als Monochromaten, wenn ihr Wahrnehmungssystem nur einen Frequenzbereich des Lichts decodieren kann. Nachtaktive Tiere wie Fledermäuse kommen damit hervorragend aus, denn nach Einbruch der Dämmerung reicht die Intensität der Umweltstrahlung nur noch für das Graustufensehen. Die Entwicklung des Farbensehens hat bei unseren Vorfahren daher erst eingesetzt, als die Säuger im Erdmittelalter wieder tagaktiv geworden sind. Dass wir bei Mondlicht heute überhaupt noch etwas sehen, verdanken wir dem Überbleibsel einer weit früheren Entwicklungsphase.

Bunt wurde die Welt unserer Vorfahren erst mit der Verdoppelung und Variation des zuständigen Gens, was biochemische Varianten des Sehfarbstoffs Rhodopsin hervorgebracht hat. Zuerst entwickelten sich S- und M-Iodopsine, die den Tieren ein kurz- und mittelwelliges Farbspektrum zwischen Blau und Gelb eröffneten. Die meisten Tiere wie Pferde, Hunde und Katzen, die wir daher auch als Dichromaten bezeichnen, kommen noch heute damit aus. Im Vergleich zu uns müssen sie auf einen Großteil der Farben verzichten, um eine räumlich hochaufgelöste Geruchswelt zu gewinnen, die zum Ausgleich sehr viel reicher, individueller und informativer beschaffen ist.

Ein weiterer Sprung in der Evolution des Farbensehens war die Entwicklung von L-Iodopsins, mit dem sich der Tierwelt ein langwelliges Farbspektrum zwischen Grün und Rot eröffnete. Auch wir gehören wie die Altweltaffen, eine Verwandtschaftsgruppe der Primaten, den Trichromaten an, also Lebewesen, die drei verschiedene Arten von Zapfen als Farbrezeptoren in der Netzhaut haben. Doch auch hiermit war die Entwicklung des Farbensehens noch nicht abgeschlossen. Tetrachromaten wie Wellensittiche und Kolibris können durch eine vierte Iodopsin-Variante auch UV-Licht wahrnehmen. Bei den Kolibris ist das Prinzip der Koevolution mit spezifischen Blütenpflanzen besonders gut erforscht. Wir können die leuchtenden Rot-, Orange- und Rosatöne wie spezielle UV-Töne leider nicht wahrnehmen, mit denen die besuchten Pflanzen ihre Bestäuber anlocken. Andere Tetrachromaten, die sich bei der Befruchtung als weniger produktiv erwiesen haben, werden von diesen Blütenfarben wirkungsvoll vom Nektarraub abgeschreckt.[9]

Die Evolution des Farbensehens war auch damit noch längst nicht abgeschlossen, was wir bei besonders farbenprächtigen Arten wie den Schmetterlingen bewundern können, die zu den Pentachromaten zählen. Futuristisch anmutende schillernde Meeresbewohner wie die Fangschreckenkrebse verfügen sogar über bis zu zwölf unterschiedliche Iodopsine. Wir wissen heute, dass die farbenprächtigen Tiere diese Gabe nicht nur nutzen, um sich mit Artgenossen zu verständigen. Sie können durch den Informationszugewinn zudem auch wesentlich schneller auf Umweltereignisse reagieren, die, für Betrachter wie uns, aus dem Nichts kommen.[10] Die Entwicklung von Korallenriffen war der Treiber für die Evolution des Farbensehens in den Weltmeeren, die Blütenpflanzen übernahmen diese Funktion auf dem Land.

Der anschwellende Strom der Farbsignale erzeugte einen fortwährenden Bedarf an Verarbeitungskapazität, was die Entwicklung komplexer Augentypen und Nervensysteme gefördert hat. Genmutationen und neue Sehfarbstoffe wurden so zu einer Triebkraft der Gehirnentwicklung. Während der Embryonalentwicklung können wir heute mit geeigneten Techniken dabei zusehen, wie sich die Augen des werdenden Menschen aus dem entstehenden Gehirn ausstülpen.[11] Keine Lebensleistung fordert so viele biologische Ressourcen vom Organismus wie das Farbensehen. Die Evolution der Farbwahrnehmung vollzog sich in den vier Milliarden Jahren der Geschichte des Lebens bis zu 60-mal, wobei sich auch spezifische Augentypen herausbildeten und wieder verschwanden. Etwa 95 Prozent aller Tiere verfügen heute über Augen. Der größte Teil davon kann Farben sehen und sich mit seiner Lebenswelt über Farben verständigen. Farben bilden daher nicht nur das größte Kommunikationssystem der Erde, sondern auch eine schöpferische Triebkraft der Evolution.

Farben sind vor allem dann biologisch sinnvolle Investitionen in das Leben, wenn sie von den richtigen Adressaten gesehen werden und bei ihnen nützliche Verhaltensänderungen bewirken. Die Farbigkeit der Welt unterliegt einem permanenten Wandel, in dem neue Farben und Farbkombinationen entstehen, während andere verschwinden. Durch die Ausbildung individueller Körperfarben im Verlauf der Evolution wird das Leben selbst zum Träger mannigfaltiger Botschaften. Das gilt nicht nur für Haut-, Fell-, Feder- und Schuppenfarben von Tieren, sondern ebenso für die Farben der Blüten, Blätter und Früchte von Pflanzen. Farben können sich auch im Phänotyp durch unmittelbare Anpassung an die Umweltbedingungen entwickeln. Wie die Kletterpflanze Boquila trifoliolata beweist, vollziehen sich Farbveränderungen manchmal in erstaunlich kurzen Zeitspannen. Die Pflanze wächst an Bäumen empor und tarnt sich durch Imitation von Farbe und Form der fremden, ungenießbaren Blätter vor den suchenden Blicken hungriger Tiere. Die Angleichung der Blätter erfolgt nur dort, wo der Baum selbst Blätter ausgebildet hat. Im Stammbereich hingegen bewahrt die Pflanze ihre erblichen Merkmale.[12] Die Anpassungen der Farbigkeit eines Lebewesens erfolgt also nicht nur durch Vererbung über den Genotyp, sondern kann auch durch verhaltenswirksame Signale im Phänotyp entstehen. Genau hier zeigt sich die Ursache für die rasante Entwicklung unserer einzigartigen Farbkultur.

Die Reise des Lichts von den Augen zum Gehirn. Wie wir Farben sehen

Jenseits des Lebens gibt es keine Farben. Denn die Strahlungsenergie des Lichts wird nur dann zur Quelle der Erkenntnis, wenn jemand die darin enthaltenen Informationen decodieren und nutzbringend verwenden kann. In diesem Kapitel nehme ich Sie mit auf eine Reise, die uns von der äußeren Lichtquelle über die Zwischenstationen in Augen, Thalamus und Gedächtnis zum bewussten Farberlebnis führt. Daran zeigt sich auch, warum es uns unmöglich ist, Farben wertneutral, emotionsfrei und inhaltsleer zu sehen.

Der Künstler Robert Rauschenberg war sich dessen bewusst, als er sein monochromes Gemälde »White Painting« mit einer einfachen Farbrolle auf Leinwand gemalt hat, auf die gleiche Art, wie Menschen im Alltag die Wände ihrer Wohnung anstreichen. Die meisten Betrachter sowie viele Kritiker fühlten sich davon provoziert und reagierten mit Hohn und Spott. Doch Farbe ist niemals gleich Farbe.

Der amerikanische Komponist John Cage sah die weiße Fläche als »Flughafen, auf dem changierendes Licht, Schatten, ja sogar Staubpartikel landen konnten«.[1] Farben lassen sich niemals von dem trennen, was wir über sie wissen. Das gilt natürlich nicht nur für einen Museumsbesuch, sondern für unser ganzes Leben. Wenn Sie im Supermarkt Lebensmittel einkaufen, im Kaufhaus eine neue Jacke oder im Internet neue Accessoires für Ihre Wohnung aussuchen, dann lassen Sie sich bei Ihrer Wahl unwillkürlich von Farben leiten. Geheimnisvoll wirkt die Macht der Farben vor allem deshalb, weil wir die Gründe unserer Entscheidungen fast niemals wahrnehmen. Der weitaus größte Teil unserer Erfahrungen bleibt bei der Farbwahrnehmung unbewusst. Dieses sogenannte implizite Wissen ist von besonderer Bedeutung für unser Leben, da unsere Wahl oft nicht allein der Farbe gilt, sondern immer auch eine Entscheidung für oder gegen Personen, Orte und Objekte ist.

Das Geheimnis des Regenbogens

Wir beginnen unsere Reise bei den atmosphärischen Erscheinungsformen des Lichts, die nicht nur unser Zeitgefühl steuern, sondern ebenso auch unsere emotionale Stimmung wie unseren Tatendrang. Die Färbungen des Firmaments sind ein verlässlicher Indikator für Umweltfaktoren wie Beleuchtungsstärke, Luftqualität, Wetter und Temperatur. Das Gehirn passt wichtige Körperfunktionen wie unseren Stoffwechsel und Hormonhaushalt unwillkürlich den Licht- und Luftverhältnissen der Atmosphäre an. Dazu müssen wir nicht einmal nach draußen gehen. Ein kurzer Blick aus dem Fenster reicht aus, um festzustellen, welchen enormen Einfluss der Anblick eines lichtblauen oder wolkengrauen Himmels auf Geist und Körper hat.

Die Ozonschicht der Erde funktioniert wie ein gewaltiger Reflektorschirm, der den Himmel nicht nur mit einem tiefen Blau füllt, sondern damit zugleich auch das gesundheitsschädliche UV-Licht herausfiltert. Wo die Ozonschicht intakt ist, nehmen wir am frühen Morgen und späten Abend eine intensive Blaufärbung des Firmaments wahr – daher auch die Bezeichnung »blaue Stunde«. Doch das Ozon ist nicht allein verantwortlich für die Färbungen der Atmosphäre, denn diese bilden sich vor allem durch das Verhältnis der Elemente Stickstoff, Sauerstoff, Wasserdampf und Staub. Deshalb sind die Himmelsfarben auch ein verlässlicher Indikator für die gesundheitlichen Wirkungen der Atemluft.

Bei gutem Wetter und reiner Luft färbt sich der Himmel blau, was wir der sogenannten Rayleigh-Streuung verdanken, die nach ihrem Entdecker benannt wurde. Das kurzwellige blaue Spektrum des Sonnenlichts wird von den Luftmolekülen gestreut, während die anderen Anteile hindurchgehen. Mit ansteigendem Dampfgehalt färbt sich der Himmel weißlich und nimmt schließlich einen düsteren Grauton an. Wir spüren diese Licht- und Luftveränderungen an Symptomen wie Antriebsmangel und Depression. Besonders drückend und beunruhigend wirken sich dunkelgraue Wolkenmassen aus, die häufig Unwetter und extreme Luftveränderungen ankündigen. Das Naturphänomen des Regenbogens, der in der biblischen Erzählung keineswegs zufällig nach der Sintflut kam, wirkt bei diesem Anblick wie eine Erlösung.

Viele namhafte Philosophen, Künstler, Alchemisten und später auch Naturwissenschaftler haben über Jahrtausende versucht, das Geheimnis der Regenbogenfarben zu lüften.[2] Beim Anblick eines Regenbogens spüren wir intuitiv, dass die Harmonie dieser Farben kein Zufall ist, sondern einer inneren Ordnung folgt. Daher möchte ich auf unserer Reise einen Augenblick bei diesem wunderbaren Naturphänomen verweilen, an dem sich nicht nur die Optik, sondern vor allem auch das Wesen der Farben erkennen lässt.

In vielen Mythen und Religionen symbolisiert der Regenbogen eine Brücke zwischen Himmel und Erde, zwischen Gott und den Menschen, zwischen Individuen und dem erkennbaren Teil der Welt. Der uralte Mythos von den sieben Schleiern der Maya-Shakti, der sich bereits im Kult der ägyptischen Göttin Isis findet, kam der Lösung des Farbenrätsels schon erstaunlich nah. Der Legende nach nutzten die Göttinnen der kreativen Energie den Regenbogen, um aus seinen Farben die gesamte sichtbare Welt zu weben. In der chinesischen Religion des Daoismus gilt der Regenbogen als Zeichen der Vereinigung des männlichen hellen Yang mit dem weiblichen dunklen Yin, aus dem Fruchtbarkeit und Harmonie hervorgehen. Für den Daoismus entstehen seine Farben aus dem Verhältnis von Licht und Dunkel, eine

Beobachtung, auf der Jahrtausende später auch Goethe seine Farbtheorie aufbaut.[3]

Für das Christentum ist der Regenbogen vor allem ein Zeichen der Versöhnung, das Gott dem Menschen nach der großen Sintflut gesendet hat, um die Verbindung zwischen dem Schöpfer und seiner Schöpfung wiederherzustellen. Auch Buddha soll die siebenfarbige Treppe des Regenbogens genutzt haben, um vom Himmel zu den Menschen herabzusteigen.

Selbst am anderen Ende der Welt blieb die Magie des Regenbogens nicht ohne Wirkung. Für die australischen Aborigines gehört der Regenbogen zur Traumzeit. Seine Verkörperung, die Regenbogenschlange, hat als weibliche Gottheit die Erde, als männliche hingegen den Himmel erschaffen. Die Traumzeit selbst ist ein endloser Schöpfungsprozess, den die Menschen mit ihren Taten füllen. Für die Aborigines bilden die Farben des Regenbogens eine Brücke zwischen Physis und Psyche, zwischen Realität und Imagination.[4] Diese Erklärung ist weit besser geeignet, um die Natur der Farben zu verstehen, als die heute noch vielfach verbreitete Unterscheidung des englischen Arztes und Philosophen John Locke, der Farbe im 17. Jahrhundert zu einer sekundären Qualität degradierte und damit weitgehend aus dem physikalischen Weltbild verbannte. Doch solche Unterscheidungen sind heute nicht mehr haltbar, was schon ein Blick auf die angewandte Physik offenbart. Der Energiefluss in den organischen Leuchtdioden unserer Smartphones ist genauso real wie die Farbdarstellungen auf dem Display. Farben bilden eine Brücke zwischen der physischen und der psychischen Welt, was sie mit anderen Sinnesmedien wie Sprache und Musik gemein haben.

Aus naturwissenschaftlicher Sicht ist der Regenbogen ein optisches Phänomen, das uns den Zusammenhang zwischen Energie und Farbe auf die einfachste mögliche Weise offenbart. Regenbögen bilden sich, wenn wir aus der Entfernung eine düstere Regenfront beobachten, während hinter uns bereits wieder die Sonne scheint. Doch ist der Regenbogen nun Wirklichkeit oder eine Illusion? Gewiss, das Sonnenlicht und die Wassertropfen sind real, doch das Durchqueren eines Regenbogens wird immer scheitern. Die schillernde Farberscheinung bewegt sich ebenso mit uns wie der Horizont, der für uns genauso unerreichbar bleibt. Die Form eines Regenbogens wird mit unseren Bewegungen flacher oder steiler. Einen Halbkreis erreicht sie immer dann, wenn die Sonne tief am Horizont steht. Aus der Luft haben wir manchmal sogar die doppelte Freude, wenn der Regenbogen als Vollkreis erscheint.

Sie merken daran schon, der Regenbogen ist eine Projektion unseres Gehirns, wie übrigens auch die gesamte sichtbare Welt. Denn wie wir es auch betrachten, selbst die Vorstellung einer Umwelt, die außerhalb von uns und ohne unser Zutun existiert, bedarf der Wahrnehmung, ist also eine auf Wahrscheinlichkeiten basierende Schöpfung unseres Gehirns.[5] Als Erscheinungsformen des Lichts erlauben uns Farben die Beobachtung der Natur, vom Mikrokosmos der Teilchen bis zum Makrokosmos des Universums. 2014 erhielt der Forscher Stefan Hell den Nobelpreis für seine bahnbrechenden Arbeiten im Bereich der ultrahochauflösenden Fluoreszenzmikroskopie, die biologischen wie medizinischen Forschungen ganz neue Einsichten ermöglichen. Dazu gehören tiefere Einblicke in die Zellen von Krebstumoren, die von Laserlicht angeregt werden, bis sie farbig fluoreszierend unter dem Mikroskop erscheinen. Beim Blick durch das Teleskop erscheinen alle Sterne plötzlich buntfarbig, da ihre als Fotosphäre bezeichnete Oberfläche ebenso spektrales Licht aussendet wie unsere Sonne. Der in der Astrophysik allgegenwärtige Zusammenhang zwischen der Farbe und der Leuchtkraft von Sternen lässt Rückschlüsse auf die Distanz, Bewegung, Temperatur, Dichte und chemische Zusammensetzung der Sterne zu. Das farbige Spektrum der Sterne ermöglicht es uns, Hypothesen zur Entstehung und Entwicklung des Universums aufzustellen und in seiner unendlichen Weite nach Spuren von Leben Ausschau zu halten.

Farbe im Auge des Betrachters

An Wirbeltieraugen lässt sich sehr anschaulich zeigen, dass Licht auf der Rückseite ein kleines seitenverkehrtes und kopfstehendes Bild erzeugt, wenn es durch die punktförmige Pupillenöffnung fällt. Manch einer kennt diesen Effekt sicher auch von der Camera obscura, einer Lochkamera, die schon Aristoteles bekannt war und seit der Renaissance als Zeichenhilfe zur Darstellung von Perspektiven genutzt wurde.[6] Dass der Theologe, Naturphilosoph, Optiker und Astronom Johannes Kepler an der Wende vom 16. zum 17. Jahrhundert bereits an der Authentizität eines solchen Netzhautbildes zweifelte, beweist, wie weit er seiner Zeit voraus war. Die Bildprojektion demonstriert den optischen Prozess im Augeninneren sehr gut, doch sie beweist keinesfalls, wie unsere visuelle Wahrnehmung funktioniert. Es dauerte noch bis zum Ende des 19. Jahrhunderts, bis das mechanistische Weltbild endgültig in sich zusammenstürzte.

Der Physiker und Physiologe Hermann von Helmholtz benannte in seiner Dreifarbentheorie sowohl die biologischen als auch die psychischen Grundlagen unserer Farbwahrnehmung. Er sprach bereits von Farbvalenzen unterschiedlicher Nervenzellen, die vom Gehirn ausgewertet werden müssen, damit der Seheindruck entsteht. Unter Farbvalenz subsummierte er alle Wirkungen des Lichts auf die Netzhaut im Inneren des Auges, die wir uns jetzt anschauen.

Die schwarze Pupillenöffnung ist unser Fenster zur Welt. Sie wird von der Iris umschlossen, einem Kreismuskel, der sich wie eine Blende im Bereich zwischen ein und neun Millimeter öffnen und schließen kann, um den Lichteinfall auf der Netzhaut zu regeln. Bei hellem Tageslicht, das mehr als eine Milliarde Mal so hell wie eine Neumondnacht leuchtet, schließt sich diese Blende bis auf einen winzigen schwarzen Punkt. Bei schwachem Licht hingegen öffnet sich die Iris so weit, dass nur noch ein schwarzer

Kreis erkennbar ist. Die dunkle Farbe der Pupille bildet sich durch Verschattung. Wenn ein gebündelter Lichtstrahl das Augeninnere erhellt, wie etwa das Blitzlicht einer Fotokamera, erscheinen unsere Pupillen plötzlich blutrot. Rote Pupillen wirken befremdlich und verstörend, denn sie eröffnen uns einen direkten Blick auf das Gehirn unseres Gegenübers, dem die Netzhaut bereits angehört. Allein dieses Sinnesorgan ist ein zentraler Bestandteil des Gehirns. Für die extrem aufwendige Verarbeitung der Farbsignale braucht unsere Netzhaut sehr viel Energie, weshalb jede Minute etwa ein halber Liter Blut herangeführt werden muss. Bei Durchblutungsstörungen wird uns daher auch zuerst schwarz vor Augen.

Das elektromagnetische Spektrum des Lichts tritt in das Augeninnere ein, wenn es an der Hornhaut zum ersten Mal gebrochen und gebündelt wird. An der elastisch aufgehängten Augenlinse bricht sich das Licht noch ein zweites Mal, damit das nur wenige Millimeter große Strahlenbündel im Zentrum der Netzhaut fokussiert werden kann. Jeder Farbeindruck ist das Ergebnis eines aufwendigen Bewertungsprozesses, der in unserer Netzhaut beginnt und in den bewusstseinsfähigen Teilen des Gehirns endet. Bevor das Informationspotenzial des Lichts von unseren Nervenzellen ausgewertet werden kann, müssen die elektromagnetischen Wellen es erst einmal in Nervenimpulse gewandelt haben. Dafür haben wir Spezialisten unter den Zellen, die wir deshalb auch als Sehzellen oder Fotorezeptoren bezeichnen. Das Innere eines Auges ist bis auf die vordere Öffnung zur Iris und die hintere Eintrittsstelle des Sehnervs mit etwa 132 Millionen Sehzellen ausgekleidet, eine Zahl, die von Mensch zu Mensch erheblich schwanken kann. Etwa 125 Millionen dieser Sehzellen bezeichnen wir aufgrund ihrer Form als Stäbchen. Wichtiger als die Form dieser uralten Relikte aus der nachtaktiven Zeit unserer Vorfahren ist die Erkenntnis, dass wir damit am Tag fast gar nichts sehen. Die immer noch weitverbreitete Annahme, dass wir damit Graustufenbilder sehen, gilt heute als widerlegt.[7] Stäbchen befinden sich in der Peripherie der Netzhaut. Die grauen Bereiche am Rande unserer Wahrnehmung sind so unwichtig für den Aufbau des Seheindrucks, dass sie vom Gehirn komplett ausgeblendet werden. Sie haben deshalb auch keine Grauzonen in ihrem Blickfeld, sondern nehmen überall kontrastreiche Farben wahr. Die extrem zahlreichen Stäbchen registrieren bei hellem Licht vor allem Bewegungen im Blickfeld, was unserem Gehirn hilft, den Blickpunkt der Augen auf das Zentrum der Netzhaut zu fokussieren.

Dort befinden sich in jedem Auge etwa sieben Millionen Farbsehzellen, die wir aufgrund ihrer Form auch als Zapfen bezeichnen. Ihnen verdanken wir all das, was wir bei Tageslicht sehen. Dazu gehört nicht nur die bunte Welt der Farben, sondern auch die reizvolle Welt der Graustufenbilder. Wir sind uns beim Anblick von Zeichnungen, Schwarz-Weiß-Bildern und -Filmen daher voll bewusst, dass es sich nicht um einen natürlichen Seheindruck, sondern um eine Kunstform handelt. Doch auch daran können wir uns gewöhnen. Als sich Farbfotos und Farbfilme ab den 1970er-Jahren durchzusetzen begannen, löste das bei vielen Menschen anfangs große Empörung aus. Produzenten wie Zuschauer waren der Meinung, dass bunte Bilder die Kunstform verfälschen und ihr die Authentizität rauben würden. Genau die Diskrepanz zwischen der gewohnten und der artifiziellen Welt macht den ästhetischen Reiz von Schwarz-Weiß-Bildern aus. Die Farben der betrachteten Dinge sind jederzeit in unserer Vorstellung präsent. Bei der nachträglichen Koloration von Schwarz-Weiß-Aufnahmen zeigt sich, wie genau wir in der Lage sind, die korrekten Farben zu bestimmen. Erfahrene Koloristen geben dem Bild- und Filmmaterial oft ganz bewusst den Look der betreffenden Zeit, da auch dieser in unserem Farbgedächtnis abgespeichert ist. Unsere Farbsehzellen registrieren auch Hell- und Dunkelwerte, die nicht nur aus Schwarz-Weiß-Bildern, sondern auch aus Farbaufnahmen herausgerechnet werden.

Wenn die Farbsehzellen nicht mehr funktionieren, was bei einer Zapfendystrophie passiert, sehen Betroffene am Tag nur noch so viel wie Gesunde in einer Vollmondnacht. Selbsthilfevereinigungen empfehlen in diesen Fällen die Kontaktaufnahme mit Vollblinden.[8] Die Evolution hat vorgesorgt. Nur einer von 100 000 Menschen ist von völliger Farbenblindheit betroffen, was die Bedeutung der Farben für das Überleben unserer Spezies noch einmal verdeutlicht.

Die physiologische Rangfolge der Farben

Auf dieser Station unserer Reise begeben wir uns ins Zentrum unserer Netzhaut, dem Ort, an dem das Energiepotenzial der Umwelt zur Farbempfindung wird. Wenn Sie etwas durch die schwarze Pupillenöffnung Ihrer Augen anblicken, dann fixieren Sie Ihren Seheindruck exakt auf der Makula, einem etwa drei bis fünf Millimeter großen, hochempfindlichen Netzhautareal. Im innersten Bereich, der etwa 1,5 Millimeter großen Fovea centralis, konzentrieren sich auf jedem Quadratmillimeter etwa 150 000 Farbsehzellen, was diese Stelle zum biologisch wertvollsten Teil unseres Körpers werden lässt.[9] Dazu tragen auch die nachgeschalteten Nervenzellen bei, die hier im Verhältnis von 1:1 vorhanden sind. Die Netzhaut ist kein gewöhnliches Sinnesorgan, sondern ein ausgelagerter Teil unseres Gehirns. Die neuronale Rechenkapazität wird an dieser Stelle eingesetzt, um die Informationskapazität der optischen Projektion noch einmal deutlich zu verbessern. Durch Verstärkung der Farbkontraste, der Farbtiefe und Bildauflösung treten immer mehr bedeutsame Inhalte zum Vorschein. Im Zentrum unserer Netzhaut fixieren wir genau das, was uns im Augenblick des Sehvorgangs am meisten interessiert, was unsere Gefühls- und Gedankenwelt gerade aktiv beschäftigt. Auf diesem Netzhautareal fixieren Sie zum Beispiel jedes Wort, das Sie gerade lesen. Viel mehr als ein Wort passt dort auch nicht drauf. Um etwas zu sehen, müssen wir unsere Augen stetig im Blickfeld wandern lassen. Ihr Gehirn sorgt gleichzeitig dafür, dass die Summe der Einzeleindrücke zu einem homogenen, kontrastreichen und vollfarbigen Seheindruck verschmilzt.

Hieran lässt sich erkennen, dass unser Sehvorgang viel mehr mit einem Lese- oder Malprozess zu tun hat, als wir glauben. Wenn Sie genau darauf achten oder einmal etwas abzeichnen, werden Sie schnell bemerken, dass Sie Bilder, Menschen, Dinge und Räume recht lange anschauen müssen, um alles davon zu sehen. Dieser Prozess ereignet sich in extrem hoher Geschwindigkeit, weshalb wir davon kaum etwas mitbekommen. Sie kennen diesen Zaubertrick vielleicht von alten Fernsehern, die vor wenigen Jahrzehnten noch alle Kathodenstrahlröhren eingebaut hatten. Hier zeichnen drei verschiedenfarbige Elektronenstrahlen das Fernsehbild Zeile für Zeile vor den Augen der Zuschauer von rechts oben bis links unten auf, die davon bis auf wenige Störfälle nie etwas bemerkt haben. Bei der Blicksteuerung unserer Augen geht das Gehirn jedoch sehr viel sparsamer vor. Wir scannen nicht das gesamte Blickfeld mit den Augen, sondern nehmen nur wenige Stellen bewusst wahr. Alles andere errechnet, ergänzt und simuliert unser Gehirn. Beobachtungen mit einem Eyetracker verraten uns sofort, wie wir dabei vorgehen. Das liegt nicht nur am Inhalt, den wir über die Deutung der Farbmuster erkennen, sondern auch an den Farben selbst. Manche Farben nehmen wir schneller, länger und intensiver wahr als andere. Am Aufbau der Netzhaut zeigt sich, dass es mit Schwarz, Weiß, Rot, Grün, Blau und Gelb tatsächlich sechs physiologische Grundfarben gibt. An der Verteilung der Farbsehzellen wird zudem erkennbar, welche Bedeutung diese Farben für unser Leben haben.

Stellen Sie sich die Verteilung der Fotorezeptoren auf der Netzhaut wie einen Trichter vor, dessen Zentrum extrem dicht mit farbtüchtigen Zapfen besetzt ist, während die Peripherie mit Stäbchen besetzt ist, die vorwiegend der Blickführung dienen. Nur etwa zehn Prozent der Zapfen verteilen sich außerhalb des Zentrums. In den Augenwinkeln wirkt deshalb alles unscharf und vergraut. Spannend wird es, wenn wir uns die Spitze des Trichters anschauen, denn hier dominieren die Rot-Zapfen, die sich nach außen hin immer mehr mit Grün-Zapfen und schließlich auch mit Blau-Zapfen mischen. Die rote Farbe des Blutes und der reifen Früchte zieht alle Blicke daher ganz von selbst wie magisch an!

Die Bedeutung der pflanzlichen Grüntöne unseres angestammten Lebensraums zeigt sich vor allem dann, wenn wir das Empfindungsspektrum aller Farbsehzellen betrachten. Es überlagert sich im mittleren grünen Bereich des Spektrums, wodurch der Grünraum mehr als die Hälfte aller physiologisch darstellbaren Farben umfasst. Die Bedeutung von Blau fällt dagegen schon deutlich ab. Nur etwa neun Prozent unserer Farbsehzellen absorbieren kurzwelliges blaues Licht. Im innersten Zentrum der Netzhaut gibt es zudem keine Blau-Zapfen, weshalb diese Farbe eher beruhigend wirkt und nur sehr selten unsere volle Aufmerksamkeit erregt. Blau ist die Farbe von Himmel und Meer, die stets den Hintergrund bilden und daher nicht scharf dargestellt werden müssen. Aus diesem Grund wirken blaue Schriften, Muster und Details nie sonderlich scharf, wenn wir sie mit Farben aus dem roten Spektrum vergleichen. Probieren Sie es aus. Hell und Dunkel nehmen wir mit allen Sehzellen wahr, weshalb Schwarz und Weiß selbstverständlich auch zum Repertoire unserer physiologischen Grundfarben gehören. Warum auch Gelb als sechste Grundfarbe dazugehört, schauen wir uns nun an.

Das Geheimnis unserer Sehfarbstoffe

»Grau, teurer Freund, ist alle Theorie. Und grün des Lebens goldner Baum.«[10] Diese Lebensweisheit teilt Goethes Mephistopheles einem wissbegierigen Schüler mit. Was hätte Goethe wohl für eine Antwort auf die Frage gegeben, wie die Farben unserer Welt entstehen? Goethe, der seine Farbenlehre noch über seine Dichtkunst stellte, war diesem Rätsel zeitlebens auf der Spur. Doch er fokussierte sich bei seiner Suche so sehr auf die prismatischen Experimente Newtons, dass er andere Lösungswege völlig übersah.[11] Goethe und Newton standen damit in einer langen Reihe von Denkern wie Aristoteles, Descartes, Berkeley, Hume, Locke und Kant oder Künstlern wie Alberti, Filarete, Leonardo und Runge, denen es auf keine Weise gelang, das Geheimnis der Farbentstehung zu enthüllen.[12] Es dauerte bis zum Jahr 1964, bis der Biochemiker und Physiologe George Wald schließlich die Lösung fand, wofür er verdientermaßen den Nobelpreis erhielt.[13] Wir werden uns nun die von ihm gefundenen geheimnisvollen Stoffe anschauen, mit denen unsere eigene Natur das Wunder des Farbensehens vollbringt.

Der Schlüssel zum Verständnis der Farbwahrnehmung liegt in der Biochemie, genauer gesagt bei den Iodopsinen, die wir bei Menschen wie Tieren als Sehfarbstoffe bezeichnen. Iodopsine sind chemische Verbindungen spezifischer Proteine und Chromophore, die sich in den Farbsehzellen unserer Netzhaut befinden. Wenn Sie sich an das eingangs erwähnte Schlüssel-Schloss-Prinzip erinnern, dann enthalten die Chromophore den Schließcode. Wir nehmen eine Farbe nur dann wahr, wenn die Sehzellen unserer Augen die passenden Chromophore für die Decodierung des Signals haben. Iodopsine kommen bei Trichromaten wie uns in drei Varianten vor. Die Rot-Zapfen enthalten den Sehfarbstoff L-Iodopsin, der bei langwelliger Strahlung im Bereich um 560 Nanometer zerfällt. Das M-Iodopsin der Grün-Zapfen reagiert im mittelwelligen Bereich um 530 Nanometer, während das S-Iodopsin der Blau-Zapfen auf den kurzwelligen Bereich um 420 Nanometer anspricht.[14]

Evolutionsbiologisch am ältesten ist unser Gen für das S-Opsin. Die Entwicklung dieses Gens vollzog sich vor etwa 500 Millionen Jahren, weshalb eine Gelb-Blau-Farbfehlsichtigkeit auch nur bei etwa 0,001 Prozent aller Menschen auftritt.[15] Bei den

Rot- und Grün-Genen, die auffällig dicht hintereinander auf dem X-Chromosom liegen und in der genetischen Sequenz zu 98 Prozent übereinstimmen, sieht das schon anders aus. Wir gehen heute davon aus, dass sich dieses Gen erst vor etwa 30 bis 40 Millionen Jahren verdoppelt hat. Da der männliche Teil unserer Spezies nur ein X-Chromosom besitzt, sind etwa acht bis neun Prozent aller Männer von einer Rot-Grün-Farbenfehlsichtigkeit betroffen. Bei einigen der Betroffenen lässt sich die Einschränkung mit einer Enchroma-Brille korrigieren, die für einen größeren Unterschied zwischen dem roten und grünen Bereich des Spektrums sorgt. Zahlreiche Videodokumentationen im Internet zeigen die extrem emotionalen Reaktionen der Betroffenen auf die plötzlich eintretende Farbexplosion. Wichtiger jedoch ist ihr Erstaunen über die Fülle an Detailinformationen, denn die Menge und Qualität der sichtbaren Umweltinformationen nimmt hierdurch exponentiell zu! Bei Frauen treten Beeinträchtigungen des Farbensehens hingegen fast nie auf, da sie über zwei X-Chromosomen verfügen und das gesunde im Bedarfsfall sofort einspringt. Frauen besitzen daher einen genetischen wie physiologischen Vorteil beim Farbensehen. Ich komme im zweiten Teil des Buches noch häufiger darauf zurück.

Bei Tag oder hellem Kunstlicht ermöglichen uns diese Farbsehstoffe auch das Hell-Dunkel-Sehen. Graustufen nehmen wir wahr, wenn alle drei Iodopsin-Varianten gleichmäßig angeregt werden. Fällt diese Anregung verhältnismäßig niedrig aus, nehmen wir Schwarz wahr, ist sie hingegen hoch, sehen wir Weiß. Einen gleißenden Weißton nehmen wir wahr, wenn wir von einer starken Lichtquelle geblendet werden. Unsere Sehfähigkeit kehrt zurück, sobald sich die Sehfarbstoffe wieder ausreichend regeneriert haben. Auf den ersten Blick hat dieser Prozess Ähnlichkeiten mit einem Farbdruck, für den unterschiedliche Mengen an Farbstoffen aus drei farbigen Tintenpatronen verbraucht werden. Doch ganz so funktioniert das nicht. Sobald Photonen aus der Lichtstrahlung auf Sehfarbstoffe im Auge treffen, lösen sie eine Enzymkaskade aus, über die sich das Membranpotenzial des betroffenen Zapfens ändert. Alle drei Farbrezeptor-Typen funktionieren daher wie Schalter, die den nachfolgenden Nervenzellen das Energiepotenzial des Lichts signalisieren. Die beteiligten Sehfarbstoffe zerfallen in dem Reaktionsprozess und müssen neu gebildet werden. Wenn der Regenerationsprozess abgeschlossen ist, wird der Farbrezeptor wieder in den Ausgangszustand zurückversetzt.

Sie können dieser Farbenküche im Innersten Ihrer Augen bei der Arbeit zusehen, wenn Sie genau auf die Wechselwirkung der Farben Ihrer Umgebung achten: Fixieren Sie dazu für etwa 30 Sekunden eine intensive Farbfläche, die möglichst von der Sonne beleuchtet wird oder wie beim Farbdisplay selbst leuchtet. Sie erleben, wie sich die Intensität, Farbsättigung und Brillanz des Farbtons durch den Verbrauch Ihrer Sehfarbstoffe stetig weiter reduzieren. Wenn der Farbton etwas verblasst wirkt, dann richten Sie Ihren Blick auf eine weiße Fläche. Sie nehmen jetzt ein farbiges Nachbild in der Komplementärfarbe wahr, was allmählich wieder verblasst, bis die verbrauchten Sehfarbstoffe regeneriert sind. Hier haben Sie die Ursache für den sogenannten Sukzessivkontrast. Dieser Versuch zeigt Ihnen nicht nur, wie das Farbensehen funktioniert, sondern auch, warum und wie alle Farben in Wechselwirkung stehen.

Wechselwirkungen von Farben und Licht

Unsere Sehfarbstoffe reagieren nicht nur sehr unterschiedlich auf die Wellenlängen bzw. Frequenzen des Lichts, sondern auch auf deren Intensität. Das macht sich im Alltag sofort bemerkbar, wann immer Sie die Stärke der Beleuchtung ändern, also eine neue Lampe oder ein anderes Leuchtmittel kaufen oder auch mit neuen Fenstern, Gardinen und Rollos für Veränderungen des Tageslichts sorgen. Schauen wir uns dazu kurz an, was bei jedem Sonnenaufgang mit unseren Sehfarbstoffen passiert.

Wenn es Tag wird, sind die Farben der Welt nicht ganz plötzlich da, sie verschwinden auch nicht auf einen Schlag, wenn es dunkel wird. Für Primaten wie uns beginnt der Tag mit dem Morgengrauen, bei dem die Stäbchen der Netzhaut unserer Augen zuerst erwachen, die uns die Welt nur in düsteren Graustufen zeigen. Der darin enthaltene Sehstoff Rhodopsin ist extrem lichtempfindlich und zerfällt bereits bei der unvorstellbar kleinen Lichtmenge von einem Photon. Da ruhen die Aktivitäten in den Farbsehzellen Ihrer geöffneten Augen noch immer, denn diese brauchen viel mehr Energie, bis Ihre Sehfarbstoffe endlich reagieren. Im ersten Morgengrauen wirken Himmel und Erde daher noch düster, schemenhaft und gespenstig. Mit ansteigendem Licht erwachen die Blau-Zapfen, da das S-Iodopsin zuerst reagiert. Sie nehmen wahr, wie der Himmel von einem leichten Blauschimmer erleuchtet wird, der langsam stärker wird und sich über die Erdoberfläche ausdehnt. In dieser Zeitspanne wirkt die Welt noch kühl, starr und leblos. Mit anwachsendem Licht erwachen auch die Aktivitäten unserer Grün-Zapfen. Mit dem Zerfall des M-Iodopsins legt sich ein Gelbschimmer über die Erde und erweckt die Pflanzenwelt zum Leben. Am längsten ruhen die Aktivitäten der Rot-Zapfen, obwohl sie abends als Erstes zur Ruhe gekommen sind. Das L-Iodopsin braucht das meiste Licht für seine Reaktion. Mit zunehmendem Licht wirkt die Erdoberfläche wärmer und nimmt ihre gewohnte Farbigkeit an. Auch die Lichtfarbe erhält jetzt einen leichten Rotschimmer, den wir daher auch als Warmweiß bezeichnen. Durch die steigende Intensität wandelt sich die Lichtfarbe zu dem gewohnten Tageslichtweiß, das uns vom Vormittag über die gesamte Mittagszeit bis zum Nachmittag begleitet. Wenn wir von Eigenfarben oder Materialfarben sprechen, beziehen wir uns auf die Mittagszeit.

Doch selbst in diesem Zeitraum verändern sich die Farben mit dem Licht. Wir bemerken nur deshalb kaum etwas davon, weil unser Gehirn fortwährend einen Weißabgleich durchführt. Sie kennen diesen Effekt sicher von Ihrer Fotokamera. Das Gehirn misst hierfür die Farbtemperatur der Lichtquelle und führt einen Abgleich aller Oberflächenfarben durch, die sich durch Umwelteinflüsse wie den Sonnenstand, aber auch Wettererscheinungen und Schattenbildungen permanent verändern. Diesem Weißabgleich verdanken wir die Farbkonstanz, die uns Irritationen durch abrupte Wechsel der Helligkeit und Buntheit von Ereignissen erspart. Sie sorgt aber auch dafür, dass wir genau hinsehen müssen, um einen Farbton richtig zu bestimmen. Studierende lernen bei mir daher sehr frühzeitig, diesen Weißabgleich aktiv abzustellen, was nur durch genaues Hinsehen, ständige Vergleichsarbeit und praktisches Üben möglich ist.[16]

Interaktion der Farben

Bevor wir unsere Reise mit dem Datenstrom der Farbsignale Richtung Gehirn fortsetzen, werfen wir noch kurz einen Blick auf eine der verwirrendsten und zugleich intelligentesten Leistungen der Netzhaut. Wer die Wirkungen von Farben verstehen und kontrollieren will, muss sich mit ihren Kontrastwirkungen beschäftigen, denn die gemessenen Wellenlängen sagen meistens etwas anderes als unser Seheindruck. Der Bauhausmeister Josef Albers widmete diesen Studien sein Lebenswerk *Interaction of Color.*[17]

Der Kalt-Warm-Kontrast hilft uns dabei, zwischen Nähe und Ferne wie Licht und Schatten zu unterscheiden. Warme Farben wie Rot, Orange und Gelb treten in den Vordergrund, während kalte wie Blau und Türkis zurückweichen. Schatten wirken im Vergleich nicht nur dunkler, sondern zugleich auch kühler als das umgebende Licht. Unsere gesamte Umwelt erhält hierdurch mehr Tiefe und Räumlichkeit.

Die Wechselwirkungen der Farben, die wir als Simultankontraste bezeichnen, sind nicht nur unabdingbar für das Verständnis von Architektur, Kunst und Design, sondern sie können Ihnen auch im Alltag von praktischem Nutzen sein. Jeder Farbton stärkt bei der benachbarten Farbe seine Gegenfarbe. Sie kennen das vermutlich bereits von der Wahl Ihrer Kleidung. Wenn wir uns für ein weißes Hemd entscheiden, wirkt die Gesichtsfarbe etwas dunkler, Schwarz führt hingegen zu einer Aufhellung, unterstützt zum Beispiel den Schneewittchen-Look. Auch bei Buntfarben zeigt sich dieser Effekt. Streichen Sie eine Wand im Zimmer dunkelblau oder dunkelrot, dann hellen Sie damit alle anderen Flächen auf. Durch den Blauanteil wirken alle anderen Farben im Raum zugleich auch etwas gelblicher, da jede Farbe ihre Gegenfarbe stärkt. Kombinieren Sie Blau mit Rot, erhält das Blau einen Grünstich, das Rot hingegen färbt sich leicht orange. Mit jeder neuen Wandfarbe, jedem Möbelstück oder Bodenbelag verändern Sie die Wechselwirkungen aller Farben im Raum, was gleichermaßen für die Farben jeder Malpalette oder Garderobe gilt.

Schauen wir uns jetzt noch an, wie diese Farbkontraste entstehen. In der Netzhaut jedes Auges befinden sich etwa zwei Millionen hochspezialisierte Nervenzellen, die das Aktionspotenzial der Farbsehzellen nicht nur einzeln erfassen, sondern auch untereinander in Beziehung setzen. Das Signalpotenzial besonders aktiver Zellen wird im rezeptiven Feld verstärkt, diffuse Signale im Umfeld hingegen werden unterdrückt, was für intensivere Farben, exaktere Konturen wie auch plastischere Formen und Texturen sorgt. Die Funktionsweise der nachgeschalteten Ganglienzellen erinnert an binäre Computercodes wie 0 und 1 bzw. »ein« und »aus«. Ein Computer, Smart-TV oder Smartphone-Display zeigt ein leuchtendes Rot, wenn das Signal mit #FF0000 codiert ist. Diese simple Beschreibung reicht aus, um einen Farbraum von 16,7 Millionen Tönen zu definieren.

Der Verarbeitungsprozess in den Augen erfolgt so schnell, dass die Farbsignale nach Bruchteilen einer Sekunde über den Sehnerv zum Gehirn geleitet werden können, wo sich ihre Wirkungen auf Geist und Körper entfalten. Als Hubel & Wiesel 1962 ihre Arbeit zur Funktionsweise unserer Netzhaut vorgelegt haben, haben sie damit einen Streit um die richtigen Grundfarben beendet, der die Menschheit seit den Pythagoreern beschäftigt hat.[18] Sie werden in der Kulturgeschichte kaum eine Geistesgröße finden, die sich nicht in irgendeiner Weise zu den Grundfarben geäußert hat.[19]

Unsere sechs physiologischen Grundfarben spiegeln sich im Aufbau unseres Sehnervs, der drei Farbkanäle besitzt. Im Schwarz-Weiß-Farbkanal werden Informationen zur Luminanz des Farbsignals transportiert. Die Luminanz oder Leuchtdichte des Farbsignals beschreibt das Verhältnis zwischen Helligkeit und beleuchteter Fläche. Der Rot-Grün-Kanal wird von den Farbsignalen der Grün-Zapfen gespeist, von denen das Signal der Rot-Zapfen subtrahiert wird. Wenn Sie sich schon einmal gewundert haben, warum ein rotes Wort auf einer grünen Fläche vor Ihren Augen plötzlich zu flirren beginnt, dann kennen Sie jetzt den Grund. Diesen physiologisch bedingten Komplementärkontrast nehmen Sie immer wahr, wenn zwei Farben im maximalen Gegensatz zueinander stehen. Beim Blau-Gelb-Kanal ist es etwas komplizierter, da die Signale der Rot- und Grün-Zapfen erst addiert und dann von den Signalen der Blau-Zapfen abgezogen werden. Durch dieses Rechenspiel kommt unsere sechste physiologische Grundfarbe Gelb ins Spiel, für die es keine eigenen Sehfarbstoffe gibt. Ohne diese Rechenoperation gäbe es kein Gelb in der Welt, weder im Regenbogen noch in den Sonnenblumenbildern eines Vincent van Gogh.

Warum es unmöglich ist, Farben frei von Emotionen zu sehen

Bevor wir Farben tatsächlich zu sehen bekommen, führt uns die Reise mit dem Datenstrom der Farbsignale über mehrere Stationen durch das Unbewusste, das die Wirkungen von Farben in hohem Maße mitbestimmt. Die Farbsignale werden an der Kreuzung des Sehnervs, dem sogenannten Chiasma opticum, zusammengeführt und zum Thalamus weitergeleitet, der den größten Teil unseres Zwischenhirns bildet. Der Thalamus gilt als »Tor zum Bewusstsein« und ist Teil des limbischen Systems, das mit der Bildung von Emotionen und unserem Triebverhalten verbunden ist. Wir sprechen in diesem Zusammenhang von einer emotionalen Färbung des Geschehens. Hier ist auch der Ort, an dem die Signale aller Sinne zum ersten Mal aufeinandertreffen.

Wenn Sie einen Farbton spontan schön oder hässlich finden, aber beim besten Willen nicht sagen können, warum, liegt das häufig an Schlüsselreizen anderer Sinne. Ein unangenehmer Käsegeruch kann dazu führen, dass wir einen gleichzeitig wahrgenommenen Gelbton spontan ablehnen, obwohl wir ihn in anderem Kontext positiv beurteilen. Für den Bewertungsprozess braucht der Thalamus nur Bruchteile einer Sekunde. Farben stimmen uns daher auf erwartete Ereignisse ein und lösen spontane Reaktionen aus, noch bevor wir den Grund dafür zu sehen bekommen. Farben wirken immer emotionalisierend! Niemand kann Farben wertneutral betrachten.

Unsere Gefühlsreaktionen auf Farben begleiten uns so selbstverständlich im Leben, dass wir nur selten etwas davon bemerken. Das ändert sich jedoch grundlegend, wenn all die Farben unserer Lebenswelt ganz plötzlich verschwinden. Der Neuropsychologe Oliver Sacks schildert den Fall eines Malers, der nach einem Schlaganfall nicht nur seine Farbwahrnehmung verlor, sondern auch sein Farbgedächtnis. Was ihm von den Farben blieb, war ein höchst befremdliches Gefühl, das seinen Alltag komplett durcheinanderbrachte. Sein gewohnter Lebensraum sah für ihn auf einmal schmutzig und unappetitlich aus, alles Weiße erschien ihm verschimmelt und jedes Schwarz verstaubt. Menschen begegneten ihm als belebte graue Statuen, woraufhin er sie zu meiden begann. Die »rattenfarbene« Haut der Menschen verursachte bei ihm einen Ekel vor jeglicher Berührung, erstickte seine sexuellen Bedürfnisse und erotischen Vorstellungen. Der unnatürliche und unappetitliche Anblick aller Nahrungsmittel nahm ihm die Freude am Essen und beeinträchtigte seine Ernährungsgewohnheiten. Selbst das Schließen der Augen half ihm nichts, da Lebensmittel wie Tomaten auch in seiner Vorstellung schwarz blieben. Blumen wurden ununterscheidbar, der Himmel erschien ihm jeden Tag in dem gleichen bleichen Grau, von dem sich das schmutzige Weiß der Wolken kaum noch unterschied. Besonders deutlich wurde ihm der Verlust seiner Gefühlszustände bei sehr emotionalen Ereignissen wie dem Sonnenaufgang, der ihm nun wie eine »riesige Atombombenexplosion« erschien. Etwas Tieferliegendes war in ihm zerstört.[20] Farben geben uns und unserer Lebenswelt eine unverwechselbare Identität. Das sollten wir bedenken, bevor wir uns, anderen Menschen, Dingen und Räumen eine Farbe geben.

Die Gedächtnislandkarte der Farben

Farben sind unser schnellstes und leistungsfähigstes Sinnesmedium. Der Sehfarbstoff einer einzigen Lichtsinneszelle in der Netzhaut unserer Augen enthält bis zu zehn Millionen Moleküle, die bei Lichteinfall zerfallen und stetig regeneriert werden müssen. In beiden Augen sind permanent etwa 250 Millionen Lichtsinneszellen mit der Herstellung unseres Seheindrucks beschäftigt, die von den nachfolgenden Nervenzellen weiterverarbeitet werden. Die Farbsignale fließen über drei Sehbahnen oder Farbkanäle in Hochgeschwindigkeit von etwa 100 Millisekunden zum Gehirn, wobei Datenmengen von bis zu 240 Mbit pro Sekunde transportiert werden. Der Datenverkehr in dem ca. vier Millimeter dicken Sehnerv, der aus rund einer Million Nervenfasern besteht, würde einen modernen digitalen Breitbandanschluss völlig auslasten.

Nur zum Vergleich. Der Hörnerv transportiert mit seinen 30 000 Fasern gerade einmal drei Mbit pro Sekunde, was uns wunderbare Erfindungen wie Sprache und Musik ermöglicht hat. Es ist daher auch nicht verwunderlich, dass unser Gehirn nach aktuellen Schätzungen zwischen 60 bis 80 Prozent seiner Kapazität von immerhin zehn Terabits pro Sekunde auf die Weiterverarbeitung der Farbsignale verwendet. Doch wozu dient dieser ungeheure Aufwand?

Folgen wir dem gewaltigen Strom der Farbsignale weiter bis zum visuellen Kortex, der allein 15 Prozent unserer Großhirnrinde beansprucht. Der Aufbau einer neuronalen Landkarte unseres Sehfeldes ist eine intelligente Leistung, die sich mit der Arbeit von Suchmaschinen wie Google oder Bing vergleichen lässt. Unser Gehirn muss die Farbinformationen schrittweise filtern, weshalb sich die neuronalen Netze im visuellen Kortex auch aus mehreren Schichten zusammensetzen. David Hubel und Torsten Wiesel erhielten 1981 den Nobelpreis für den Nachweis, dass die schichtförmig aufgebauten Neuronen im visuellen Kortex selektiv auf Lichtreize wie Punkte, Streifen, Winkel oder Balken reagieren.[21] Form, Oberfläche und Bewegung folgen der Farbe und nicht umgekehrt!

Farbtexturen geben Hinweise auf Oberflächenmerkmale und Objekteigenschaften. Formeigenschaften lassen sich aus den Umgrenzungslinien einzelner Farbflächen herausfiltern. Dynamische Veränderungen von Farbflächen werden als Bewegungen registriert. Es gibt fast überall sehr viel mehr zu sehen, als unser Gehirn verarbeiten kann. Aus der Fülle der Farbinformationen wird daher nur das herausgefiltert, was für uns zum Zeitpunkt der Wahrnehmungssituation von Bedeutung ist. Alle anderen Informationen schaffen es nicht durch die Filterfunktionen und werden von uns gar nicht erst gesehen.

Der Kontext spielt daher eine herausragende Rolle für die Festlegung der Filterkriterien. Das Sehen gleicht in dieser Hinsicht unserer Suche im Internet. Wenn Sie wissen, nach welcher Farbe Sie suchen, dann benötigen Sie auch in höchst komplexen Umgebungen wie Stadtplätzen nicht viel Zeit, um Personen, Geschäfte oder Gegenstände zu finden. Von den Filterfunktionen, die im visuellen Kortex beim Aufbau unseres Seheindrucks vor sich gehen, nehmen wir ebenso wenig wahr wie von den algorithmischen Rechenoperationen der Suchmaschinen. Bis heute wurden bereits über 30 verschiedene Gehirnareale beschrieben, die am Verarbeitungsprozess beteiligt sind. Ein Ende bei der Erforschung dieser Gehirnfunktionen ist daher nicht abzusehen.

Besonders gut beobachtbar sind jedoch zwei starke Datenströme.[22] Der sogenannte »Was-Strom« leitet die Signale zum semantischen Gedächtnis, wo das Farberlebnis seine Bedeutung erlangt. Ein blutroter Farbton weckt dort sofort eine Vielzahl von Assoziationen wie Liebe, Macht, Kraft, Wut oder Reife.[23] Was wir davon »für-wahr-nehmen«, entscheidet sich daher erst im Kontext der Wahrnehmungssituation. Der rote Mantel eines Kardinals ist ein Machtsymbol. Der Anblick wirkt auf Betrachter einschüchternd oder provokativ, je nachdem, welche Haltung sie zur Person oder Kirche einnehmen. Ohne Kontext wirkt jede Farbe ambivalent, birgt die Vielzahl der Begegnungen in sich, die uns mit ihr verbindet. In diesen Deutungsvorgang ist auch unser Sprachgedächtnis involviert, weshalb uns mit dem Anblick einer Farbe auch all die Begriffe gegenwärtig sind, die wir damit assoziieren.

Damit die Farbensprache funktioniert, brauchen wir nicht nur die semantische Ebene der Farbverarbeitung, sondern auch die Farbsyntax. Wir müssen nicht nur wissen, welche Bedeutung sich hinter einer Farbe verbirgt, sondern auch, wie wir ihr am besten begegnen. Dafür ist der »Wo-/Wie-Strom« verantwortlich, der die Informationen vom visuellen Kortex zum Handlungsgedächtnis leitet. Hier wird geklärt, wo sich das Farbereignis befindet und wie wir uns dazu verhalten werden. Wenn Sie schon einmal eine rote Ampel überfahren haben und dafür bestraft wurden, werden Sie beim Anblick der Farbe unwillkürlich sehr viel vorsichtiger agieren. Waren Sie gar Zeuge eines Vorfalls, bei dem Blut geflossen ist, kann allein schon der Anblick von Rot das Ereignis in all seiner Dramatik zurückbringen.

Farben sind Symbole wie die Worte unserer Sprache, die über ihre Bedeutung hinaus auch eine Handlungsaufforderung beinhalten. Sie aktivieren eine Erwartungshaltung, die das gegenwärtige Erlebnis mit unserer Vergangenheit und Zukunft verbindet. Wenn Sie beim Flirten rot werden, nimmt Ihr Gegenüber nicht nur Ihre Erregung wahr, sondern auch ein Begehren, das den weiteren Gesprächsverlauf und vielleicht sogar Ihr Leben verändern kann.

Kommen wir nun zum Endpunkt unserer Reise durch das visuelle Wahrnehmungssystem, die uns von den Augen bis zu den bewusstseinsfähigen Gehirnarealen geführt hat. Was bis zu diesem Zeitpunkt bereits passiert ist, bleibt weitgehend unbewusst. Erst hier entscheidet sich, welche Umweltinformationen wir tatsächlich zu sehen bekommen. Das ist stets nur ein Bruchteil des Nachrichtenpotenzials, das tatsächlich im Farbspektrum des Lichts steckt. Wenn Sie also etwas länger hinsehen und das Blickfeld aufmerksam mit Ihren Augen absuchen, tauchen nicht nur immer mehr Farbkontraste und Details, sondern auch erheblich mehr Bedeutungen auf. Wir bezeichnen Farbsignale daher auch als Farbcodes, die in den bewusstseinsfähigen Gehirnarealen decodiert werden müssen, damit ganz zuletzt ein Bild vor unseren Augen entsteht. Andere Menschen können in diesen Farbcodes daher ähnliche oder auch ganz unterschiedliche Bedeutungen sehen. Wer dazu ein Beispiel braucht, der schaue sich mit einem

Radiologen Farbdarstellungen der funktionellen Computertomografie an. Doch nicht nur diese hochkomplexen diagnostischen Bildmittel, für die oft noch Kontrastmittel verabreicht werden, um spezifische Informationen zu selektieren, müssen von unserem Gehirn decodiert werden.

Alle bildlichen Wahrnehmungen und Vorstellungen unserer Lebenswirklichkeit sind farblich codiert. In der winzigen Zeitspanne von etwa einer Sekunde webt unser Gehirn ein anschauliches Bild der umgebenden Lebenswelt, das erst im Moment seiner Wahrnehmung vor unseren Augen entsteht. Die Verschmelzung von Farbe und Wissen zeigt sich besonders deutlich in den Werken der monochromen Malerei, da es hier nichts gibt, was uns von den Wirkungen der Farbe ablenkt. Die großformatigen Werke von Künstlern wie Mark Rothko, Barnett Newman und Clyfford Still wirken nicht nur reduziert, kraftvoll und poetisch, sondern sie ziehen den Betrachter in den Bildraum hinein. Von Mark Rothko ist der Satz überliefert, der die emotionale wie assoziative Kraft seiner Bilder am besten beschreibt: »A painting is not a picture of an experience; it is an experience.«[24] (Ein Gemälde ist nicht das Bildnis einer Erfahrung, es ist eine Erfahrung.)

Die Speicherkapazität unserer bewusstseinsfähigen Gehirnareale ist ebenso begrenzt wie der Arbeitsspeicher eines Computers, der auch nur die Daten verarbeitet, die für die Ausführung der laufenden Programme gerade benötigt werden. Je mehr Daten dort verarbeitet werden müssen, umso langsamer werden die Prozesse. Doch unser Gehirn ist zum Glück nicht davon abhängig, was in unser Bewusstsein gelangt, da es wie ein extrem leistungsfähiger Parallelrechner arbeitet, der große Datenmengen zeitgleich verarbeiten kann. Die Konsequenz ist, dass etwa 99 Prozent aller Farbinformationen unbewusst verarbeitet werden. Farben wirken daher auf unser Erleben und Verhalten, auch wenn wir die Ursache dafür gar nicht sehen.

Das Arbeitsgedächtnis lässt es nicht zu, dass wir mehr als sieben Informationseinheiten gleichzeitig darin behalten können, die sogenannte »Miller'sche Zahl«, die kaum mehr als zwei Einheiten nach oben und unten schwankt. Stellen Sie sich dazu einen Farbfächer vor, der wie ein Kartenspiel funktioniert. Sie ziehen daraus mehrere Farbkarten, merken sich die Farbtöne und legen diese anschließend wieder zurück. Die meisten Menschen sind nicht in der Lage, sich mehr als sieben Farben zu merken. Das gilt gleichermaßen für die Kapazität von Farbleitsystemen, die eine ausgezeichnete Orientierung bieten, wenn wir nicht mehr als sieben Farben verwenden. Um unsere Merkfähigkeit für Farben zu steigern, können wir harmonische Klaviaturen bilden oder uns Kombinationen überlegen, die kleine Geschichten erzählen. Im Alltag tun wir das sehr häufig, ohne dass es uns bewusst wird. Deshalb haben wir auch kein Problem damit, uns die Landesfarben von Staaten, die Wappenfarben von Sportvereinen oder die Corporate Color von Unternehmen zu merken.

Große Übereinstimmung besteht in der Gehirnforschung hinsichtlich der Kriterien, nach denen der präfrontale Kortex auswählt, was wir am Ende der Verarbeitungsprozedur tatsächlich zu sehen bekommen.[25] Wir nehmen Farben und die damit assoziierten Inhalte vor allem dann wahr, wenn sie uns emotional bewegen und inhaltlich interessieren. Damit schließt sich der Kreis. Vom präfrontalen Kortex gehen permanent Steuerungsanweisungen zum Motorkortex, der nicht nur die Blickbewegungen unserer Augen, sondern alle Verhaltensreaktionen koordiniert. Farben wirken hauptsächlich dann auf unser Erleben und Verhalten, wenn sie Bedeutung für unser Leben haben. Diese wiederum wird vom Kontext der Wahrnehmungssituation bestimmt.

FARBWAHRNEHMUNG

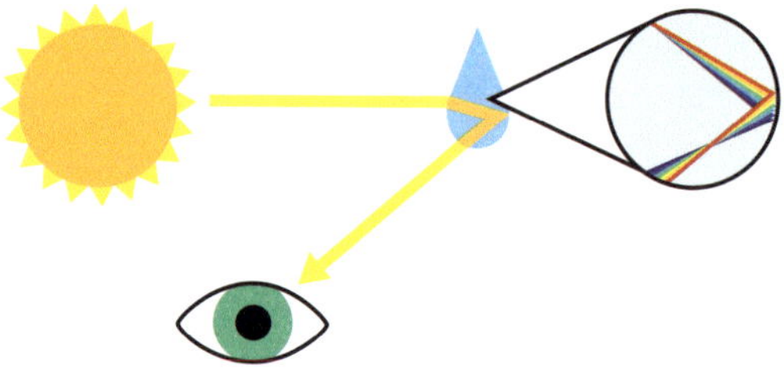

Transportmedium Licht
Das Energiespektrum des Sonnenlichts wird von Materieteilchen wie den Wassertropfen des Regenbogens gebrochen und zum Auge des Betrachters reflektiert. Farben wie das Regenbogenspektrum nehmen wir erst wahr, wenn der Energiefluss die bewusstseinsfähige Gedächtnisareale unseres Gehirns aktiviert.

Auge als Energiedetektor
Die Optik des Auges funktioniert wie ein Energiedetektor, der die Strahlungsenergie empfängt und im Zentrum unserer Netzhaut bündelt, der Fovea centralis. Hier konzentrieren sich auf jedem Quadratmillimeter etwa 150 000 Farbsehzellen, aus deren Signalpotenzial unser Gehirn ein vollfarbiges und kontrastreiches Wahrnehmungsbild generiert.

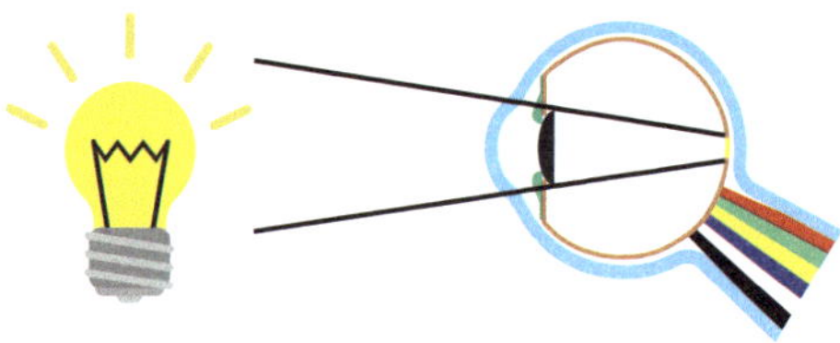

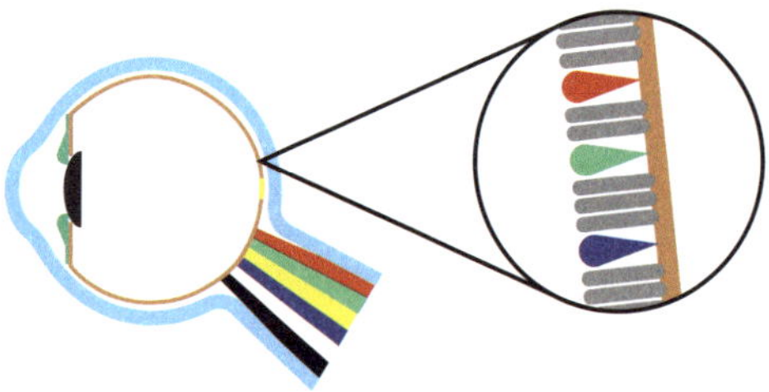

Farbsehzellen als Energiewandler
Etwa 6 Millionen Farbsehzellen (Zapfen) wandeln die elektromagnetische Strahlung des Lichts in jedem Auge über einen fotochemischen Prozess in elektrische Impulse, die unser Gehirn weiterverarbeiten kann. In den Rot-, Grün- und Blau-Zapfen befinden sich Sehfarbstoffe (Iodopsine), die bei Lichtkontakt zerfallen. Veränderungen des Membranpotenzials werden von spezialisierten Nervenzellen ausgewertet.

Komprimierung der Farbinformation
Die Funktionsweise der Nervenzellen erinnert an binäre Codes bei der digitalen Informationsverarbeitung im Computer, bei dem wir nur 0 und 1 bzw. »ein« und »aus« benötigen. Auf diese Weise wird die Farbinformation beträchtlich reduziert und über 3 Sehbahnen (Schwarz/Weiß, Blau/Gelb, Rot/Grün) zum Thalamus im Zwischenhirn transportiert.

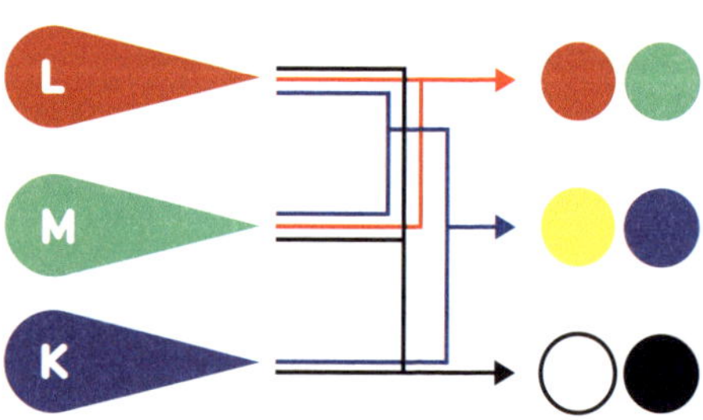

Emotionalisierung und Spontanreaktion
Der Thalamus gilt als Tor zum Bewusstsein. Die Farbsignale werden mit anderen Sinnesinformationen verglichen und bewertet, was erste spontane Verhaltensreaktionen auslöst. Noch bevor wir Farben wahrnehmen, bekommen wir ihre Wirkungen auf unseren Hormonhaushalt und Bewegungsapparat sowie auf unsere Emotionen und Stoffwechselfunktionen zu spüren.

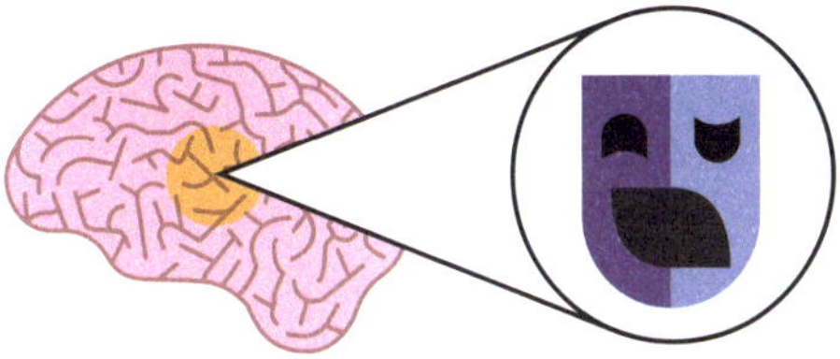

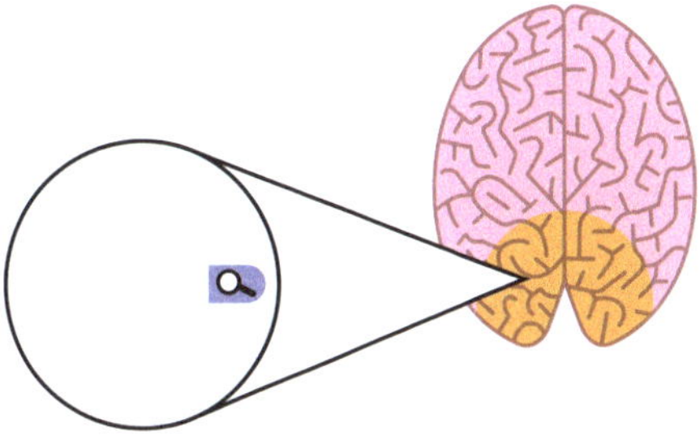

Suchmaschinenfunktion
Der gewaltige Strom der Farbsignale führt zum visuellen Kortex, der allein 15 Prozent des Gehirns für den Aufbau einer neuronalen Landkarte des Sehfeldes beansprucht. Die Filterfunktionen ähneln der Vorgehensweise eines Suchmaschinenprogramms, das nach bekannten Mustern sucht.

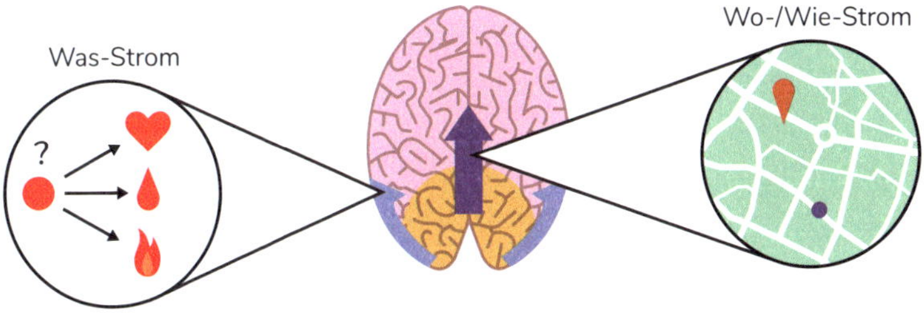

Farbgedächtnis
Zwei starke Datenströme führen zu unterschiedlichen Gedächtnisarealen. Der Was-Strom führt zum semantischen und episodischen Gedächtnis, wo er mit dem Farbereignis assoziierte Bedeutungen aktiviert. Der Wo-/Wie-Strom führt zum Verhaltensgedächtnis, wo räumliche Lesarten und gelernte Handlungsweisen aktiviert werden.

Bewusstseinserlebnis
Zuletzt gelangen die Impulse in das Arbeitsgedächtnis im präfrontalen Kortex, das aufgrund seiner geringen Kapazitäten nur einen Bruchteil aller Informationen verarbeiten kann. Bevorzugt wird immer das, was uns emotional erregt und inhaltlich interessiert. Etwa 99 Prozent aller Farbinformationen bleiben daher unbewusst. Steuerungssignale zum motorischen Kortex bestimmen, auf was wir unseren Blick fokussieren.

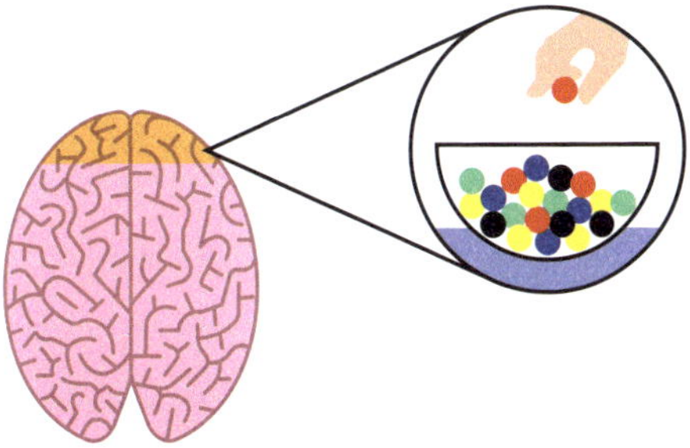

Wie viele Farben nehmen wir wahr?

Aber wie viele Farben gibt es eigentlich insgesamt zu sehen? Das ist eine einfache Frage, auf die sich viele Antworten finden lassen. Der Grund dafür ist, dass die meisten Berechnungen sich lediglich auf drei Eigenschaften der Farbe beziehen: Buntton, Helligkeit und Sättigung. Bei 200 Bunttönen, 500 Helligkeitsstufen und 20 Sättigungsgraden sind das bereits 20 Millionen Farbtöne. Doch es geht noch genauer. Bei Darstellungen von Lichtfarben am Computer kommt es auf die Anzahl der Farbkanäle und die Farbtiefe an, die in Bit gemessen wird. Standard sind die drei Farbkanäle Rot, Grün und Blau (RGB). Bei einem Bit kann jeder Pixel genau zwei Zustände annehmen, bei acht Bit dann 2^2, was 256 Farben ergibt. Rechnerisch können bei drei Kanälen $(2^2)^8$ Zustände dargestellt werden, was rund 16,8 Millionen Farben entspricht. Bei 16 Bit addieren sich die Farbtöne bereits auf 281 Billionen. Gute Smartphone-Displays weisen heute bereits eine Farbtiefe von 24 Bit auf. Hochaufgelöste Scans schaffen eine Farbtiefe von 48 Bit. Die rechnerische Anzahl der darstellbaren Farbtöne übersteigt unser Fassungsvermögen. Nimmt man den Unterschied überhaupt noch wahr, könnten Sie jetzt berechtigterweise fragen. Das kommt auf das Motiv an. Durch die hohen Farbtiefen können im Scan plötzlich Gewebeteilchen auftauchen, die vorher unsichtbar waren. Erst hierdurch können wir Prozesse wie Krebserkrankungen verstehen, die bis dahin unerklärbar waren. Im Makrobereich des Weltalls tauchen plötzlich neue Sterne, Galaxien und Ereignisse auf, die unser Weltbild verändern können. Je besser die Technologie, desto mehr Farben werden sichtbar. Farben sind Mittler, Medien oder ganz einfach auch die Umweltinformationen, aus denen wir unser Selbst- und Weltbild bauen.

Schauen wir uns jetzt noch die Anzahl der Körperfarben an, also die Farbtöne von Oberflächen und Materialien. Professionelle Farbsysteme wie RAL oder NCS verfügen über eine Auswahl von rund 1700 genormten Farbmustern. Die Muster sind auf Papier gedruckt und dienen als Industriestandard. Hier zeigt sich bereits die nächste Schwierigkeit beim Zählen der wahrnehmbaren Farben, denn unser Farbeindruck lässt sich nicht von Oberflächenmerkmalen trennen. Es gibt daher solche Farbsysteme auch für glänzende und matte Farben, für Kunststoffe und Metalle. Wer das nicht glaubt, braucht sich bloß das Grün der Pflanzenwelt einmal genauer anzuschauen. Nicht ein Grün gleicht dem anderen, wenn wir es im direkten Vergleich betrachten. Wenn Sie einen Stoff für ein Sofa oder ein Kleidungsstück aussuchen, eine Teppich-, Auto- oder Wandfarbe bestimmen, brauchen Sie eine authentische Materialprobe. Denn nur so lassen sich böse Überraschungen vermeiden.

Die intensivsten Farberlebnisse haben wir bei optischen Farbmischungen, Farbeindrücken, die erst im Auge des Betrachters entstehen. Doch wer will diese Farbeindrücke zählen? Dieser Effekt zeigt sich besonders deutlich an den Nanofarben von Schmetterlingsflügeln, die am schillerndsten und brillantesten wirken, wo sie nicht durch Pigmente oder Farbstoffe entstehen. Die Gitterstrukturen der winzigen Schuppen sind so fein, dass wir sie nur unter dem Mikroskop wahrnehmen. Die optische Farbmischung prägt auch einen ganzen Malstil. Im Pointillismus wurden unzählige winzige Farbpunkte auf die Bildfläche gesetzt, die aus der Ferne zu neuen, intensiveren optischen Mischfarben verschmelzen. Noch wichtiger für die Zahl der wahrnehmbaren Farbtöne ist die Erfahrung, die jeder Mensch mit Farben gemacht hat. Das trifft auf alle Sinnesleistungen zu. Geübte Musiker hören mehr Töne, erfahrene Parfümeure riechen mehr Aromen, Sommeliers schmecken mehr Nuancen im Wein. An den vielen bedeutenden Gemälden der Kunstgeschichte lässt sich immer wieder bestaunen, wie viele Farbnuancen diese Künstler wahrnehmen und hierdurch auch zur Sprache bringen konnten.

Unsere Reise vom Licht bis in die bewusstseinsfähigen Areale des Gehirns zeigt, dass Farbe ein Medium ist, das sich nicht an einem bestimmten Ort lokalisieren lässt, weder irgendwo in unserem Körper noch in der Umwelt. Das Phänomen Farbe wird nur verstehbar, wenn wir es ganzheitlich betrachten, wenn wir darauf schauen, auf welche Weise es uns mit unserer Lebenswelt verbindet.

Sinnlichkeit der Farben. Warum wir Farben stets mit allen Sinnen wahrnehmen

Die ersten Farben nach der Geburt

Was sind die ersten Farben, die ein Mensch erlebt? In der Mitte unserer embryonalen Entwicklung öffnen wir unsere Augen. Unsere frühesten Farbeindrücke werden vom langwelligen Anteil des Tageslichts geprägt, das durch die Bauchdecke der Mutter bis in die Gebärmutter vordringt. Der Anblick abgedunkelter Orange-, Rot- und Violetttöne erfüllt uns daher zeitlebens mit einem Gefühl tiefer Geborgenheit und wohliger Wärme. Das Wohlfühlspektrum schließt auch dunkle Brauntöne wie alle warmen Grautöne ein. Diese Farbpalette gehört daher keinesfalls zufällig zu den Klassikern der Wohnfarben. Sobald Licht auf die Bauchdecke der Mutter scheint, spürt sie oftmals direkt eine Resonanz, die sich im roten Spektrum nochmals verstärkt. Das Kind bewegt seinen Körper aktiv zum Licht hin und reagiert auf den Farbeindruck mit der Beschleunigung seiner Herzfrequenz. Erfahrenen Geburtshelfern kann es sogar gelingen, das Kind mit einer Taschenlampe in die richtige Geburtslage zu locken.[1]

Den Unterschied zwischen hellen und dunklen Farben lernen wir bereits intrauterin über die Aktivitäten und Schlafphasen der Mutter. Helle rötliche Farbempfindungen wirken zeitlebens aktivierend und anregend, während dunkle bläuliche Farben eher als passiv und beruhigend erlebt werden. Farbwechsel, die wir täglich beim Übergang von Licht und Dunkel erleben, steuern nicht nur unseren Schlaf-wach-Rhythmus, sondern sie beeinflussen zeitlebens unsere Handlungsmotivation wie unser Verhalten.

Der eigentliche Lernprozess beginnt jedoch erst nach der Geburt. Wir können uns an diesen Zeitpunkt nicht mehr erinnern. Die Schilderungen eines Augenarztes, der zu Beginn des 20. Jahrhunderts viele geburtsblinde Menschen erfolgreich operiert und bei ihrem ersten Seherlebnis begleitet hat, helfen uns weiter: »Ursprünglich lokalisieren die Neuoperierten ihre Gesichtseindrücke nicht, sie bringen sie nirgendwo in Beziehung, weder zu ihrem Auge noch zu irgendeiner Fläche, eben oder sphärisch; sie sehen die Farben etwa so, wie wir einen Geruch von Torf oder Lack riechen, der uns einhüllt und auf uns eindringt, ohne jedoch genauer bestimmbar irgendeine Form von bestimmter Ausdehnung auszufüllen.«[2]

Mit hoher Wahrscheinlichkeit fühlt sich unsere lichterfüllte Welt nach der Geburt an wie ein halluzinogen-psychedelischer Farbenrausch. Diffuse Farbempfindungen prasseln auf das neugeborene Kind ein, die es weder lokalisieren noch mit konkreter Bedeutung füllen kann. Wenn das Licht zu stark ist, was sich durch die Reflexion reinweißer Wände drastisch verstärkt, wirkt die Umgebung auf das Neugeborene wie ein Schock. Das lässt sich an den Reaktionen des Kindes auch sehr deutlich wahrnehmen. Diese Einsicht hat sich zum Glück heute auch im Krankenhaus durchgesetzt, wo immer mehr Geburtsstationen gedämpftes Licht und wohltemperierte Farben erhalten, die übrigens auch der werdenden Mutter guttun und zu ihrer Entspannung beitragen.

Interessant sind auch die ersten Farbtests an Neugeborenen, die unsere angeborenen Farbpräferenzen zeigen. Fast 100 Prozent aller Säuglinge folgten Rot mit ihrem Blick. Bei Grün waren es nur noch 30 Prozent, während sich 25 Prozent aller Neugeborenen auch für Gelb interessierten. Blau hingegen wurde in den ersten Lebensmonaten häufig ignoriert, was auf die verzögerte Entwicklung der Blau-Zapfen unserer Netzhaut zurückgeführt wird.[3] Unsere Farbpräferenz für Rot ist unabhängig von kulturellen Einflüssen und hält das ganze Leben an. Was wir rot markieren, hat Bedeutung und fordert Aufmerksamkeit, auch wenn kein Grund dafür ersichtlich ist. Angeboren und damit kulturunabhängig ist auch das Interesse des Menschen an hellen, leuchtenden und metallisch glänzenden Farben wie Silber und Gold.[4]

Anfangs sind die Farben unserer Umwelt kaum mehr als ein Phänomen, denn über das reine Sinneserlebnis hinaus teilen sie uns keine Bedeutungen mit. Dazu müssen wir sie erst einmal aktiv mit allen anderen Sinnesempfindungen vernetzen. Die Brust der Mutter erkennt das neugeborene Kind noch am Geruch. Die Bedeutung der Milchflasche schon nicht mehr, weshalb es auch einige Versuche braucht, bevor das Kind auf den diffusen weißen Farbfleck reagiert. Sobald das Kind vom Anblick der Milchflasche zu aufgeregten Körperbewegungen veranlasst wird, hat es die wohltuende sättigende Wirkung dieser Farbempfindung verinnerlicht. Der Anblick der Farbe bewirkt jetzt die Absenkung des Blutzuckerspiegels und setzt die Verdauungsfunktionen in Gang. Farben wecken Erwartungen und bereiten das Kind auf bevorstehende Ereignisse vor.[5] Je mehr wir herausfinden, wie sich Farben anfühlen und bewegen, wie sie riechen, schmecken oder klingen, umso mehr nimmt das bunte Treiben vor unseren Augen konkrete Formen an. Erst ganz allmählich wird unser Sehsinn zur primären Quelle der Erkenntnis.

Durch die Synchronisation unserer Sinnesempfindungen werden Farben zu Symbolen. Der Fokus unserer Aufmerksamkeit verlagert sich zunehmend auf die inhaltliche Bedeutung des Farbereignisses, wodurch das Phänomen automatisch in den Hintergrund der Wahrnehmung rückt. Erinnern Sie sich spontan an die Augenfarben der Menschen, mit denen Sie gerade noch Blickkontakt hatten? Können Sie die Farben der Räume wiedergeben, in denen Sie sich in den letzten Tagen aufgehalten haben? Doch keine Sorge, mit Ihrer Farbwahrnehmung ist alles in Ordnung. Wir sprechen hier von implizitem Wissen, das unsere Farbwahrnehmung dominiert. Das heißt, wir interagieren Tag für Tag mit Farben, ohne sagen zu können, wie und warum wir das tun. Dieses implizite Wissen tritt erst zutage, wenn sich etwas in unserer gewohnten Lebenswelt verändert. Trägt jemand ein neues Kleidungsstück, hat die Haare gefärbt, renoviert oder schaut Sie ganz plötzlich durch ungewohnt blaue Kontaktlinsen an, dann sehen Sie das vermutlich sofort.

Die Farbempfindungen von Kleinkindern verschieben sich jedes Mal ein Stück weiter von der Netzhaut ihrer Augen in den umgebenden Raum, wenn sie mit ihrer Umwelt interagieren. Am Ende sehen sie Farben genau dort, wo sie nach übereinstimmender Befragung aller Sinne hingehören. Das Kind streckt seine Hände daher vielfach erfolglos nach dem weißen Farbfleck der Milchflasche aus, bis es begreift, an welchem Ort seine Farb- und Tastempfindungen zusammentreffen. Der weiße Fleck gewinnt erst dann eine räumliche Gestalt, wenn das Kind gelernt hat, wie es seine Farbempfindungen mit den Tastbewegungen synchronisiert. Die Fähigkeit zur Unterscheidung von Objekt und Hintergrund ist nicht angeboren, sondern muss gelernt werden, was das Kind ganz von selbst tut, wenn es nach etwas greift. Auf diese Weise gewinnen Farben eine bedeutsame Form und Oberfläche. Sie signalisieren uns Eigenschaften, Verhaltensweisen und Handlungsabsichten.

Die Farbigkeit der sichtbaren Welt durchzieht alsbald auch die Erinnerungen, Gedanken und Träume des Kindes. Farben verschmelzen mit Bedeutungen, werden zu Wesenheiten, Eigenschaften und Identifikationsmerkmalen. Kinder müssen die Welt vor ihren Augen in den ersten Lebensmonaten mit all ihren Sinnen wahrnehmen, denn sonst bleiben Farben für sie ein inhaltsleeres Phänomen.

Dieser Zusammenhang zeigt sich auch bei operierten blind geborenen Kindern, die heute im Rahmen eines groß angelegten Forschungsprojekts in Indien betreut werden. Das »Prakash-Projekt« zeigt ganz aktuell, dass Kinder nur dann sehen lernen, wenn sie die Farben ihrer Lebenswelt mit allen Sinnen erforschen dürfen.[6] Bilder sind hierfür völlig ungeeignet. Wichtig sind Erlebnisse in der Natur und handwerkliche Tätigkeiten mit möglichst unterschiedlichen Materialien und Techniken, wie es die Reformpädagogik schon seit Langem fordert.[7] Farben sind nicht nur wichtig, um die Welt mit allen Sinnen zu begreifen, sondern sie lassen sich auch effektiv einsetzen, um die Bewältigung komplexer Aufgaben wie Sprache, Naturwissenschaften und Mathematik zu fördern. Nicht nur die beliebten Montessori-Materialien, sondern nahezu alle erfolgreichen Lern-Apps für Kinder zeigen, wie sich das didaktische Potenzial der Farben gezielt für Bildungszwecke nutzen lässt.

Synästhesie. Im Rausch der Sinne

Erleben Sie Geräusche, Sprache oder Musik als Farbrausch? Hat jeder Mensch für Sie eine charakteristische Farbe? Oder sehen Sie Buchstaben und Zahlen in bunten Farben, die anderen verborgen bleiben? Dann gehören Sie, wie etwa vier Prozent aller Menschen, zu den Synästhetikern, die ihre Welt auf einzigartige Weise wahrnehmen.

Synästhesie bezeichnet die ungewöhnliche Koppelung von Sinneswahrnehmungen. Es kommt häufig vor, dass wir Farben wahrnehmen, die für andere nicht vorhanden sind. Wenn Sie Ihre Augen jetzt etwas kräftiger reiben, werden Sie ungewöhnliche Farben wahrnehmen, denen Sie bisher wahrscheinlich keine Aufmerksamkeit geschenkt haben. Die Welt ist voller wunderbarer Farben, die wir oft übersehen, weil wir ihnen keine Bedeutung beimessen. Doch wenn wir sie genau betrachten, kann das wie eine Offenbarung wirken.

Der Maler Claude Monet zweifelte sogar an seinem Verstand, als er Ende des 19. Jahrhunderts seine verschwommenen buntfarbigen Bildserien von Heuhaufen, Pappeln oder der heute weltberühmten Kathedrale von Rouen betrachtete. Er brach seine

Arbeit immer wieder ab, sperrte die Bilder weg und litt häufig unter Albträumen. Später schilderte er seine Arbeitsweise mit den Worten: »Ich möchte wiedergeben, was ich vor dem Motiv empfinde.« Die atmosphärischen Bilder des Impressionismus zeigen auf eindringliche Weise, wie ein Subjekt seine Welt in einem einzigen Moment seines Daseins erlebt hat. Heute ist es kaum noch vorstellbar, dass der Begriff Impressionismus seinerzeit abschätzig gemeint war. In Zeiten, wo wir jeden stimmungsvollen Moment über Smartphone-Bilder spontan mit anderen Menschen teilen, sind einzigartige atmosphärische Momente allgegenwärtig.

Synästhetiker sind hochsensibel für bestimmte Sinnesempfindungen, was sie häufig gar nicht als besondere Gabe wahrnehmen, da ihnen der Vergleich fehlt. Anderen Menschen wiederum fällt es nicht auf, wenn ihre Begleitung beim Waldspaziergang nicht nur die Baumkronen, sondern auch Stämme und Äste in Millionen von Grüntönen sieht. Gehirnforscher sprechen von einer Hyperkonnektivität der Nervenzellen, die bei der Graphem-Farb-Synästhesie besonders augenfällig wird. Betroffene sehen Buchstaben, Zahlen oder Formen in Farben, die für andere gar nicht vorhanden sind.

Es könnte sein, dass Sie beim Lesen dieses Textes eine buntfarbige Seite wahrnehmen, wo der Buchstabe »S« immer rot, das »R« immer grün und das »L« immer blau erscheinen.[8] Der Anteil von Synästhetikern unter hochbegabten, hochsensiblen und kreativen Menschen ist außergewöhnlich hoch, was ich aus eigenen Erfahrungen während meiner Zeit als Kunsthochschullehrer nur bestätigen kann. Die Liste der weltbekannten Synästhetiker reicht von Komponisten wie Franz Liszt, Jean Sibelius, Olivier Messiaen, Nikolai Rimsky-Korsakov und Leonard Bernstein über Musikerinnen wie Hélène Grimaud und Lady Gaga bis hin zu Malern wie Wassily Kandinsky und David Hockney.

Der Physik-Nobelpreisträger Richard Feynman zeigt, wie Naturwissenschaftler von ihrer Synästhesie profitieren. Synästhesien können jedoch auch zum Problem werden, wenn sie die Aufmerksamkeit der Betroffenen beeinträchtigen, ihre Orientierung herabsetzen oder gar Wahnvorstellungen fördern. Die Auswirkungen erhöhter Konnektivität von Nervenzellen zeigt sich auch in Fieberträumen und nach Drogenkonsum, wo wir unsere Welt auf völlig neue Weise sehen. Die Verbreitung der Droge LSD prägte in den 1960er-Jahren die psychedelische Farbwelt der Popkultur. Flackernde Farbenspiele, vielfarbige Schleier und kaleidoskopartige Deformationen zeigen nicht nur die bewusstseinserweiternden Wirkungen der Droge, sondern sie sind auch Ausdruck für ein ganz neues Lebensgefühl.

Synästhesien zeigen nicht nur Fehlfunktionen der Wahrnehmung, sondern legen offen, wie das hochvernetzte Gehirn des Menschen Sinnesempfindungen verarbeitet. Wir nehmen die Lebenswelt stets mit all unseren Sinnen wahr. Diese ganzheitlichen Erfahrungen werden im Gedächtnis gespeichert und bleiben untereinander vernetzt, wodurch sie uns in jedem Farberlebnis gegenwärtig sind. Zu einem gewissen Grad sind wir alle Synästhetiker.

Farben sind Geschmackssache. Tipps zur Farbgestaltung

Farben bereiten unser vegetatives Nervensystem auf die Nahrungsaufnahme vor. Die Folgen spüren wir oft am ganzen Körper, auch wenn es nicht um Essen geht, denn eine himbeerfarbene Wand kann unseren Appetit ebenso anregen wie der Anblick einer Frucht. Manche Farben regen uns an und steigern unsere Lebenslust, andere sorgen dafür, dass wir uns extrem unwohl fühlen oder gar Ekelgefühle empfinden, denn Farben sind in der Tat immer auch Geschmackssache.

Beim Kochen verrät Ihnen vor allem die Farbe, welche Qualität Ihre Zutaten haben und wie lange Sie diese kochen, braten oder dünsten müssen, damit sie noch besser schmecken. Wenn die Farbe des Produkts im Rohzustand am appetitlichsten aussieht, dann schmeckt es uns so meist auch am besten. Die Farbkomposition auf dem Teller verrät uns, ob der Geschmack der einzelnen Zutaten zusammenpasst. Was wie ein Fremdkörper auf dem Teller wirkt, stört nicht nur unser ästhetisches Empfinden, sondern beeinträchtigt auch den Genuss und die Bekömmlichkeit der Speisen. Entscheidend ist, was unser Bauchgefühl zur Qualität der Farbkomposition sagt. Das gilt natürlich nicht allein für die Küche, sondern für jede unserer Farbentscheidungen im Alltag.

Die enge Verbindung zwischen unserer visuellen und gustatorischen Wahrnehmung zeigt sich auch bei den Interaktionen zwischen Farbe und Geschmack. Die Farbe von Tellern, Tassen und Verpackungen kann den Geschmack von Lebensmitteln aller Art nachweisbar verändern. Grüne Getränke, die aus gelben Behältnissen getrunken werden, schmecken frischer und limoniger. Erdbeermousse schmeckt auf weißen Tellern süßer und fruchtiger als auf schwarzen. Kaffee aus braunen Verpackungen schmeckt stärker, als wenn wir ihn blauen Packungen entnehmen.[9] Bei Lebensmitteln, die weder Form noch Konsistenz haben, ist die Farbe das entscheidende Auswahlkriterium. Schauen wir hierzu in eine Studie, die zeigt, dass 70 Prozent der Probanden den Kirschgeschmack eines Getränks wahrnehmen konnten, das rot gefärbt war. Wurde das gleiche Getränk grün gefärbt, war die Trefferquote gerade einmal halb so groß.[10] Es gibt auch generelle Vorlieben für Farben wie Rot, die auf einen hohen Energie- und Kaloriengehalt hinweisen.[11] Rot wirkt wie ein Geschmacksverstärker, der Früchte süßer, Chips würziger und Kaffee aromatischer schmecken lässt.

Wenn Sie sich im Supermarkt umschauen oder Produktwerbung anschauen, wird es bunt. Alle Farben dienen nur einem einzigen Zweck, nicht Ihrer Gesundheit, was möglich und wünschenswert wäre, sondern dem Konsum.[12] Jede Geschmacksnote lässt sich in Farben darstellen, obwohl es meist nur Schlüsselreize braucht, um unseren Appetit zu wecken. Denken Sie an Werbung für frisches goldgelbes Bier, oder stellen Sie sich eine knusprig braune Pizza mit roter Tomatensoße, weißem Mozzarella und grünem Basilikum vor. Sie sehen, Ihr Farbgeschmack wirkt auch in der Vorstellung!

In der Farbgestaltung gibt es viele Parallelen zum Kochen. Ich bezeichne Farbgestaltung daher auch gerne als Farbenküche. Entscheidend ist auch hier wieder der Farbgeschmack, nicht irgendeiner, sondern der unserer Gäste. Bei der Auswahl der Zutaten, also der Farben, können Sie Ihrem Bauchgefühl vertrauen. Gute Farbgestaltung braucht Inspirationen, also eine reichhaltige Auswahl, aus der Sie schöpfen können. Wichtig ist, dass Sie beim Anblick eines Farbtons Lust verspüren, sich davon angezogen fühlen, ein gutes Gefühl damit haben. Wenn Sie sich mit dem Anblick einer Farbe unwohl fühlen, dann haben Sie damit überall ein Problem, das auch später nicht einfach verschwindet. Jedes Farbkonzept braucht ein Grundthema, eine Basis, wie ein gutes Essen. Beginnen Sie daher mit der Farbe, die Sie unbedingt dabeihaben wollen. Alle weiteren Farben sollten Sie so auswählen, dass sie das Grundthema stärken. Wählen Sie so wenig Farben wie möglich, doch achten Sie bei jedem Ton auf die Qualität. Ein schlechter Farbton kann die ganze Komposition verderben.

Schauen wir uns das an einem Beispiel an. In beigefarbener Kleidung wirken Sie schlicht, unauffällig und selbstverständlich. Ein leichter Hauch von Safran, Zimt oder Curry verleiht Ihrem Auftritt hingegen sofort eine interessantere Note, obwohl sich die Brauntöne nur geringfügig unterscheiden. Nehmen Sie jedoch zu viel davon, verderben Sie alles. Starke Farben wirken wie Gewürze. Fangen Sie mit einer möglichst geringen Farbsättigung an, die Sie allmählich steigern, bis der Farbton Ihrem Geschmack entspricht. Intensive Farbtöne, die positive Geschmacksassoziationen hervorrufen, wirken extrem reizvoll, anregend und verführerisch. Denken Sie an süße Farben wie Schokoladenbraun, saure

Farben wie Limonengrün oder fruchtige Farben wie Erdbeerrot. Hier reicht es oft, wenn Sie ein Accessoire oder Detail damit färben. Ein moosgrünes Sofa lässt sich sehr wirkungsvoll mit einem orangefarbenen Kissen beleben. Wenn Sie triste Farben wie Schiefergrau etwas auffrischen möchten, probieren Sie es mit einem sauren Zitronengelb.

Welche Farben uns spontan Lust machen und welche sofort unsere Abneigung hervorrufen, ist eine Sache der Konditionierung. Hier kommen unsere Ess- und Trinkgewohnheiten ins Spiel, aber auch unsere Lebenserfahrungen, die bis weit in die Kindheit zurückreichen. Unser Farbgeschmack lässt sich auf persönliche, gesellschaftliche, altersbedingte, soziale und kulturelle Faktoren zurückführen. Wenn Sie Farben für andere Menschen aussuchen, dann hilft Ihnen Ihr Geschmacksurteil nur insoweit, wie Sie es auch beim Kochen zurate ziehen würden. Wir müssen uns mit dem Geschmack der Menschen vertraut machen, also genau beobachten, wo ihre Farbpräferenzen liegen. Bei Menschen aus fremden Kulturen oder völlig anderen Milieus kann die Recherche eine Weile dauern.

Wenn ich ein Farbkonzept entwickle, dann schaue ich mir zuerst die sieben biologischen Funktionen der Farben an, über die wir bereits gesprochen haben. Die Grundfunktionen der Farbe sind immer von Bedeutung, doch Sie müssen stets eine Gewichtung vornehmen, die sich auf den Zweck des Farbkonzepts und den Kontext der Situation bezieht. Wenn Sie Ihr Wohnzimmer einrichten, dann brauchen Sie vor allem eine Atmosphäre, in der Sie sich wohlfühlen. Das schließt natürlich auch all die Menschen ein, mit denen Sie diesen Raum teilen. Wohnliche Farben können sehr unterschiedlich sein, da Aspekte wie Lebensalter, Sozialisierung, Bildung ebenso berücksichtigt werden müssen wie charakterliche Besonderheiten und individuelle Bedürfnisse. Wer häufig Freunde zum Essen einlädt, braucht frische und stimulierende Farben, während jemand, der nach einem stressigen Tag am liebsten ganz für sich auf der Fernsehcouch chillt oder ein gutes Buch liest, vielleicht eher eine Wellness-Atmosphäre präferiert. Farben entfalten ihre Wirkungen nur im richtigen Licht, das daher immer mitgedacht werden muss. Im Raum müssen Farben daher stets als atmosphärische Wirkungsfaktoren gedacht werden. Farben sind kein Selbstzweck, sondern ein machtvolles Instrument der Umweltgestaltung! In der ersten Phase eines Farbkonzepts spreche ich daher vor allem darüber, was Farben für die Lebensqualität der betroffenen Menschen tun sollen. Erst wenn ich die Bedürfnisse herausgefunden, abgewogen und in Beziehung gesetzt habe, kann die Arbeit an der Farbkomposition beginnen.

Auch hier zeigen sich interessante Parallelen zum Kochen. Wenn ich die Bedürfnisse meiner Gäste kenne, kann ich es als guter Koch auch wagen, Gerichte auf den Tisch zu bringen, die niemand vorher so erwartet hat. Gute Farbkonzepte können auch geschmacksbildend wirken. Doch ganz am Ende muss jede Farbgestaltung dem ästhetischen wie dem lebenspraktischen Urteil der Menschen standhalten, für die sie gemacht wurde.

Vom Duft der Farben

Unsere Umwelt ist voller Gerüche, die unsere Farbwahrnehmung stark beeinflussen. Unangenehme Gerüche aktivieren das Angstzentrum unseres Gehirns, selbst wenn wir nichts davon bemerken.[13] Denken Sie an Kleinkinder, die sich standhaft weigern, Spinat zu kosten. Das müssen sie auch nicht, denn die spinatgrüne Farbe wird zur Projektionsfläche für den unangenehmen Geruch, der wahren Ursache für die Appetitlosigkeit oder den empfundenen Ekel, der im Extremfall sogar Würgereize auslösen kann.

Unsere Farbpräferenzen sind ebenso kulturell geprägt wie unsere Ess- und Trinkgewohnheiten. Das dottergelbe Fruchtfleisch der Durian stammt von einem Malvengewächs, das in Südostasien heimisch ist und von den Bewohnern dort genussvoll verzehrt wird. Einheimische nutzen die fiebersenkende Wirkung der Frucht, um Infektionskrankheiten und Erkältungen zu behandeln. Anders als bei den meisten tropischen Früchten führt der strenge Zwiebelgeruch der Durian dazu, dass sich die meisten Fremden angewidert davon abwenden. Nach einem einzigen Erlebnis hat sich der Zusammenhang zwischen Farbe und Geruch im Gedächtnis verankert. Wenn jemand das gelbe Fruchtfleisch erneut wahrnimmt, kann allein schon der Farbton modrig und faulig wirken.

Farben, die wir mit störenden Gerüchen assoziieren, können Produkteigenschaften wie auch die Aufenthaltsqualität von Orten merklich beeinträchtigen. Wenn Sie darauf achten, können Sie diese Wechselwirkungen zwischen Farben und Gerüchen in allen Bereichen Ihres Alltags entdecken. Das gilt vor allem für den öffentlichen Raum, für Bahnhöfe, Brücken und Unterführungen, aber auch für öffentliche Transportmittel wie Züge, Busse und Flugzeuge. Orte sehen schmutziger und verwahrloster aus, als sie tatsächlich sind, wenn wir sie mit unangenehmen Gerüchen in Verbindung bringen. Die Farben der Oberflächen treten häufig in den Fokus, obwohl diese nicht die Ursache, sondern nur der Indikator für die negative Wahrnehmung sind. In diesen Fällen verwenden wir oftmals abwertende Farbbezeichnungen wie Pissgelb, Kotzgrün oder Kackbraun, um unseren Ekelgefühlen Ausdruck zu verleihen.

Wo häufig Geruchsprobleme auftreten, können frische aromatische Farben wie Kalkweiß, Meerblau, Limonengrün oder Zitronengelb dabei helfen, das Gefühl der Belästigung zu verringern. Das ersetzt natürlich nicht die regelmäßige Pflege, sondern es lenkt den Fokus der Aufmerksamkeit auf angenehmere Erinnerungen, die störende Gerüche zumindest für kurze Zeit verdrängen können. Hersteller von Duftprodukten wie Parfüms, Kosmetika und Duftkerzen oder Reinigungsprodukten und Waschmitteln setzen Farben hingegen zielgerichtet ein, um positive

Geruchsassoziationen zu fördern. In der Psychologie bezeichnen wir diesen Effekt als Priming. Farben, die wir mit besonders angenehmen Gerüchen assoziieren, wirken sich positiv auf unser Werturteil aus und sind ein maßgeblicher Faktor für die Kaufentscheidung. Wenn Sie verführerische Namen für Farben suchen, dann suchen Sie nach interessanten Aromen oder Dingen, die Menschen mit wohlriechenden Düften assoziieren. Zimtbraun klingt nicht nur besser als Leberwurstbraun, es sieht auch gleich angenehmer aus. Jede Farbe wird ein Problem, sobald jemand einen unangenehmen Geruch damit assoziiert.

Olfaktorische Wahrnehmungen werden von der Riechschleimhaut direkt zum limbischen System des Gehirns geleitet, wo sie emotionale Reaktionen veranlassen, auf die wir kaum noch Einfluss haben. Wir sprechen hier von Pheromonen, die in allen Lebensbereichen wirksam sind. Die meisten Menschen haben eine gute Nase für die richtigen Farben. Daher trinkt kaum jemand guten Wein oder Sekt gerne aus buntfarbigen Gläsern, denn diese verändern den Geruch so stark, dass die Qualität des Produkts kaum noch eine Rolle spielt. Das Gleiche gilt für die Farbigkeit des Umgebungslichts. Wein riecht fruchtiger und schmeckt deutlich süßer, wenn Sie ihn nicht bei weißem, sondern bei rotem Umgebungslicht trinken. Die Farbe des Lichts erzeugt nicht den Geruch, sondern stärkt bestimmte Aromen, während andere in den Hintergrund treten. Aus diesem Grund wirkt Wein bei blauem und grünem Licht deutlich würziger. Die wahrgenommenen Qualitätsunterschiede wirken sich auch auf unser Werturteil aus. Am meisten bezahlen wollten Versuchspersonen, wenn ihnen der Wein bei rotem Licht angeboten wurde.[14]

Farben mit dem Blick berühren

Bereits zu Beginn des 18. Jahrhunderts bezeichnete der Philosoph George Berkeley das Sehen als »vorausschauendes Berühren«. Doch erst heute wissen wir, wie stark wir Farben mit Tastempfindungen assoziieren. Einzige Ausnahme sind Lichtfarben wie Wolkenweiß und Himmelblau, die völlig körperlos und immateriell wirken, weil wir zuvor immer wieder erfahren haben, wie die damit assoziierten Naturphänomene vor jeder unserer Bewegungen zurückweichen. Die Netzhaut des Auges ist ein hochspezialisiertes Hautareal, das zwar nicht zum Tastsinn gehört, doch im Verlauf der Evolution daraus hervorgegangen ist. Sie bildet einen Teil unserer Körpergrenze, über die wir mit der Umwelt permanent in Wechselwirkung stehen.

Zum Zeitpunkt unserer Geburt haben wir noch keine Vorstellung, wie die Welt um uns herum beschaffen ist. Der diffuse Farbteppich vor unseren Augen besitzt weder eine materielle Form noch eine räumliche Gestalt. Wir müssen danach greifen, um ihre Bedeutung für unser Leben zu verstehen. Lichtfarben weichen vor unseren Augen zurück, während Körperfarben unseren Berührungen Widerstand leisten. Farben und Oberflächen verschmelzen in unserer Wahrnehmung zu einem neuen Ganzen und gewinnen ihre unverwechselbare Gestalt. Blind geborene Menschen, die nach einer Operation mit dem »Sehenlernen« beginnen konnten, reagierten auf die reine Betrachtung von Objekten häufig mit Verzweiflung. Erst als es ihnen erlaubt wurde, die Farbflecken vor ihren Augen zu berühren, konnte der Lernprozess beginnen: »… endlich, als ich ihre Hand erst nach dem senkrechten Balken von oben nach unten, dann auf dem Querbalken von links nach rechts mehrmals geführt, wodurch sich die Linien wirklich kreuzten und das Kreuzeszeichen, mit welchem sie sich täglich bezeichnete, nachgeahmt ward, kam sie darauf, das Braune sei ein Kreuz.«[15]

Durch die Bildung solcher Assoziationen gewinnen wir ganz

allmählich eine anschauliche Vorstellung der Tastwelt. Wenn wir jetzt etwas sehen, dann fühlt es sich in unserer Vorstellung fast so an, als würden wir es berühren. Manche Farboberflächen schmeicheln unseren Augen, andere halten uns von einer Berührung ab. Unser Farbensehen ist perfekt auf die Wahrnehmung von Körpern und Oberflächen ausgelegt. Strukturen, Muster und Kanten von Farbflächen treten durch Kontrasteffekte sehr deutlich hervor, die wir uns im Kapitel zur Wahrnehmung bereits angeschaut haben.[16] Entgegen älteren Annahmen gehen die Neurowissenschaften heute davon aus, dass sich in unserem Gehirn keine Instanz wie ein Homunkulus befindet, die unsere Sinnesempfindungen interpretiert. Im Gegenteil, die Informationen der einzelnen Sinne werden bereits in frühen Verarbeitungsstadien integriert und bleiben auf ihrem Weg zu den bewusstseinsfähigen Gehirnarealen verknüpft.[17] Die Struktur der Synapsen bildet das assoziative Netzwerk unserer Lebenserfahrungen ab. Wenn Sie bei der Auswahl eines Sofabezugs zwischen Moosgrün und Steingrau wählen, dann entscheiden Sie sich auch für ein Berührungserlebnis, das bereits in der Ferne mit Ihrer Assoziationstätigkeit beginnt und beim Hautkontakt mit dem Stoff endet. Haptische Assoziationen sorgen auch dafür, dass wir uns gar nicht auf Dinge setzen, deren Erscheinungsbild wir mit unangenehmen Berührungserlebnissen verbinden.

Die Visuomotorik, zu der auch die »Auge-Hand-Koordination« gehört, lässt sich ganz gezielt fördern. Ich habe wunderbare Kunstprojekte mit Kindern begleitet, die sich durch Einbeziehung ihres ganzen Körpers in einen wahren Farbrausch hineingesteigert haben. Die Kinder begannen anfangs damit, sich aus großen Eimern etwas Farbe abzufüllen, um diese ungemein bedacht mit dem Pinsel auf die umliegenden Wände zu verstreichen, die dafür zur Verfügung gestellt wurden. Bald nahmen sie auch ihre Finger hinzu und entdeckten neben der Symbolkraft auch ganz andere Qualitäten der Farbe. Eifrig wurde mit den Fingern gemischt und an die Wände gemalt. Ganz von selbst waren plötzlich auch die Hände im Spiel, dann auch die Füße und das Gesicht, wodurch sich immer neue Körperabdrücke und gestische Bewegungen an Wänden und Boden abzeichneten. Farben wurden verkleckert, verspritzt und herumgeschleudert. Aus dem kreativen Prozess entwickelte sich nicht nur ein Bildwerk von enormer Ausdruckskraft, sondern auch ein Glücksgefühl, das Kinder und Werk durchdrang.

Wer jetzt glaubt, dass solche Übungen nur etwas für Kinder sind, der schaue sich die Schaffensprozesse des Künstlers Yves Klein an, von dem der programmatische Satz stammt: »Meine Modelle waren meine Pinsel.« Die sogenannten »Anthropometrien« entstanden live bei seinen »Happenings«, in denen sich seine Aktmodelle selbst mit ultramarinblauer Farbe anmalten, um vorbereitete Leinwände unter den Klängen von Musik mit ihren Körperabdrücken zu gestalten. Die Rollen von Modell, Künstler und Zuschauer wurden damit völlig neu interpretiert. Die Sinnlichkeit des künstlerischen Schaffensprozesses wurde für alle Beteiligten ganz direkt erlebbar.[18] Farben ebnen nicht nur den Weg zum eigenen künstlerischen Schaffen, sondern sind heute auch ein wichtiges Instrument der Kunsttherapie.

Wenn wir eine Farboberfläche gerne mit dem Blick berühren, trägt das maßgeblich zur Wertschätzung von Objekten und Räumen bei. Urushi ist eine traditionelle japanische Lackkunst, bei der zahlreiche Lackschichten aus dem Harz von Essigbäumen als semitransparente Lasuren übereinander aufgetragen werden. Die Lackierung erfolgt mit roten Pigmenten wie Eisenoxid und Zinnober oder schwarzem Ruß, die manchmal noch mit Gold-, Silber- oder Perlmuttstaub aufgewertet werden. Da kein Staubteilchen auf den langsam abtrocknenden Lack gelangen darf, werden die frisch lackierten Gegenstände traditionell auf Flöße gelegt und durch Seen oder Flüsse gezogen, bis sie vollständig ausgehärtet sind. Solche Objekte wirken nicht nur extrem kostbar, sondern sie erzielen auch sehr hohe Preise, obwohl der reine Materialwert verschwindend gering ist.

Diesen Effekt finden Sie heute bei allen hochwertigen Produkten wie Automobilen, deren Oberflächen in aufwendigen Verfahren veredelt werden. Ich selbst habe einen Test mit schwarzen Autolacken aus unterschiedlichen Preissegmenten durchgeführt, bei dem Probanden jeweils nur einen Ausschnitt von wenigen Zentimetern gezeigt bekamen. Das Resultat war eindeutig. Wir erkennen bereits am Farbeindruck, um welche Preisklasse es sich handelt! Schwarz ist nicht gleich Schwarz. Vergleichen Sie doch einmal die Farbqualität von Textilien aus dem unteren und oberen Preissegment! Ob wir wollen oder nicht, wir können an der Qualität von Farben den Materialwert von Dingen und den Sozialstatus von Menschen sehen. Gewiss ist das nicht mehr als ein Vorurteil, das jedoch fester Bestandteil unserer Wahrnehmung ist.

Das Gewicht der Farben

Haben Sie sich schon einmal Gedanken um die Farbe Ihrer Koffer gemacht? Das könnte sich lohnen, denn Schätzungen des gefühlten Transportgewichts weisen verblüffende Unterschiede auf. Mit einem Experiment gingen Forscher dem Phänomen bereits in den 1920er-Jahren auf den Grund. Ausgangsbasis war eine weiße Kiste, deren Gewicht von den Versuchsteilnehmern auf drei Pfund geschätzt wurde. Eine schwarze Kiste mit gleichem Inhalt wurde dagegen auf 5,8 Pfund geschätzt. Gefühlt tragen sie also fast das doppelte Gewicht, was sie natürlich auch viel schneller erschöpft. Transportunternehmen verlassen sich daher heute intuitiv auf helle Umzugskartons, auch wenn diese schneller verschmutzen.

Doch wie steht es mit den anderen Farben? Ein roter Karton lag immerhin noch bei 4,9 Pfund, dann folgen Grau mit 4,8 Pfund und Blau mit 4,7 Pfund. Grün lag beim gefühlten Gewicht von 4,1 Pfund etwa in der Mitte zwischen Schwarz und Weiß. Allein

Gelb war mit 3,5 Pfund ein Leichtgewicht und konnte mit dem weißen Karton konkurrieren.[19] Der Einfluss der Farbe auf das wahrgenommene Gewicht von Objekten wurde von neueren Untersuchungen bestätigt. Von besonderer Bedeutung waren hier der Buntton und die Helligkeit.[20] Doch Vorsicht, solche Versuche gelingen nur, bis wir die Illusion durchschauen! Wenn Sie vorher hineinschauen und sich vom Inhalt überzeugen, ist der Effekt sofort verschwunden. Die Macht der Farben stammt nicht von irgendeinem Zauber, sondern von unserem Wissen, das uns im Fall der schwarzen Transportkisten das Leben schwerer macht, als es sein müsste.

Doch wie erhalten Farben und damit auch Menschen, Dinge und Räume, die uns durch ihre Körperfarben überhaupt erst erscheinen, ihr optisches Gewicht? Wenn wir etwas anheben, tragen und fortbewegen wollen, und sei es nur das eigene Körpergewicht, muss unser Muskel- und Gelenksystem eine Gegenkraft zu dem geschätzten Gewicht aufbringen. Wir müssen wissen, mit was wir es zu tun haben und wie sich etwas verhält, um ohne Zeitverlust zu interagieren. Die Mobilisierung unserer Körperkraft erfolgt auf Basis von Merkmalen, die uns eine Abschätzung des Gewichts erlauben. Das ist natürlich erst einmal das Objekt selbst, in unserem Fall also die Größe der Transportkiste. Auf der Suche nach weiteren Merkmalen greift unser Gehirn auch auf die Farbe zurück, die es unwillkürlich zur Abschätzung des Transportgewichts heranzieht. In der Natur gibt es keine Transportkisten. Die Farben der Dinge sind wichtige Indikatoren für die Berechnungen der Gegenkraft, die das Gehirn im Muskel- und Gelenksystem mobilisiert, noch bevor wir etwas anheben. Wenn wir auf Umweltereignisse vorbereitet sind, also wissen, was auf uns zukommt, können wir schneller und zielgerichteter handeln.

Die assoziative Verknüpfung von Farb- und Gewichtsempfindungen beginnt mit dem Zeitpunkt unserer Geburt, sobald wir die Indikatoren für die Ermittlung unserer Kraftanstrengungen zu Gesicht bekommen. Durch diese multisensuelle Erfahrung erhalten alle Farben unserer Lebenswelt ihr optisches Gewicht. Farben wirken hierdurch nicht nur leichter oder schwerer, sondern halten die sichtbare Welt auch im Gleichgewicht oder bringen sie gelegentlich aus der Balance. Unsere gesamte Farbwelt teilt sich am Horizont in zwei Hälften. Die untere wird von den dunklen Körperfarben der Erde geprägt, von steinigen Grau-, sandigen Beige-, erdigen Ocker- und hölzernen Brauntönen. Die Farben der Erde gehören zum Boden, den wir unter unseren Füßen spüren und an den Erhebungen und Senkungen der Landschaft bis zum Horizont verfolgen können. Der Himmel gehört den Lichtfarben wie den atmosphärischen Blautönen, dem schwebenden Wolkenweiß und strahlenden Sonnengelb. Die Grüntöne der Vegetation bilden die Mitte, woraus sich ihre ausgleichende Wirkung bestimmt. Hellere Grüntöne gehören eher der oberen Sphäre an, wirken also leichter und luftiger, dunklere streben nach unten, was ihnen ein höheres optisches Gewicht verleiht. Großen Einfluss auf die Beurteilung des Gewichts haben die Schatten, die dem Boden angehören. Je mehr sich etwas verdunkelt, desto schwerer scheint es auf dem Boden zu lasten. Das gilt nicht nur für die Objekte, die wir am Boden sehen, sondern auch für Himmelserscheinungen wie dunkle Regenwolken, die wir vor allem in der lichtarmen Jahreszeit wie eine drückende Last empfinden.

Das optische Gewicht der Farben hat signifikante Auswirkungen auf unsere Raumwahrnehmung und das Gefühl für die richtige Proportion.[21] Mit jeder Farbe, der Begrenzungsflächen wie der Einrichtungsobjekte, verändern sich die Gleichgewichtsverhältnisse im Raum. Dunkle Farben wie Schwarz, Braun und Anthrazit drücken die Raumhöhe spürbar nach unten. Wo alle Raumbegrenzungen mit schweren Farben gestaltet sind, ergibt sich ein höhlenartiger Raumeindruck. Sie kennen diesen Raumeindruck vielleicht aus Wellnessanwendungen wie der Sauna, in der uns die vollständige Holzverkleidung ein Gefühl von Enge und Geborgenheit vermittelt. Bei ländlichen Gasthäusern sorgen Holzverkleidungen zuverlässig für Gemütlichkeit.

An anderer Stelle kann das höhlenartige Gefühl dennoch sehr beängstigend wirken. Der beklemmende Raumeindruck vieler Verkehrsbauten wie Tunnel, Unterführungen und Brücken verstärkt sich durch den allgegenwärtigen Beton. Zementgraue Oberflächen wirken in diesem Kontext fast immer schwer, leblos und kühl. Was würde passieren, wenn wir solche Räume weiß strichen? Weiß ist die leichteste Farbe, die jeden Raum deutlich größer wirken lässt. Das trifft jedoch nur dann zu, wenn sie gut beleuchtet sind und permanent gereinigt und instand gehalten werden. Ein Raumgefühl von Leichtigkeit, Offenheit und Sicherheit entsteht durch helle, freundliche Farben, zu denen wir positive Assoziationen haben, und gut akzentuiertes Licht.

Durch die Auswahl und Zusammenstellung der richtigen Farben können Sie die Größe und Proportion jedes Raums gezielt verändern. Wenn Ihnen ein Aufenthaltsraum zu eng erscheint, dann weiten Sie ihn mit pastelligen Farben wie Cremeweiß, Lichtgelb, Beige, Lindgrün oder Pastellblau. Kräftige Farben können in engen Räumen immer nur Ergänzung sein. Erscheint Ihnen ein Raum zu tief, dann holen Sie die entfernte Wand durch warme Farben wie Rot, Orange oder Gelb zu sich heran. Mit kühlen Farben wie Türkis und Blau erreichen Sie das Gegenteil. Um ein Gefühl von Sicherheit, Festigkeit und Vertrauen zu erzeugen, sollte die Bodenfarbe stets schwerer als die Farben von Wänden und Decke erscheinen. Braune und graue Naturmaterialien wie Holz, Stein und Tonfliesen oder Naturfasern wie Sisal, Schurwolle und Kokos bringen für diesen Zweck die perfekte Farbe mit.

Klassische Wohnfarben wie Ocker, Umbra und Englischrot, Einrichtungsfarben wie Eiche, Leder und Kupfer oder Textilien wie Brokat, Gobelin und Damast schaffen sofort ein Gefühl von Wohnlichkeit, doch sie bringen auch eine hohe optische Masse in den Raum, die in engen kleinen Räumen erdrückend wirken kann. Mit der Revolution der späten 1960er- und frühen 1970er-Jahre befreiten sich viele junge Menschen nicht nur von traditionellen Wertvorstellungen, sondern sie brachten dieses neue Lebensgefühl auch durch neue Farben zum Ausdruck. Farben wie Petrolblau, Lindgrün und Senfgelb lassen die Atmosphäre der 1960er auferstehen, während die Farbkombinationen wie Orange, Karamellbraun und Sonnengelb unauflöslich mit den 1970ern verbunden sind. Helle leichte Farben zogen mit den neuen Einrichtungen nicht nur in winzige Neubauten, sondern auch in die verbliebenen Altbauten ein, denen die Befreiung von den schweren Farben der massiven Interieurs eine bis dahin ungekannte Großzügigkeit verlieh. Wer sich nicht zwischen Tradition und Moderne entscheiden wollte, wurde fündig beim Landhausstil, der uns rustikale, wertige Einrichtungen in einem hellen leichten Farbenkleid präsentiert. Jede gesellschaftliche Periode drückt sich über einen unverwechselbaren Farbstil aus, an dem wir das Lebensgefühl der Menschen ablesen können.

Schauen wir zuletzt noch auf das optische Gewicht der Farben in der Bildkomposition, die sich auch als Zusammenspiel von Kräften betrachten lässt. Wir haben von Natur aus feine Sensoren für das optische Gewicht der Farben und das Gleichgewicht innerhalb einer Farbkomposition. Helle Farben wie Lichtweiß, Sonnengelb und Himmelblau streben nach oben, egal ob sie damit einen Punkt, eine Linie oder eine Fläche darstellen. Der Bildgegenstand erhält durch leichte Farben eine Freiheit, die sich in der oberen Bildregion zunehmend verstärkt. Schwere Farben wie Nachtschwarz, Erdbraun und Steingrau streben hingegen nach unten. Wenn Sie schwere Farben in der oberen Bildhälfte positionieren, drücken sie den Raum darunter spürbar zusammen. Mit dem Wechsel der Farbigkeit können Sie jeden Bildgegenstand dynamisieren, da er in unserer Vorstellung eine Kraft entfaltet, die entweder nach oben oder unten strebt. Einige Farben wie mittlere Grüntöne und warme Grautöne wirken an sich bereits perfekt ausbalanciert. Andere Farben wie Rot wirken so dynamisch, dass sich kein Mittel finden lässt, sie völlig zur Ruhe zu bringen. Doch auch ein Ungleichgewicht der Kräfte kann ästhetisch reizvoll wirken. Interessante Studien zu den Kraftverhältnissen im Bildraum bieten die Werke des Bauhauskünstlers Wassily Kandinsky, der seinerzeit bereits vermutete: »… dass die Farbe eine wenig untersuchte, aber enorme Kraft in sich birgt, die den ganzen menschlichen Körper, als physischen Organismus, beeinflussen kann.«[22]

Farbtöne, Farbklänge und Farbharmonien

Für den Maler Kandinsky war nur das Grau klanglos, Hellblau erinnerte ihn an eine Flöte, Dunkelblau an ein Cello, Grün klang wie eine Geige, Gelb wie eine laut geblasene Trompete und das Rot wie ein Fanfarenton.[23] Zur Verbindung von Farbe und Musik gibt es viele Theorien, doch nirgendwo wird die Beziehung so deutlich wie im Film oder Musikvideo. Die farbliche Anmutung oder auch der »Look« des Films wird auf die Dramaturgie und den Inhalt der Handlung abgestimmt und im Farbkonzept festgelegt. Das erfolgt genauso für die Tonkonzeption. Farbe und Töne sind sowohl Handlungsträger als auch Mittel der Dramatisierung. Das gilt für die Haar-, Haut-, Augen- und Kleidungsfarben der handelnden Personen, für die Lichtstimmungen wie für die Farbigkeit der Drehorte, Objekte und Details.

Professionelle Koloristen gestalten den Look des Films am Computer, wenn Kameraleute, Beleuchter und Locationscouts wie auch Szenen-, Masken- und Kostümbildner ihre Arbeit getan haben. Farben und Töne legen nicht nur die Anmutung des Films und seiner Szenen fest, sondern sie charakterisieren auch Personen, Milieus, Orte, Objekte und Handlungen. Wenn eine unscheinbare Person die knarrende Tür eines dämmrigen Raums öffnet, wo das plötzlich einfallende Licht das Gelb ihres Kleides zum Leuchten bringt, ist kein Zufall am Werk. Die Änderung der Farb- und Lichtstimmung bereitet uns auf die kommende Handlung vor, was durch Sprache, Geräusche und Musik unterstützt werden kann.

Die Montage von Bild und Ton sichert die Einheit des Films, der selbst zahlreiche Szenenwechsel, Kameraeinstellungen und Schnittfolgen nichts mehr anhaben können. Farben und Töne müssen bei jedem Bild so beschaffen sein, dass die Zuschauer eine in sich stimmige Erzählung wahrnehmen. Farben verändern sich mit der Tageszeit, den räumlichen Gegebenheiten und dem Gegenstand der Betrachtung. Veränderungen von Licht und Farben signalisieren den Zuschauern, dass zwischen den Szenen etwas passiert ist. Um Zeit- und Handlungssprünge innerhalb einer Szene auszuschließen, darf sich an Kleidungsfarben und Make-up der Schauspieler, an der Lichtsituation wie den Raum- und Objektfarben nichts verändern. Das gilt gleichermaßen für den Ton. Doch die Gemeinsamkeiten von Farben und Tönen reichen noch sehr viel tiefer.

Farb- und Tonempfindungen gehen auf periodische Schwingungen zurück. Spektralfarben sehen wir in einem Frequenzbereich zwischen 384 und 789 Terrahertz, Tonfrequenzen hören wir zwischen 16 und 21 Hertz. Während der Schwangerschaft aufgenommene Ultraschallbilder zeigen, dass diese Parallelen keine Theorie sind. Die Lebenswelt des ungeborenen Kindes, die bisher nur in Graustufen abgebildet werden konnte, wird durch die multispektrale optoakustische Tomografie buntfarbig.[24] Pulsierende Laser senden Lichtblitze in den Körper, die zu einer geringfügigen Erwärmung des Zellgewebes führen, was Ultraschallsignale produziert. Die Änderungen des Molekülzustands werden in Farbinformation gewandelt, wodurch plötzlich ein detailreiches Bild des werdenden Menschen auftaucht, bei dem selbst feinste Strukturen wie Blutgefäße zu sehen sind, die in Graustufenbildern schlichtweg nicht vorhanden waren.

Ein wesentliches Kennzeichen von Tönen und Farbtönen ist die Intensität, mit der wir die Stärke von Ton- und Farbempfindungen charakterisieren. Wussten Sie, dass es laute und leise Farben gibt? Eine Untersuchung des CAR-Instituts der Universität Duisburg-Essen zeigt, dass ein Zusammenhang zwischen der Lackfarbe und der wahrgenommenen Lautstärke besteht. Die Probanden mussten das Motorengeräusch von sieben baugleichen Autos bewerten, die mit einer konstanten Geschwindigkeit von 30 km/h an ihnen vorbeigefahren sind. 78 Prozent der Probanden bewerteten das weiße Auto leise bis sehr leise und angenehm bis extrem angenehm. Grellgrün, Rot und Orange wurden signifikant »lauter« eingestuft. Das schönste und sportlichste Motorengeräusch wurde dem roten Auto zugeschrieben, während die Zustimmung für das kraftvollste Geräusch an Schwarz ging. Der Klang des silbernen Autos wirkte hingegen träge und schwach.[25]

Die ästhetische Qualität der Farben wird von der Formung, Anordnung und Fügung einzelner Farbtöne zu Farbklängen und Farbkompositionen bestimmt. Farben lassen sich durch ihren Ton charakterisieren, Töne hingegen durch ihre Klangfarbe. Die Variation von Farbfrequenzen führt zu Musterbildungen, die unsere Augenmuskeln zum Schwingen bringen wie die Seiten eines Instruments. Unsere Blickbewegungen lassen sich durch Farbakzente untergliedern, wie es der Takt in der Musik vermag. Werden die Schwingungen jedoch zu stark, zeigen sich Oszillationseffekte. Interferenzmuster wie enge Punkt-, Linien- und Flächenraster beginnen zu flimmern, sobald wir mit unserem Blick keinen Halt mehr finden. Die Malerin Bridget Riley, eine führende Vertreterin der Op-Art, hat daraus eine Kunstform gemacht, die ihre Wurzeln im Pointillismus hat.

Schwingungen können sich verstärken, schwächen oder gegenseitig auslöschen. Sie können dieses Schwingungsprinzip vernehmen, wenn Sie Ihren Blick über sonnenglitzernde Wasserflächen schweifen lassen, die mit der Geräuschkulisse von Wind und Wellen interagieren. Oder vertiefen Sie sich in die Farbkomposition von Gemälden, in denen Sie die streichenden, wischenden und tupfenden Bewegungen der Künstler ablesen können. Wenn Sie in den Farben nicht nach inhaltlichen Botschaften suchen, versinken Sie mit der Zeit in den Farbklängen der Bildkomposition wie in den Klängen von Musik.

Farbkompositionen leben von der Qualität und dem Kontrast einzelner Farbtöne, von weichen und harten Übergängen, von Betonungen und Rhythmisierungen, von Harmonien und Disharmonien. Die Harmonielehre der Musik liefert nicht nur vielfältige Anregungen für Farbkompositionen, sondern auch eine hervorragende Systematik. Eine Monofonie entsteht in der Musik durch den Klang eines Instruments, in der Ästhetik durch einen Farbklang. Polyfonien zeichnen sich hingegen durch ihre Mehrstimmigkeit aus, was auch mit ästhetischen Mitteln erreicht werden kann, wenn unterschiedliche Farbklänge interagieren. Schauen Sie sich die Polyfonie-Bilder des Bauhaus-Künstlers Paul Klee an, wie das Kunstwerk »Kamel in rhythmischer Baumlandschaft«, das keineswegs zufällig wie eine farbgewaltige Notation wirkt. Klee, der nicht nur ein herausragender Maler, sondern auch ein hervorragender Musiker war, holte sich seine schöpferische Inspiration von den Klangbildern der Musik.[26]

Der wichtigste Einfluss der Musik auf die Farbkomposition stammt von der Harmonielehre. Wir sprechen von Farbharmonien, wenn jeder einzelne Farbton eine Funktion für die Wirkung und den Zusammenhalt des Ganzen entwickelt. Kein Farbton lässt sich davon wegnehmen oder hinzufügen, ohne die Harmonie der Komposition zu stören. Farbtöne bilden jedoch nur die Makroebene unserer Farbwahrnehmung. Genauso wichtig ist die Mikroebene, welche sich gleich den Tonschwingungen einer Klaviersaite aus einer Vielzahl von Grundtönen zusammensetzt, die mit Obertönen zusammenschwingen.

Die Qualität eines Farbtons zeigt sich an seiner Brillanz. Wenn die Obertöne fehlen, wirken auch Farbtöne flach und leblos. Das sehen Sie sofort, wenn Sie die Wirkungen mineralischer Pigmente und synthetischer Farben vergleichen, was Sie ganz nebenbei bei einem Stadtrundgang tun können. Die Farbtiefe, Brillanz und Lebendigkeit mineralischer Farben ist ein Merkmal historischer Architekturfarbigkeit, die sich von der Antike bis zu den Bauten der klassischen Moderne aus den 1920er-Jahren zieht. Den deutlich sichtbaren Qualitätsabfall verdanken wir den Dispersionsfarben, die auf der Mikroebene weitgehend homogen sind, da sie aus Mineralölen hergestellt wurden. Mineralische Pigmente hingegen bestehen aus vielfarbigen Kristallen, die sich durch das Prinzip der optischen Mischung erst in unserem Auge zu einem Farbton vereinen. Unzählige Kristallkörper spiegeln das Licht und bringen den Farbton von innen heraus zum Leuchten. Die Wirkung der Farbbrillanz zeigt sich auch an den digitalen Farbdisplays unserer Smartphones, TVs und Computer, deren Auflösung immer weiter steigt, obwohl die Grenzen einzelner Pixel schon längst nicht mehr zu sehen sind. Bei brillanten Bildern kommt es jedoch nicht nur auf die Menge, sondern auf die Leuchtkraft jedes Pixels an.

Disharmonien oder Dissonanzen können den Zusammenklang aller Farben empfindlich stören. Wem harmonische Farbklänge hingegen zu konventionell wirken, kann in solchen Missklängen interessante Gestaltungsprinzipien entdecken. Vergleiche zwischen der atonalen Musik des Komponisten Arnold Schönberg mit den Bildern des Malers Wassily Kandinsky sind diesbezüglich sehr aufschlussreich. Die beiden befreundeten Künstler haben manchmal auch gemeinsam nach Mitteln und Wegen gesucht, um das Ausdruckspotenzial ihrer Disziplinen weiterzuentwickeln.

MULTISENSUALITÄT DER FARBEN

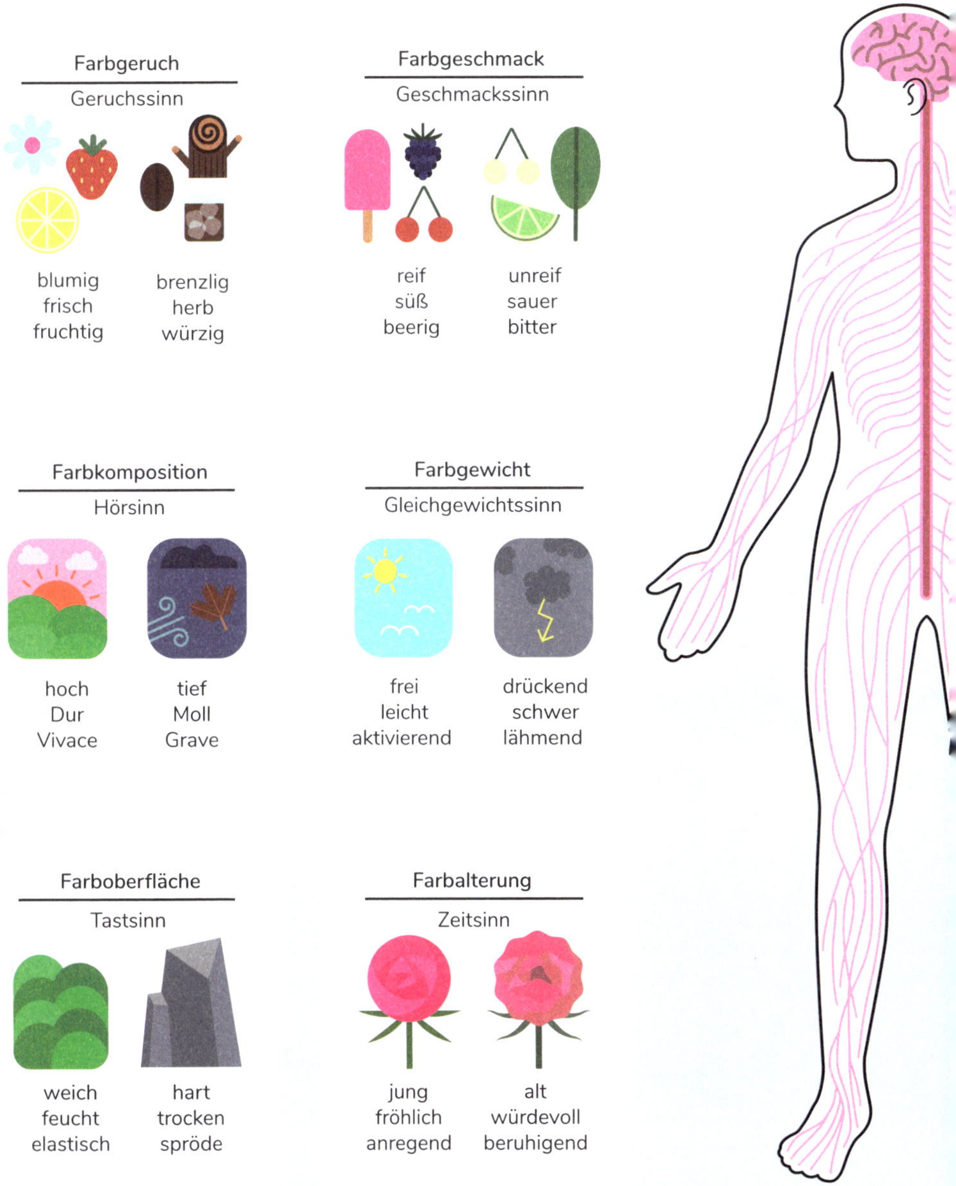

Wir nehmen Farben mit allen Sinnen wahr. Diese Erfahrungen bewahren wir zeitlebens im Gedächtnis, von wo sie im Wahrnehmungsvorgang unsere Gedanken, Emotionen und Verhaltensreaktionen steuern. Farben bestimmen unsere Erwartungshaltung an die Umwelt und an die Eigenschaften von Menschen, Räumen und Dingen. Wir spüren ihre Macht in jeder Begegnung.

Wohltuende Farben. Wie uns Farben helfen, gesund zu leben

Die Bewahrung der Gesundheit durch die Auswahl bekömmlicher Nahrungsmittel und eines wohltuenden Habitats ist eine Ursache für die evolutionäre Entwicklung des Farbensehens. Farbmerkmale weisen uns ständig darauf hin, welche Nahrungsmittel und Umgebungen uns besonders guttun oder unser Wohlbefinden beeinträchtigen können. Im Kapitel zu den biologischen Funktionen der Farbe haben Sie bereits erfahren, was der Natur dieses Gefühls zugrunde liegt. Jetzt werden wir uns anschauen, wie Ihnen Farben im Alltag ganz konkret dabei helfen können, sich wohlzufühlen und gesund zu leben. Wenn Sie die richtigen Farben für sich gefunden haben, bei Ihrer Ernährung wie bei der Gestaltung Ihrer Lebensumwelt, dann spüren Sie das nicht nur, man sieht es Ihnen auch an. Farben sind ein Ausdruck von Lebensfreude und Vitalität.

Gesunde Ernährung – nach den Farben des Regenbogens

Bei pflanzlicher Nahrung können wir uns gesund und ausgewogen nach dem Spektrum des Regenbogens ernähren, was uns ein kurzer Blick auf die wichtigsten Pflanzenfarbstoffe verrät. Mit dem Verzehr von **grünem** Obst, Gemüse und Salat sowie grünen Kräutern und Algen nehmen wir die Pflanzenfarbstoffe Chlorophyll und Lutein im Körper auf. Grün ist ein Indikator nahezu fettfreier, bekömmlicher und gesunder Naturprodukte, die viele lebenswichtige Inhaltsstoffe wie Vitamine, Mineralien, Ballaststoffe und Flavonoide enthalten. Der grüne Pflanzenfarbstoff Chlorophyll legt in der Fotosynthese die Grundlage für den Aufbau energiereicher organischer Stoffe wie Kohlenhydrate. Verbindungen chlorophyllhaltiger Pflanzen mit Eisen regen die Bildung roter Blutkörperchen an. Der Verzehr chlorophyllhaltiger Nahrung unterstützt die Entgiftung des Körpers von schädlichen Substanzen wie Schwermetallen und Dioxin. Diesem »Detox-Effekt« verdankt der Pflanzenfarbstoff seine Bezeichnung als »grünes Blut«. Die Bindung von Magnesium ist wichtig für den Muskelaufbau und die Nervenzellen des Gehirns.[1] Studienergebnisse bescheinigen dem grünen Pflanzenfarbstoff deshalb eine vorbeugende Wirkung gegen Demenz.[2]

Gelbe und **orangefarbene** Carotinoide geben Gemüsesorten wie Karotten, Kürbissen und Kartoffeln sowie Obstsorten wie Orangen, Zitronen und Bananen ihre Farbe. Carotinoide sind Antioxidantien, die zur Abwehr von Bakterien, Viren und Parasiten beitragen und das Immunsystem stärken. Hierdurch vermindert sich das Risiko gefährlicher Krankheiten wie Krebs, Rheuma, Alzheimer, Parkinson, Lungenentzündung und Atherosklerose. Carotinoide verlangsamen die Hautalterung, fördern den Knochenaufbau und die Knochenheilung. Sobald der Pflanzenfarbstoff mit der Nahrung aufgenommen wird, findet im Organismus eine Umwandlung zum Vitamin A statt, das unser Körper nicht selbst produzieren kann. Die Aufnahme der gelborangen Farbstoffe mit der Nahrung wirkt sich positiv auf unsere Sehfähigkeit aus und schützt vor Augenkrankheiten wie dem Grauen Star. Gelbe und orange Zitrusfrüchte schützen uns durch den hohen Anteil an Vitamin C wirksam vor Erkältungen. Die heute verfügbaren pflanzlichen Nahrungsmittel sind zum größten Teil aus Züchtungen hervorgegangen, womit wir intuitiv oder gezielt den Anteil der gesunden und nährstoffreichen Farbstoffe erhöht haben. Schauen wir uns noch kurz die genetische Grundlage solcher Zuchterfolge an. Karotten stammen ursprünglich von wilden Möhren ab, die anfangs weiße Wurzeln hatten. Durch Selektion von gelben und violetten Karotten über einen Zeitraum von rund 1000 Jahren haben wir den Anteil gesunder Carotinoide stetig vermehrt.

Das **rote** Spektrum weist uns auf den Nährwert vieler Früchte hin, die besonders reif und appetitlich wirken, wenn der Gehalt an Fruchtzucker, Vitaminen, Mineralstoffen und Eisen am höchsten ist. Doch rote Flavonoide, gelborange Carotinoide und blauviolette Anthocyane sind nicht nur Indikatoren besonders bekömmlicher und nahrhafter Produkte, sondern sie zählen zu den sekundären Pflanzenstoffen, die neurologische, entzündungshemmende und antibakterielle Wirkungen im Körper entfalten.[3] Mit dem Reifeprozess wird bei grünen Tomaten das giftige Alkaloid Tomatidin abgebaut, während der rote Pflanzenfarbstoff Lycopin aufgebaut wird, das nach vorliegenden Studien das Risiko für Prostata-, Lungen- und Magenkrebs verringert.[4] Beim Genuss von rotem Obst, Gemüse und Salat sowie roten Beeren, Kräutern und Gewürzen aktiviert das enthaltene Lycopin zudem unseren Stoffwechsel. Das leistet auch der rote Farbstoff Capsanthin, der Paprika und Chilischoten ihre Farbe gibt. Der Genuss roter scharfer Würzstoffe entspannt die Blutgefäße und senkt den Blutdruck, was sowohl den Kreislauf und die Verdauung anregt als auch die Bekömmlichkeit erhöht.[5]

Kommen wir zum Schluss noch zum **blauvioletten** Spektrum der Anthocyane, die in geringer Konzentration rosa und rote, in mittlerer Dosis blaue und violette und in extrem hoher Dosis sogar schwarze Färbungen hervorbringen. Sie sind nicht nur die häufigsten Blütenfarbstoffe, sondern färben auch viele Früchte, angefangen bei Kirschen, Äpfeln und Erdbeeren bis hin zu Pflaumen, Trauben und Feigen. Auch Gemüsesorten wie Auberginen, Rote Bete und Blaukraut oder Salate wie Radicchio und Lollo Rosso verdanken ihre Farbe den Anthocyanen. Die gesunden Pflanzenfarbstoffe haben eine antioxidative Wirkung auf den Körper und binden freie Radikale, was die Gefäße schützt und Entzündungen hemmt.

GESUND NACH DEN FARBEN DES REGENBOGENS ERNÄHREN

Vorsicht, Lebensmittelfarbstoffe!

Die Macht der Farben auf unsere Gefühle, Gedanken und Handlungen ist so stark, dass wir damit ganz einfach zu manipulieren sind. Die Wirkungen von Farben werden von Herstellern systematisch eingesetzt, um das Vertrauen der Verbraucher zu gewinnen und den Absatz ihrer Produkte zu erhöhen. Wir bevorzugen frische und naturbelassene Nahrungsmittel, deren Qualität wir vor allem an ihrer natürlichen Färbung erkennen. In der Werbung sehen wir Bilder artgerecht gehaltener Tiere, nachhaltig betriebener Landwirtschaft und handwerklicher Herstellungsprozesse, die mit der Realität industrieller Massenproduktion nichts zu tun haben. Diese Täuschung wäre unmöglich, wenn wir die Farbspuren industrieller Fertigung wahrnehmen könnten. Damit das nicht geschieht, wird eine Vielzahl von Lebensmittelfarbstoffen verwendet, die den Produkten ihr natürliches Aussehen zurückgeben.

In Gebrauch sind sowohl natürliche als auch synthetische Lebensmittelfarbstoffe. Natürliche Lebensmittelfarbstoffe werden aus Naturprodukten wie Roter Bete, Trauben, Kurkuma, Safran, Beeren, Studentenblumen, Molke, Gras, Zucker oder Karotten gewonnen. An der Kennzeichnung E 160c können Sie nicht erkennen, dass es sich um Paprika-Extrakt handelt, da synthetische Farbstoffe in gleicher Weise nummeriert sind. Doch bitte denken Sie daran, dass auch Naturfarbstoffe nicht immer harmlos sind! Wie bei allen Wirkstoffen kommt es auf den Farbstoff und seine Dosierung an!

Unser sonst sehr verlässliches Bauchgefühl lässt sich mit geringem Aufwand täuschen. Schauen Sie sich dazu einmal die Farbe von Fleischprodukten an, deren natürliche Blutfarbstoffe nach der Schlachtung oxidieren und immer stärker vergrauen.

Wen wundert es, dass hier blutrote Farbstoffe zum Einsatz kommen, mit denen sich die optische Frische von Fleischprodukten bis weit über das Haltbarkeitsdatum hinaus verlängern lässt. Solche zulässigen Täuschungen werden bei vielen Nahrungsmitteln praktiziert, weshalb industriell hergestellte Produkte oftmals sogar frischer, appetitlicher und gesünder als Naturprodukte aussehen. Vielen Menschen schmecken sie sogar besser, denn dafür sorgen die gleichermaßen zugesetzten Geschmacksstoffe. Wenn die Bio-Wurst schneller grau wird oder Bio-Äpfel ein paar Flecken haben, dann ist das kein Makel, sondern ein Qualitätsmerkmal!

Solche Täuschungen funktionieren nicht nur bei uns, sondern auch bei vielen Tieren, weshalb sich Lebensmittelfarbstoffe auch im Tierfutter befinden. Verbraucherschützer halten mehr als die Hälfte der etwa 320 Zusatzstoffe für bedenklich, die in der EU für Lebensmittel zugelassen sind. Darunter befinden sich etwa 40 Lebensmittelfarbstoffe.[6] Die staatliche Kontrolle der gesundheitlichen Wirkungen wie die Kennzeichnungspflicht gibt es erst seit wenigen Jahrzehnten. Hierdurch wurden besonders gesundheitsschädliche Schwermetalle wie Zinnober, Blei oder krebserregende Teerfarbstoffe wie Fuchsin aus Lebensmitteln verbannt, die zuvor ohne Bedenken verzehrt wurden. Einige Lebensmittelfarbstoffe wie das weiße Titandioxid verbleiben in Teilen auch als Nanopartikel im Körper, weshalb auch Langzeitwirkungen untersucht werden müssen.

Als Kunden können wir Werbung und Täuschung nur dann auseinanderhalten, wenn wir uns eingehend über die Wirkungen der Inhaltsstoffe und deren Risiken für unsere Gesundheit informieren. Farbstoffe sind Wirkstoffe! Die Wurzeln der Pharmaindustrie liegen in der Erforschung und Produktion von Farbstoffen! Die European Food Safety Authority (EFSA) ringt mit der Industrie seit längerer Zeit um vernünftige gesundheitliche Standards, wie es sie für die Bewertung von Arzneimitteln gibt.[7] Verbraucherschutzorganisationen sind der Ansicht, dass sie damit bisher nur mäßig erfolgreich war.

Gegen Ende des 19. Jahrhunderts wurden die chemisch stabilen, lichtechten und gut mischbaren Azofarbstoffe entdeckt, die anfangs aus Steinkohleteer und heute aus Erdöl hergestellt werden. Azofarbstoffe färben unsere Welt. Jeder von uns hat sie in der Wohnung, am Körper und im Kühlschrank. Sie machen heute etwa 70 Prozent aller Farbstoffe aus und geben Industrieprodukten ihre Farbe, zu denen auch Lebensmittel, Kosmetika und Medikamente zählen. Azofarbstoffe sind jedoch auch umstrittene Zusatzstoffe. Der Ausgangsstoff Anilin steht im Verdacht, allergische Reaktionen der Haut- und Atemwege, Hyperaktivität und unter bestimmten Voraussetzungen auch Krebs auszulösen. Besonders problematisch ist diese Erkenntnis für Kinder und Eltern, da Azofarbstoffe Bestandteil vieler Süßigkeiten sind, die in großen Mengen verzehrt werden. Azofarbstoffe können bei Kindern Hyperaktivität (ADHS) auslösen.[8] Seit 2010 gilt daher EU-weit der Hinweis für Azofarbstoffe auf Lebensmitteln: »Kann Aktivität und Aufmerksamkeit bei Kindern beeinträchtigen«.

Der bei Cocktailkirschen eingesetzte rote Lebensmittelfarbstoff Erythrosin (E 127) beeinflusst auch die Schilddrüsenfunktion, wodurch es zu einer unkontrollierten Impulsivität kommen kann. Schauen wir noch kurz auf den viel verwendeten Azofarbstoff Tartrazin, der einigen Frucht- und Kräuterlikören, Obst- und Fruchtweinen, Brausen und Brausepulvern, Backwaren, Puddings, Desserts, Fisch- und Krebspasten, Käserinden und Senf eine zitronengelbe bis orange Färbung verleiht. In Norwegen ist Tartrazin wegen seiner allergieauslösenden Wirkungen verboten. Bereits bestehende Verbote in skandinavischen Ländern wie auch Deutschland und Österreich wurden im Zuge gesetzlicher EU-Angleichungen wieder aufgehoben. In Frankreich und Spanien begegnet Ihnen Tartrazin recht häufig im Supermarkt, wo es auf den Produkten lediglich als »Colorante« bezeichnet wird. Nach Auskunft von Verbraucherzentralen sollten Sie Lebensmittel mit den Azofarbstoffen E 102 (Tartrazin), E 110 (Gelborange), E 122 (Azorubin), E 124 (Cochenillerot), E 129 (Allurarot) und E 104 (Chinolingelb) meiden.[9] Am sichersten sind Sie immer dann, wenn Sie auf den Hinweis »Keine künstlichen Farbstoffe« achten oder Bio-Produkte erwerben.[10]

Die gefährliche Macht der Verpackungsfarben

Etwa 90 Prozent aller Lebensmittelprodukte sind heute verpackt, weshalb sich die Produktwerbung so einiges einfallen lässt, um uns von der Qualität des Inhalts zu überzeugen. Farben sind das wichtigste Merkmal im Produktmarketing, da wir ihnen intuitiv vertrauen.[11] Wenn die Farben der Verpackung die richtigen Assoziationen wecken, überzeugt das viele Menschen mehr als jeder aufgedruckte Text. In den meisten Fällen machen wir uns daher kaum noch die Mühe, den Verpackungstext zu lesen. Oder schauen Sie immer nach Inhaltsstoffen und Verfallsdatum, wenn die Verpackungsfarben frisch, gesund und appetitlich aussehen?

Die meisten Menschen kaufen in Deutschland lieber braune Eier als weiße, obgleich wir an der Farbe keineswegs ablesen können, wie es den Hühnern zuvor ergangen ist. Grüne wie blaue Umweltsiegel vermitteln uns ein gutes Gefühl, auch wenn wir die Vergabepraxis nicht durchschauen. Denken Sie an das Etikett »Blue«, was sich einige kreative Hersteller von Dieselkraftfahrzeugen in den letzten Jahren selbst ausgestellt haben. Mit einem blauen Schriftzug auf dem Heck tragen wir unser Umweltbewusstsein stolz zur Schau. Nur Spielverderber fragen da noch nach den tatsächlichen Verbrauchswerten?

Andersherum gibt es durchaus ein Problem. Wenn wir die Verpackungsfarben unappetitlich finden, dann färbt das auf den Inhalt ab, ganz egal was Bilder und Worte sagen. Wo Waren unverpackt bleiben, wie die Produkte am Fleisch-, Wurst-, Käse- und Backwarenstand, da werden sie ins richtige Licht gesetzt, damit sie stets frisch und lecker aussehen. Achten Sie doch einmal auf die Farbtemperatur der Beleuchtung! Am Fleisch- und

Wurststand wirkt das Licht warm und rötlich, am Backstand dagegen gelblich, in der Tiefkühlabteilung natürlich hell und bläulich. Farben sind der kaufentscheidende Faktor bei Lebensmitteln, da wir hieran wichtige Produkteigenschaften wie Frische, Qualität, Gesundheitsverträglichkeit, Bekömmlichkeit oder Umweltfreundlichkeit ablesen. Wir können auch nicht anders, denn das gehört zu unserer Natur. Verpackungsfarben müssen unser Interesse am Produkt wecken und die richtigen Emotionen aktivieren. Denn wenn wir eine Verpackung aus dem Regal nehmen, ist das praktisch schon eine Vorentscheidung für den Kauf.

Doch der Preis für diese Praxis ist hoch, nicht nur für die Umwelt, die unter dem Ressourcenverbrauch und der Müllentsorgung leidet, sondern auch für die Gesundheit der Verbraucher. Vermutlich 100 000 migrationsfähige Substanzen gehen von Verpackungsmaterialien in unsere Nahrungsmittel über, viele davon in Mengen, die toxikologisch relevant sind, schätzt der Verpackungsanalytiker Dr. Grob vom »Kantonalen Labor Zürich«. Die Menge an Chemikalien, die wir auf diese Weise verzehren, kann nach seinen Aussagen die Rückstände giftiger Pflanzenschutzmittel in Lebensmitteln um ein Vielfaches übersteigen. Für etwa 4000 Stoffe, die heute in unseren Druckfarben vorhanden sind, liegen nach Angabe des Bundesinstituts für Risikobewertung keine oder nur unzureichende toxikologische Bewertungen vor. Primäre aromatische Amine, die zu den Bestandteilen vieler Druckfarbstoffe zählen, können krebserzeugend wirken und unser Erbgut verändern. Auch Nieren- und Leberschädigungen sind bereits bekannt. Druckfarbstoffe können direkt oder über freigesetzte Gase auf den Inhalt abfärben.[12] Aber die Druckfarben sind nicht einmal unser größtes Problem. Viel schlimmer sind die unsichtbaren Farbstoffe der Verpackungen, die sich dort befinden, wo wir sie am wenigsten vermuten. Die Fasern von recycelten Papieren und Pappen enthalten mineralölhaltige Farbstoffe, die für viele Druckerzeugnisse wie Werbeprospekte, Hochglanzmagazine und Tageszeitungen verwendet werden.[13] Verbraucherschutzorganisationen wie Foodwatch warnen bereits seit Längerem vor dieser Entwicklung.[14]

Wie also erkennen wir gesundheitlich unbedenkliche und umweltfreundliche Verpackungen? Der braune Holzfarbstoff Lignin wird unter großem Energieaufwand aus dem Zellstoff entfernt. Weiß wird Papier erst durch den Zusatz optischer Aufheller, die auch in Waschmitteln, Textilien und Kunststoffen zum Einsatz kommen. Verpackungen sind gesundheitlich unbedenklich, wenn sie aus Frischfasern oder ungiftigem Recyclingmaterial hergestellt wurden. Achten Sie daher auf ungebleichte Papiere und Pappen, deren grobe Faserstruktur eine natürliche Braunfärbung aufweist. Darüber hinaus sollten wasserbasierte Druckfarben verwendet werden, die keine giftigen Lösungsmittelrückstände enthalten. Das EU-Recht zum ökologischen Landbau stellt bisher keine besonderen Anforderungen an die Verpackung von Bioprodukten. Sie können sich daher heute nur über den Hersteller informieren oder wenn möglich ganz auf verpackte Nahrungsmittel verzichten.

Die Wirkungen von Lichttherapien bei Antriebslosigkeit und Winterdepression

Wir leben nach einem Biorhythmus, der sich mit dem tages- und jahreszeitlichen Wechsel des Lichts synchronisiert. Mit dem Licht transformiert sich zugleich auch das farbige Erscheinungsbild unserer gesamten Lebenswelt. Umweltphänomene wie Klima, Wetter und Jahreszeiten haben sich in unserer Wahrnehmung und Erinnerung fest mit typischen Farbklängen verknüpft. Mit den farblichen Veränderungen des Tageslichts schwanken viele Körperfunktionen wie Temperatur, Appetit, Hormonspiegel oder Schmerzempfindlichkeit. In den Zellen unserer Netzhaut findet sich neben den Sehfarbstoffen auch noch der Farbstoff Melanopsin, über den der suprachiasmatische Nukleus fortwährend die Farbe des Lichts misst. Unser Gehirn bleibt so über den Stand der Tages- und Jahreszeit informiert und passt alle Körperfunktionen unwillkürlich daran an. Die Speicherfähigkeit der dort enthaltenen Neuronen sorgt dafür, dass unser Zeitrhythmus selbst bei völliger Dunkelheit erhalten bleibt. Wenn wir um den Globus reisen, dauert es daher eine Weile, bis sich unser Schlaf-wach-Rhythmus neu synchronisiert hat.

Helles blaues Licht im kurzwelligen Spektrum von 460 Nanometern wirkt wie ein Motivator, der unsere Körperfunktionen aktiviert, unsere Leistungsbereitschaft steigert und unsere Stimmung aufhellt. Durch die Ausschüttung des Wachhormons Serotonin fühlen wir uns deutlich munterer, unternehmenslustiger und kreativer als in einer düsteren grauen Umgebung. Wenn Sie etwas leisten wollen, dann sorgen Sie für helles kaltweißes Tageslicht, was der Sonneneinstrahlung rund um die Mittagszeit am ähnlichsten ist. Leuchtmittel sollten eine Beleuchtungsstärke von mindestens 500 Lux erreichen und eine Farbtemperatur von etwa 5300 Kelvin aufweisen. Im Handel finden Sie solche Leuchtmittel unter der Bezeichnung Tageslichtweiß.

Mindestens ebenso wichtig für Ihre Arbeitsleistung sind die Farben der reflektierenden Oberflächen im Raum, die bei der Berechnung der notwendigen Lichtstärke meist vergessen werden. Hochreflektierende weiße Wandflächen erhöhen die Lichtstärke, können jedoch sehr grell, kühl und entgrenzend wirken (siehe das Kapitel »Weiß« im zweiten Teil des Buches). Wo Sie dauerhaft aktiv sein wollen, helfen kühle, frische und belebende Umgebungsfarben wie helle Türkis- und Blautöne, die Sie gerne auch leicht abtönen dürfen, um etwas mehr Behaglichkeit zu schaffen. Wichtig ist, dass Sie nicht den ganzen Raum damit einfärben, denn jede Farbe braucht einen Gegenpol, damit sie ihre Wirkungen entfalten kann. Ein warmer Holzfußboden, Linoleum- oder Teppichbelag stellt sofort einen Kontrast zu kühleren Wandfarben her, mit dem Sie sich auch beim konzentrierten Arbeiten wohlfühlen. Wer seine Wände nicht einfärben möchte, kann sich auch ein großformatiges Bild an den Arbeitsplatz hängen, das bei guter Beleuchtung sofort eine aktivierende Lichtstimmung schafft. Wenn Sie nicht den ganzen Raum ausleuchten, sondern nur Ihren Arbeitsplatz, fühlen Sie sich nicht nur wohler, sondern sparen zudem noch Energie.

Wenn wir uns längere Zeit nicht um die Atmosphäre am Arbeitsplatz kümmern, beeinträchtigt das nicht nur unser Wohlbefinden und unser Leistungsvermögen, sondern kann auch schwerwiegende gesundheitliche Folgen haben. Eine trübe graue Atmosphäre signalisiert unserem Gehirn den Beginn der Dämmerung. Die Produktion des Schlafhormons Melatonin reguliert unsere Stoffwechselfunktionen nach unten und sorgt dafür, dass wir uns müde und schwach fühlen. Unser Körper fordert eine Ruhepause und wehrt sich, wenn wir seine Signale ignorieren. Chronobiologen bezeichnen die Winterdepression daher auch als Überbleibsel des Winterschlafs. Für sie ist die weitverbreitete Wintermüdigkeit der Normalfall. Kein Wunder also, dass sich die Bewohner der kühlen, lichtarmen grauen Weltregionen in den langen Wintermonaten nach Wärme, Licht und Farben sehnen, was sich am Wohnambiente wie auch in der stetig wachsenden Zahl von Fernreisen widerspiegelt.

Bei saisonal auftretenden Depressionen kommt heute häufig eine Lichttherapie zum Einsatz, deren Erfolge inzwischen auch von der Schulmedizin und den Krankenkassen anerkannt werden.[15] Der beste Therapieeffekt zeigt sich, wenn sich Betroffene gleich nach dem Aufwachen dem Licht einer kaltweißen Tageslichtlampe aussetzen. Bei einer Lichtstärke von 10 000 Lux reicht eine Bestrahlung von 30 Minuten täglich, bei 2500 Lux müssen es dagegen schon mehrere Stunden sein. Lichttherapien mit warmweißen oder buntfarbigen Beleuchtungsmitteln sind wirksam, wenn andere Wirkungen wie Ruhe, Entspannung, Regeneration im Vordergrund stehen. Anregungen zu den Wirkungen einzelner Farben finden Sie im Kulturteil des Buches.

Während richtige Winterdepressionen in Deutschland eher

selten sind, man spricht von drei bis fünf Prozent der Bevölkerung, sind es weiter im Norden schon deutlich mehr. Von saisonalen Stimmungsschwankungen sind hingegen deutlich mehr Menschen betroffen. Eine Lichttherapie kann ich daher Menschen empfehlen, die in den Wintermonaten unter Antriebsmangel leiden und dennoch leistungsfähig bleiben müssen. Das therapeutisch wirksamste Licht kommt jedoch immer vom Original. Ein täglicher Spaziergang im Freien ist die beste Vorbeugung gegen negative Stimmungen wie Antriebsmangel, Mutlosigkeit und Depression. Sollte der Himmel bedeckt sein, ist das kein Hinderungsgrund, da trotzdem noch sehr viel mehr gesundes Tageslicht bei Ihnen ankommt als bei jeder Kunstlichttherapie.

Wohlfühloase oder Arbeitsatmosphäre? Für jede Situation das richtige Licht

Das richtige Licht hat nicht nur therapeutische Wirkungen bei Antriebslosigkeit und Depression, sondern es beeinflusst unsere Lebensqualität in jeder Alltagssituation. Doch wie finden wir für jede Anwendung das richtige Licht?

Von großem Einfluss auf unser Wohlbefinden, unser Leistungsvermögen und unsere Gesundheit ist die Farbtemperatur, die wir uns deshalb zuerst anschauen werden. Farbtemperaturen messen wir heute ebenso wie ihr thermodynamisches Pendant in Kelvin. Das rötlich warme Licht der Spätabendsonne, das eine Farbtemperatur von etwa 3000 Kelvin erreicht, schafft eine wohltuende Atmosphäre. Frühaufsteher können diese Atmosphäre auch schon zu Beginn der Morgendämmerung wahrnehmen. Die Wirkungen dieser Farbtemperatur spüren Sie an Gefühlen wie Müdigkeit und Schwere, die sich an den Übergängen zwischen Tag und Nacht im ganzen Körper bemerkbar machen. Am Morgen sorgt dieses schwache rötliche Licht dafür, dass wir ganz allmählich wach werden und uns in Ruhe darauf vorbereiten können, den Tag zu beginnen. Direktes Sonnenlicht oder auch biodynamisches Kunstlicht erleichtert uns nicht nur das Aufstehen, sondern es fördert zudem auch unser Wohlbefinden, unser Leistungsvermögen und unsere Gesundheit. Ein Lichtwecker mit ansteigender Intensität und einer Farbtemperatur, die ganz allmählich vom warmen in den kühlen Bereich wechselt, hilft uns bei mangelndem Tageslicht optimal. Auch »smarte« Beleuchtungslösungen, mit denen Sie programmierbare LED-Leuchten im ganzen Raum via Smartphone oder Tablet steuern können, gewinnen zunehmend an Bedeutung. Sie lassen sich nicht nur als Aufsteh- und Einschlafhilfe nutzen, sondern helfen uns dabei, für jeden Zweck das richtige Licht zu finden.

Auch am Abend oder während der täglichen Ruhephasen trägt die richtige Lichtstimmung entscheidend dazu bei, dass wir auf natürliche Weise zur Ruhe kommen. In einer Wohlfühlatmosphäre können wir uns deutlich schneller und wirksamer entspannen und für neue Aufgaben regenerieren. Sie kennen diesen Wohlfühleffekt ganz sicher bereits von Aufenthalten bei Kerzenlicht, am Lagerfeuer oder vor einem offenen Kamin. Jede Umgebung wirkt in diesem wärmenden rotorangen Lichtschein wohnlicher, gemütlicher und behaglicher. Doch nicht nur Orte, sondern auch die dort anwesenden Menschen wirken emotionaler, offener und freundlicher. Mit einem warmen gedämpften Licht, zu dem die Oberflächenfarben der Umgebung entscheidend beitragen, schaffen Sie eine optimale Atmosphäre für persönliche Begegnungen, angeregte Gespräche und soziale Aktivitäten. Wohlfühlfarben für den Boden sind natürliche Brauntöne, wie wir sie von Holz- und Steinmaterialien kennen. Bei den Wänden wirken je nach Anwendungszweck Pastellfarben oder klassische Wohnfarben wie warme Grautöne oder gräuliche Rot-, Orange- und Grüntöne.

Dort, wo das Licht auch viel physische Wärme produziert, wie bei der guten alten Glühlampe oder der etwas energieeffizienteren Halogenlampe, liegt die Farbtemperatur ganz von selbst im

Wohlfühlbereich. Eine zeitgemäße und zudem umweltverträglichere Alternative finden Sie bei LED-Leuchten, die ein warmweißes Licht zwischen 2700 und 3300 Kelvin abgeben. Achten Sie beim Einkauf der Leuchtmittel auf die Bezeichnung »Vollspektrum Tageslichtlampe«. Von Vollspektrum darf man erst sprechen, wenn der Farbwiedergabeindex zwischen 90 und 100 liegt. Bei dem handelsüblichen Wert von 80 fehlen bereits 20 Prozent des gewohnten Farbspektrums. Das ist deutlich zu wenig, denn bei diesem Licht sieht keine Farbe mehr natürlich aus, womit der Wohlfühleffekt sofort dahin ist.

Genauso wichtig für unser Wohlbefinden sind die richtige Lichtstärke und Lichtverteilung im Raum. Verzichten Sie auf zentrale Deckenleuchten und setzen Sie lieber auf mehrere Lichtquellen, die dort stehen, wo sie zum Lesen, Essen, Spielen, Unterhalten, Arbeiten oder Relaxen gebraucht werden. Auch die Wahl der richtigen Lichtstärke hängt von der Nutzung ab. Bei Werten zwischen 50 und 300 Lux wirkt die Atmosphäre noch etwas dämmrig, was für Wohlfühloasen wie Schlafräume, Wohnräume und Bäder optimal ist. Doch wie viel Licht Sie in einer bestimmten Situation zum Regenerieren brauchen und bei welcher Farbtemperatur Sie sich am wohlsten fühlen, finden Sie am einfachsten selbst heraus, wenn Sie sich eine dimmbare Beleuchtung zulegen, bei der Sie auch die Lichtfarbe einstellen können.

Wohlfühloasen brauchen wir nicht nur zu Hause, sondern auch in vielen anderen alltäglichen Situationen wie in den Pausenräumen von Arbeitsstätten, den Patientenzimmern von Krankenhäusern oder immer dort, wo wir schnell zur Ruhe kommen, abschalten und die Probleme des Tages vergessen wollen. Auch Kinder kommen nach einem langen Schultag am besten zur Ruhe, wenn sie sich dafür in einer Wohlfühloase aufhalten können. Zum Lernen und Toben brauchen sie hingegen anderes Licht.

Zur Mittagszeit steigt die Farbtemperatur des blauen Himmels, der das Sonnenlicht wie ein gewaltiger Reflektorschirm zerstreut, auf Werte zwischen 5000 und 12 000 Kelvin. Bereits ab 5300 Kelvin sorgt die ansteigende bläuliche Färbung für einen kaltweißen Farbeindruck, bei dem wir uns aufmerksamer, wacher und konzentrierter fühlen. Leuchtmittel mit dieser Farbtemperatur finden Sie unter den Bezeichnungen Kaltweiß oder Tageslichtweiß. Kaltweiße Lichtlösungen mit einer Beleuchtungsstärke von mindestens 500 Lux und einer Farbtemperatur von etwa 6000 Kelvin wirken hervorragend, wenn wir längere Zeit hochkonzentriert arbeiten müssen, aber auch regelmäßige Pausen machen können. Für den dauerhaften Aufenthalt von Menschen ist dieses Licht jedoch völlig ungeeignet, da wir bei solchen Umgebungsbedingungen niemals Ruhe finden.

Wo wir Räume für wechselnde Aktivitäten brauchen, sind smarte biodynamische Lichtlösungen optimal. In Klassenräumen, wo Kinder nicht nur konzentriert lernen, sondern den Großteil ihres Schultages verbringen, wirkt sich das kühle klare Licht auf Dauer problematisch aus. Kaltweißes helles Licht kann über längere Zeit soziale Aktivitäten hemmen, Ruhephasen verhindern und Symptome wie Hyperaktivität fördern. Die Sonne steht nicht den ganzen Tag im Zenit! Für so unterschiedliche Fächer wie Mathematik, Sprache, Naturwissenschaften, Kunst und Musik brauchen Kinder eine regelbare Lichtquelle, wenn sie optimal lernen sollen. Bei modernen dynamischen Beleuchtungslösungen lässt sich die Beleuchtungsstärke und Farbtemperatur den Aktivitäten der Kinder anpassen. Vergleichende Tests der Hamburger Universitätsklinik UKE ergaben, dass sich die Lesegeschwindigkeit von Schülern durch helles bläulich kühles Tageslicht um fast 35 Prozent verbessern lässt. Nach einem Atmosphärenwechsel in den rötlich warmen gedämpften Bereich ging die Bewegungsunruhe um 76 Prozent zurück.[16] Die Sensorik unserer Augen funktioniert wie ein Regelmechanismus, mit dem man uns zu Höchstleistungen oder auch zum Einschlafen bringen kann.

Der Zusammenhang zwischen der Farbtemperatur, der Beleuchtungsstärke und dem Aktivitätslevel gibt uns auch einen Hinweis, weshalb wir nach der abendlichen Nutzung unserer

Smartphones, Tablets oder Computer nicht in den Schlaf finden oder unruhige Nächte verbringen müssen. Wer friert, hat naturgemäß auch Probleme mit dem Einschlafen! Das helle kaltweiße Licht der Farbdisplays ist ein Muntermacher, da die Farbtemperatur unsere Körperfunktionen wie den Stoffwechsel und Hormonhaushalt anregt. Wir stellen unsere innere Uhr damit zurück auf die Mittagszeit. Die zur Abendzeit einsetzende Produktion des Schlafhormons Melatonin wird hingegen gehemmt. Nach einer Zeit von zwei Stunden am Display geht die Melatoninkonzentration um 23 Prozent zurück. Eine Umfrage unter 1600 Schülern zwischen 13 und 17 Jahren hat gezeigt, dass die Nutzung des Smartphones nach dem Ausschalten des Zimmerlichts mit fünfmal so hoher Wahrscheinlichkeit zu Müdigkeit am nächsten Tag führt.[17] Einige Hersteller haben daher einen Nachtmodus eingeführt, der die Helligkeit des Displays automatisch reduziert und eine wärmere Farbtemperatur einstellt.

Mehr als Feng-Shui. Der Einfluss von Raumfarben auf Wohlbefinden und Gesundheit

Wenn es um die Wirkungen von Raumfarben auf den Menschen geht, begegnen wir häufig der daoistischen Harmonielehre Feng-Shui. Ein Feng-Shui-Meister war im alten China eine Art Geomant, der geeignete Bauplätze für Straßen und Gebäude bestimmen musste. Die Lage und Ausrichtung der Bauten leitete er von »günstigen Energieströmen« ab. Das klingt für unsere Ohren heute esoterisch, doch wenn man genauer hinschaut, finden sich darunter auch so wichtige natürliche Einflussfaktoren wie Himmels- und Windrichtungen oder Wasservorkommen.

Die fernöstliche Lehre spricht heute vor allem Menschen an, die bewusst in Harmonie mit ihrer Umwelt leben wollen. Schauen Sie sich zeitgenössische Bauentwurfslehren an! Wo es vordringlich um Fragen der Typologisierung, Normung und Standardisierung geht, hat das individuelle Bedürfnis des Menschen nach persönlichem Wohlbefinden und einer lebenswerten Umwelt keinen Platz. Im weltweit erfolgreichsten Planungshandbuch für Architekten, geschrieben von dem Bauhausschüler Ernst Neufert, das in 19 Sprachen übersetzt und inzwischen mehr als 500 000-mal verkauft wurde, wird das Thema »Mensch und Farbe« auf einer einzigen Seite abgehandelt – natürlich komplett in Schwarz-Weiß.[18]

Das über Jahrtausende gesammelte Wissen über die Wirkungen von Harmonien auf den Menschen wurde tatsächlich erst nach dem Zweiten Weltkrieg aus den Entwurfslehren verbannt. Die Bauten der klassischen Moderne wurden bis dahin noch nach Harmonieregeln erbaut, die sich bis auf den römischen Baumeister Vitruv zurückführen lassen.[19] Der Wille zur Harmonie zog sich durch den gesamten Entwurf, vom Städtebau über Fassade und Baukörper bis hin zu Farbe und Ornament. Viele namhafte Vertreter der klassischen Moderne wie der Schweizer Architekt Le Corbusier oder der deutsche Architekt Bruno Taut haben uns auch zum Thema »Farbharmonien« ein reiches kulturelles Erbe hinterlassen.[20]

Wer gezielt danach schaut, dem erscheinen die Ikonen der klassischen Moderne wie der Bauhauskomplex Dessau, die Weißenhofsiedlung in Stuttgart oder die Waldsiedlung Berlin-Zehlendorf plötzlich in völlig neuem Licht. Lassen Sie sich nicht von Äußerlichkeiten täuschen! Das lichte Weiß vieler Baukörper gab das Signal zum Aufbruch in eine neue Zeit. Doch die harmonisch gestalteten Innenräume gehörten den Bewohnern. Jede Raumfarbe wurde sorgsam ausgewählt und auf den Gebrauchszweck wie auch die Nutzeranforderungen abgestimmt. Sie werden keinen Teil der originalen Einrichtung in Bauten der klassischen Moderne finden, der nicht mit dem Ganzen harmoniert.[21] Farbe, Licht und Raum stehen mit den Bedürfnissen des Menschen im Einklang.

Doch kann uns eine jahrtausendealte Harmonielehre wie Feng-Shui heute tatsächlich noch von Nutzen sein? Feng-Shui basiert auf der daoistischen Lehre vom »Yin und Yang«. Die Harmonie zwischen Mensch und Natur, die es zu erreichen gilt, wird im Feng-Shui als Kräftegleichgewicht definiert.[22] Das weiße Yang steht als männliches Prinzip für Helligkeit, Wärme und Aktivität. Für den Ausgleich sorgt das weibliche Prinzip des schwarzen Yin durch Dunkelheit, Kälte und Ruhe. Die vielen Farbtöne, die wir heute selbst mischen oder fertig kaufen können, lassen sich durchaus dem aktiven oder ruhigen, dem hellen oder dunklen, dem warmen oder kalten Bereich zuordnen. Anregende Atmosphären schaffen Sie nach Feng-Shui durch viel Licht und helle warme Farben wie Rot, Orange und Gelb. Dunkle kühle Farben wie Blau und Violett sorgen für den Ausgleich und für Atmosphären der Ruhe. Grün ist im Feng-Shui an sich bereits eine ausgewogene Farbe, die in der Mitte zwischen beiden Kräften steht.

Auch in unseren modernen Lebenswelten brauchen wir anregende und beruhigende Umgebungen, denken Sie nur an Wohn- und Schlafzimmer, Arbeits- und Pausenräume oder Lobby und Hotelzimmer. Hier kommt es tatsächlich darauf an, einen Ausgleich zu schaffen, doch mit Gegensätzen zwischen Schwarz und Weiß oder kalten und warmen Farben erzeugen Sie noch keine Harmonie, von Wohlfühlatmosphäre ganz zu schweigen. Zuordnungen von Farben zu Himmelsrichtungen oder Elementen wie Blau zu Wasser, Weiß zu Metall, Gelb zu Erde, Grün zu Holz und Rot zu Feuer liefern uns heute keine ausreichenden Hinweise für harmonische Farbgestaltungen. Das traditionelle chinesische Feng-Shui ist eine Lehre, die den richtigen Weg zeigt, aber auch nicht mehr. Wir müssen heute selbst danach suchen, wie sich an einem bestimmten Ort ein harmonisches Verhältnis zwischen Mensch und Natur herstellen lässt.

In den vorangegangenen Kapiteln haben Sie bereits erfahren, dass Farben nicht irgendwo getrennt von uns, sondern ausschließlich in unserem Kopf wie in den Köpfen unserer Mitmenschen existieren. Wir müssen daher in jedem einzelnen Fall immer wieder neu nach einem Ausgleich suchen, um die individuellen Bedürfnisse der Menschen mit ihrem Lebensraum in Einklang zu bringen, wie auch mit den Ressourcen, die uns dafür zur Verfügung stehen. In jedem Fall können wir etwas sehr Wichtiges vom Feng-Shui lernen. Unser Bedürfnis nach Harmonie ist unverzichtbar für unsere seelische und körperliche Gesundheit. Es bleibt völlig unberührt von Zeit, Raum und Kultur. Ein Gebäude funktioniert nur dann, wenn es mit der umgebenden Natur, seinen Bewohnern und ihren Bedürfnissen im Einklang steht. Wir lernen auch, dass eine Gestaltungsidee nur dann funktionieren kann, wenn alle wichtigen Umweltfaktoren Berücksichtigung finden.

An dieser Stelle kommt die Wissenschaft ins Spiel. Ein Gefühl wie Harmonie ist zwar subjektiv, doch alles andere als zufällig. Harmonische Farbgestaltungen sind sehr gut planbar und evaluierbar. Wir erkennen sie am Maß der Zufriedenheit der betroffenen Menschen mit ihrer Lebensumwelt, an ihrem Wohlbefinden und ihrer Gesundheit. Bevor wir heute anfangen, mit Licht und Farben zu gestalten, müssen wir uns daher zuerst einmal darum bemühen, die individuellen Bedürfnisse der betroffenen Menschen wie auch den Kontext ihrer Lebens- und Arbeitssituation zu verstehen. Ich möchte Ihnen daher zum Abschluss dieses Kapitels von einem Beispiel aus meiner eigenen Gestaltungspraxis berichten, das Ihnen zeigt, welchen Einfluss Licht und Farben auf das Wohlbefinden, die Gesundheit und die Arbeits- und Lebensqualität von Menschen haben. Es demonstriert Ihnen darüber hinaus, wie sich diese Wirkungen systematisch planen und evaluieren lassen. Ich habe dafür ganz bewusst den Bereich der Intensivmedizin gewählt, da an diesen Orten Freud und Leid sowie Leben und Tod von Menschen so eng beieinanderliegen wie nirgendwo sonst.[23]

Anlass für dieses Projekt war die anstehende Renovierung von drei Intensivstationen, die zuvor einheitlich mit einem gelblich abgetönten Weißton gestrichen waren. Der Wunsch nach einer neuen Farbgestaltung kam vom Pflegepersonal, das in der Intensivmedizin im Schichtbetrieb arbeitet und dabei extremen seelischen wie körperlichen Arbeitsbelastungen ausgesetzt ist. Patienten wie Personal sollten gleichermaßen von der neuen Farbgestaltung profitieren. Im Dialog mit der medizinischen Leitung wurde uns die Frage gestellt, ob wir mit der neuen Farbgestaltung vielleicht sogar etwas für die »Delir-Prävention« tun könnten. Ein Delir ist eine zerebrale Aufmerksamkeits- und Bewusstseinsstörung, die mit einer deutlichen Erhöhung der Sterblichkeit, einer bis zu zehn Tage längeren Aufenthaltsdauer im Krankenhaus und einem schlechteren Behandlungsergebnis einhergeht.[24] Das war für alle beteiligten Personen eine große Herausforderung, denn das hatte bisher noch niemand versucht. Können wir allein durch die Änderung von Licht und Farben Leiden mindern oder gar Leben retten?

Der Projekterfolg war überwältigend, was die Beteiligten umso mehr erstaunt hat, da sich die weitgehend kostenneutrale Renovierungsmaßnahme auf den Anstrich von Wänden und Decken wie das Auswechseln der Leuchtmittel beschränken sollte.

Werfen wir zuerst einen Blick auf die Ergebnisse der Begleitstudie, bevor wir zu den Gestaltungsprinzipien kommen. Das subjektive Wohlbefinden der Patienten hat sich nach der farblichen Umgestaltung um bis zu 50 Prozent verbessert. Die Patienten gaben an, sich deutlich privater, geborgener und behüteter zu fühlen. Auch das Personal wirkte auf die Patienten nach der farblichen Umgestaltung deutlich entspannter (Verbesserung um fast 40 Prozent), wodurch sich als schöner »Nebeneffekt« auch die gefühlte Zufriedenheit mit der Pflege um fast 30 Prozent verbessert hat. Ein Jahr darauf haben wir uns den Einfluss der Farb- und Lichtgestaltung auf den Medikamentenverbrauch angesehen mit einem Ergebnis, das in dieser Deutlichkeit nicht nur mich, sondern auch die beteiligte Chefärztin überrascht hat. Der Verbrauch von Neuroleptika, Medikamente, die den Patienten vor allem zur

Delir-Prävention gegeben werden, ging im Vergleichszeitraum um etwa 30 Prozent zurück. Das ist schon allein deshalb von Bedeutung, da sich die Rate der Schlaganfälle und die Mortalität bei neuroleptischer Dauertherapie um den Faktor 2 bis 4 erhöhen.[25]

Einfach, aber extrem wirksam war der Ersatz aller vorhandener Leuchtstofflampen durch handelsübliche Vollspektrum-LED-Leuchten mit deutlich besseren Farbwiedergabeeigenschaften. Ein Index von 90 besagt, dass 90 Prozent aller Buntfarben so wiedergegeben werden, wie wir es vom Tageslicht gewohnt sind. Vorher waren es nach Schätzungen allenfalls 60 Prozent. Schlechtes Licht ist nicht nur ein Motivationskiller, sondern verringert auch die Lebensfreude. In schlechtem Licht erscheinen Pfleger, Ärzte und Angehörige blass, besorgt oder gar empathielos, jedes Essen wirkt unappetitlich, das Zimmer lieblos und kalt.

Patientenzimmer und Aufenthaltsräume haben wir daher mit warmweißen LED-Licht ausgestattet, damit sich die Menschen dort besser entspannen und schneller regenerieren können. Flure und Arbeitsräume erhielten hingegen kaltweißes Tageslicht, um einen Atmosphärenwechsel zu schaffen, der wichtige Verhaltensänderungen bewirkt. Beim Eintritt in die Patientenzimmer und Aufenthaltsräume des Personals findet jetzt eine spürbare Entschleunigung statt, die zugleich mit einer Verbesserung der Lärmsituation einhergeht. Die gefühlte Geräuschkulisse verbesserte sich um bis zu 30 Prozent.

Die Orientierung der Angehörigen wird auf den langen Gängen durch ein Farbleitsystem unterstützt, das im Gegensatz zu Nummerierungen völlig intuitiv funktioniert und auch in psychischen Belastungssituationen wahrnehmbar bleibt. Die Farbigkeit der Patientenzimmer haben wir so gewählt, dass hierdurch Gefühle wie Sicherheit, Vertrauen und Geborgenheit aktiviert werden. Die leichte Variation der Farbklänge betont die Individualität der Patienten und fügt sich zugleich harmonisch in die Gesamtkomposition der Station ein. Die Bewertung der Arbeitsumgebung verbesserte sich beim Personal aller Intensivstationen daher auch um bis zu 40 Prozent. Gleich mehrere Personen berichteten uns davon, dass die neue Farbgebung ihnen ihre Arbeit spürbar erleichtert.

In den Pausenräumen sorgt der »Atmosphärenwechsel« für eine sofortige Stressreduktion beim Personal, das in der neuen Umgebungssituation nach eigener Einschätzung sehr viel leichter zu entspannenden Gedanken und anregenden Gesprächsthemen finden kann. Spürbare Verbesserungen nahmen auch die Ärztinnen und Ärzte wahr. Die gewählten Raumfarben stärken ihre Seriosität und Glaubwürdigkeit, ohne verängstigten und besorgten Angehörigen den Eindruck von Gefühlskälte zu vermitteln. Die Identifikation mit dem Arbeitsplatz verbesserte sich beim gesamten Personal um mehr als 50 Prozent, und der Krankenstand verringerte sich über den Zeitraum eines Jahres um etwa 25 Prozent, was in Zeiten des Fachkräftemangels ein deutliches Zeichen setzt.

Da Farben »Taten des Lichts« sind, um noch einmal Goethe zu zitieren, müssen wir sicherstellen, dass sie in jeder Situation genau das Richtige für uns tun. Ohne den Ausgleich zwischen Psyche und Physis, Innenwelt und Außenraum, Erwartung und Realität gibt es keine Harmonie. Jeder Ort und jede soziale Situation birgt ein spezifisches Entwicklungspotenzial, das sich durch Farben aktivieren lässt. In unserem Fall haben wir Ärzte und Pflegekräfte, aber auch die Krankenhausleitung, den Personalrat und die technischen Mitarbeiter gleich zu Beginn in den Gestaltungsprozess einbezogen. Wir müssen wissen, was die eingesetzten Farben bewirken sollen, bevor wir mit der Konzeptarbeit beginnen. Durch den partizipativen Prozess mit Nutzern und Verantwortlichen kommt genau das Wissen zur Sprache, das für die Bildung von Entwurfskriterien ausschlaggebend ist. Farben haben eine überwältigende Macht über unser Erleben und Verhalten. Wir müssen daher sorgfältig abwägen, wofür wir diese Macht gebrauchen. Aus diesem Ansatz heraus haben wir für jede Intensivstation ein eigenes Farbkonzept entwickelt, mit dem die dort arbeitenden und genesenden Menschen heute sehr zufrieden sind und es hoffentlich auch lange bleiben.

Praktiken wie Feng-Shui sind auch deshalb so erfolgreich, weil Menschen hierdurch verstärkt miteinander ins Gespräch kommen. Wir brauchen nicht nur den fachlichen, ökonomischen und technischen Hintergrund für die Entscheidungsfindung, sondern auch die ganz alltäglichen Beobachtungen der Menschen, die konkret vor Ort sind. Allein hieraus können sich die Wirksamkeit, Wertschätzung und Akzeptanz der farblich neu gestalteten Umgebung entwickeln.

Wie Sie zuvor bereits erfahren haben, sind Farben immer nur der Mittler, das Medium der visuellen Kommunikation. Der Erfolg kommt erst durch die Macht der Assoziationen, die wir im Kopf der Betrachter zum Leben erwecken. Farben und Licht sind Medizin für unseren Körper und unsere Seele. Was den einen guttut, kann für andere unverträglich sein. Im folgenden zweiten Teil dieses Buches werde ich Sie daher mit den Wirkungen der Farben auf Gefühle, Verstand und Verhalten des Menschen vertraut machen. Denn nur wenn wir die Wirkungsweise der Farben verstehen, können wir sie auch so auswählen und komponieren, dass sie in der jeweiligen Lebenssituation genau das Richtige für uns tun.

II
DIE KULTUR DER FARBEN

Die Symbolkraft der Farben

Das Verständnis der vielfältigen Wirkung von Farben steht im Zentrum der modernen Farbpsychologie.[1] Im ersten Teil des Buches haben wir die Natur der Farben betrachtet und ihren Einfluss auf lebenswichtige, also biologische Funktionen wie Orientierung, Ernährung, Warnung, Tarnung, Werbung, Status und Identität kennengelernt. Im zweiten Teil geht es um unsere Farbkultur.

Die Bedeutung der Farbe für unsere gesamte Kulturentwicklung zeigt sich bereits in den frühesten Höhlenzeichnungen und lässt sich bis in die Gegenwart verfolgen. Jenseits der Biologie lebt jeder Mensch in seiner eigenen Farbwelt, die wir mit denen teilen, die unter vergleichbaren ökologischen, kulturellen und sozioökonomischen Bedingungen aufgewachsen sind. Unser Farbwissen ist an die Situationen bzw. Kontexte gebunden, in denen wir es erworben haben, weshalb Farben nicht nur Bedeutungen, sondern auch Werte symbolisieren. Tief in uns finden wir daher eine Farbheimat, in der sich all die Farben spiegeln, mit denen wir aufgewachsen sind. Für die einen ist das Meer daher einfach nur blau, während andere damit einen Mikrokosmos der Farben verbinden, der auch Töne wie Schwarzgrau, Schlammbraun, Algengrün, Azurblau, Türkis, Weiß, Rot, Magenta und Gold umfasst. Wenn wir den Farben unserer Kindheit wiederbegegnen, wirkt die Umgebung hierdurch sofort vertraut. Diese persönlichen Erlebnisse und Bewertungen prägen unsere Farbpräferenzen. Sie verbinden oder trennen Menschen, die in vergleichbaren oder ganz unterschiedlichen Lebensumständen aufgewachsen sind.

Durch den kulturellen Gebrauch von Farben bilden sich charakteristische Farbmilieus, die offenlegen, wie die Farbensprache im Alltag funktioniert. Im Verlauf meiner Farbforschungen haben meine Mitarbeiterinnen und Studierenden viele solcher Farbmilieus anhand von Bildaufnahmen dokumentiert und daraus mithilfe von Programmen typische Farbcodes generiert. Diese von mir auch als »color fingerprints« bezeichneten Farbtonsammlungen sind so prägnant, dass sich daran jedes soziale und kulturelle Milieu charakterisieren lässt. Wenn wir die Farben der Kleidung, Räume und Produkte unserer Kinder extrahieren, dann zeigt sich das gesamte Spektrum des Regenbogens, denn unser Bild der Kindheit ist vielfältig, offen und fröhlich oder einfach bunt. In einem starken Kontrast dazu steht die beigegraue Farbwelt der Senioren, in der es oft nur weiße und pastellige Akzente gibt. Aber auch diese Welt ist nicht homogen, sondern im stetigen Wandel begriffen. Wer bis ins hohe Alter geistig und körperlich vital bleiben möchte, der tut nicht nur etwas dafür, sondern bringt diese Lebenseinstellung auch über die Farben seiner Kleidung, seiner Wohnwelt und der Gebrauchsobjekte zum Ausdruck.

Bei Experimenten stelle ich immer wieder fest, dass jeder Mensch problemlos in der Lage ist, die Werteorientierung seiner Kolleginnen, Kollegen und Freunde anhand von Kleidungsfarben treffsicher zu bestimmen. Unterschiede zwischen den Farbpräferenzen konservativer, pragmatischer, sozialökologischer, kreativer oder rein spaß- und erlebnisorientierter Milieus sind signifikant. Auch prekäre und etablierte Milieus nutzen jeweils eigene Farbcodes.[2]

Farbmilieus und Farbpräferenzen werden nicht nur durch kulturelle Faktoren wie Bildung, Wohlstand, Religion und Politik geprägt, sondern ebenso durch Umweltfaktoren wie Klima, Topografie und Vegetation. In modernen Gesellschaften, die stark von der Reiselust, Neugier und Toleranz ihrer Bürger wie auch von Migration geprägt sind, nimmt auch die Farbenvielfalt stetig zu. Buntheit ist nicht nur eine Metapher, sondern ein Seismograf für die Offenheit einer Gesellschaft. Autoritäre Gesellschaften tendieren hingegen zu einem tristen Einheitsgrau, das nicht nur die vorherrschende Atmosphäre, sondern auch das Lebensgefühl der Menschen charakterisiert.

Farben sind nicht nur Botschaften, die uns Bedeutungen vermitteln und unser Verhalten steuern. Sie prägen auch die Gestaltung unserer Lebenswelt, sorgen für Wiedererkennbarkeit und gewinnen so intuitiv unser Vertrauen. Theoretisch sind wir völlig frei, Farben auch komplett unabhängig von ihren Bedeutungen und Wirkungen einzusetzen. Praktisch ist das jedoch nahezu unmöglich, denn unser Farbgebrauch wird von Konventionen bestimmt. Farben sind Symbole, nicht anders als die Worte unserer Sprache, die wir auch nicht willkürlich austauschen oder verändern können, ohne massive Verständnisprobleme zu erzeugen. In unserem Alltag müssen wir uns in Hunderten von Situationen auf den erlernten Zusammenhang von Farbe, Inhalt und Wirkung verlassen. Natürlich könnten wir uns mit der Zeit daran gewöhnen, wenn die Ampelfarben weltweit von Rot-Gelb-Grün auf Blau-Braun-Weiß umgestellt werden würden. Doch stellen Sie sich vor, jedes Land, oder gar Bundesland, würde das nach eigenem Gutdünken tun! Farben dienen unserer Verständigung, ganz gleich, ob sie nun genormt sind oder nicht.

Die Symbolbedeutung der in einem Kulturraum verbreiteten Farben und Farbkombinationen entwickelt sich aus dem Gebrauch. Wir kennen uns daher vor allem mit den Farben der Dinge und Erscheinungen aus, mit denen wir vertraut sind und die uns im Alltag häufig wiederbegegnen. Unsere Farbwahrnehmung speist sich aus dem, was wir über Farben wissen. Die Grenzen ihrer Wahrnehmung können Sie jedoch jederzeit verschieben, indem Sie Ihr Wissen über Farben erweitern und anwenden, wofür es im täglichen Leben viele Gelegenheiten gibt. In den nächsten Kapiteln schauen wir uns die kulturellen Bedeutungen und Wirkungen unserer wichtigsten Farben an. Über die kulturellen Bedeutungen von Farben gibt es so viel zu sagen, dass man damit Bibliotheken füllen könnte. Was ich Ihnen in diesem Buch vor allem zeigen möchte, ist das Funktionsprinzip der Farbwahrnehmung, das den Wechselwirkungen zwischen Mensch und Umwelt und damit auch unserer Farbkultur zugrunde liegt. Wichtig war mir auch der interkulturelle Ansatz, obwohl ich auch hier nur einige Bezüge exemplarisch herausgreifen kann, die plausible Gründe für Gemeinsamkeiten und Unterschiede der Farbkulturen offenlegen.

Bei der Auswahl der 13 kulturellen Grundfarben, die ich Ihnen im Folgenden vorstellen werde, habe ich mich an dem umfangreichen Datenmaterial meiner eigenen Farbforschung orientiert. Ausgangspunkt waren daher nicht die bloßen Namen von Farben, die sehr häufig zur Ermittlung kultureller Grundfarben herangezogen werden.[3] Ich bin vielmehr der Überzeugung, dass Farbnamen keine abstrakten Sprachkategorien sind, sondern konkrete Phänomene bezeichnen, die häufig auch in der Sprachwurzel zu finden sind. Ich gehe bei jeder Farbe an geeigneter Stelle darauf ein.

Die Frühphase der Begriffs- bzw. Namensbildung für Farben zeigt sich in der Sprachkultur der Pirahã, die bis heute weitgehend ungestört in den Regenwäldern des Amazonas leben. Die Sprache der Pirahã enthält fast keine Farbwörter. Lediglich Bezeichnungen für »hell« und »dunkel« sind bei ihnen in Gebrauch. Auch Zahlwörter sind bis auf »wenig« und »viel« völlig unbekannt. Wenn die Pirahã rote oder schwarze Objekte bezeichnen wollen, nutzen sie Begriffe für Blut und Kohle. Ihre Sprache beinhaltet also keine abstrakten Kategorien, da alle Worte direkt auf sinnlich erfassbare Bedeutungen verweisen. Wir müssen Farben mit allen Sinnen erleben, denn nur hierdurch erhält die Namensgebung ihren Sinn.

Ausgangspunkt für die Farbauswahl war eine Studie, mit der ich das Ziel verfolgt habe, die Farben unserer natürlichen und kulturellen Lebenswelt in ihrer Gesamtheit abzubilden, um ihren Symbolgehalt zu extrahieren. Es ging darum, herauszufinden, wozu die einzelnen Farben konkret da sind und was sie tagtäglich mit uns tun. Daraus wurde eine ganze Reihe von Studien, die in den letzten zehn Jahren durch die Hilfe von weit über tausend Mitwirkenden entstanden sind. Bei der Farbauswahl habe ich mich an inhaltlich relevanten Kriterien und pragmatischen Erwägungen orientiert.

Erstes Kriterium der Farbauswahl war die Häufigkeit ihres Vorkommens in der Umwelt. Aus Gründen der Allgemeinverständlichkeit und inhaltlichen Prägnanz sollte die Anzahl der Farben möglichst gering sein. Zweitens sollten nur prägnante Farben ausgewählt werden, die jeder Mensch mit normalen Sehfähigkeiten in unserem Kulturraum eindeutig identifizieren kann. Es handelt sich daher um kulturelle Grundfarben, die bei der Wiederholung des Experiments in unterschiedlichen Weltregionen zu anderen Ergebnissen führen können. Das dritte Kriterium bezieht sich auf die Farbsymbolik und Farbwirkung. Farben mit einem deutlich unterscheidbaren Symbolgehalt und Wirkungsspektrum wie Grau und Silber, Rosa und Rot sowie Gelb und Gold haben es über diese Bedingung in die Auswahl geschafft. Jede der 13 aufgeführten kulturellen Grundfarben erfüllt alle drei Kriterien. Die Auswahl basiert auf dem Kontext unserer gegenwärtigen Farbkultur.

Schauen wir zuletzt noch kurz auf den Aufbau der Farbkapitel. Jeder Farbe habe ich die Abbildung einer Gedächtnislandkarte vorangestellt, die Ihnen einen Überblick über die Vielfalt der im Text beschriebenen Bedeutungen und Wirkungen gibt. Die Grafik gibt keine Auskunft über die Lage der Assoziationen im Gehirn. Qualia bzw. mentale Zustände lassen sich nach dem Stand der Forschung auch nicht in einem Gebiet verorten, sondern bilden neuronale Netze, die unser gesamtes Gehirn durchziehen. Bei den einzelnen Farbkapiteln ist jede Farbe in vier Unterkapitel gegliedert, in denen sich unterschiedliche oder gar gegensätzliche Eigenschaften und Wirkungen ein und derselben Farbe konzentrieren. Die Fokussierung auf die jeweils vier wichtigsten Hauptaspekte einer Farbe ermöglicht den Vergleich und erhöht zugleich die Verständlichkeit. Die poetischen Farbnamen der Unterkapitel sind Wortschöpfungen, die Ihrer Vorstellungskraft genügend Raum lassen, Ihre inneren Bilder wachzurufen. Denn Farben beziehen ihre Macht aus den Erlebnissen, die wir mit ihrer Gegenwart verbinden.

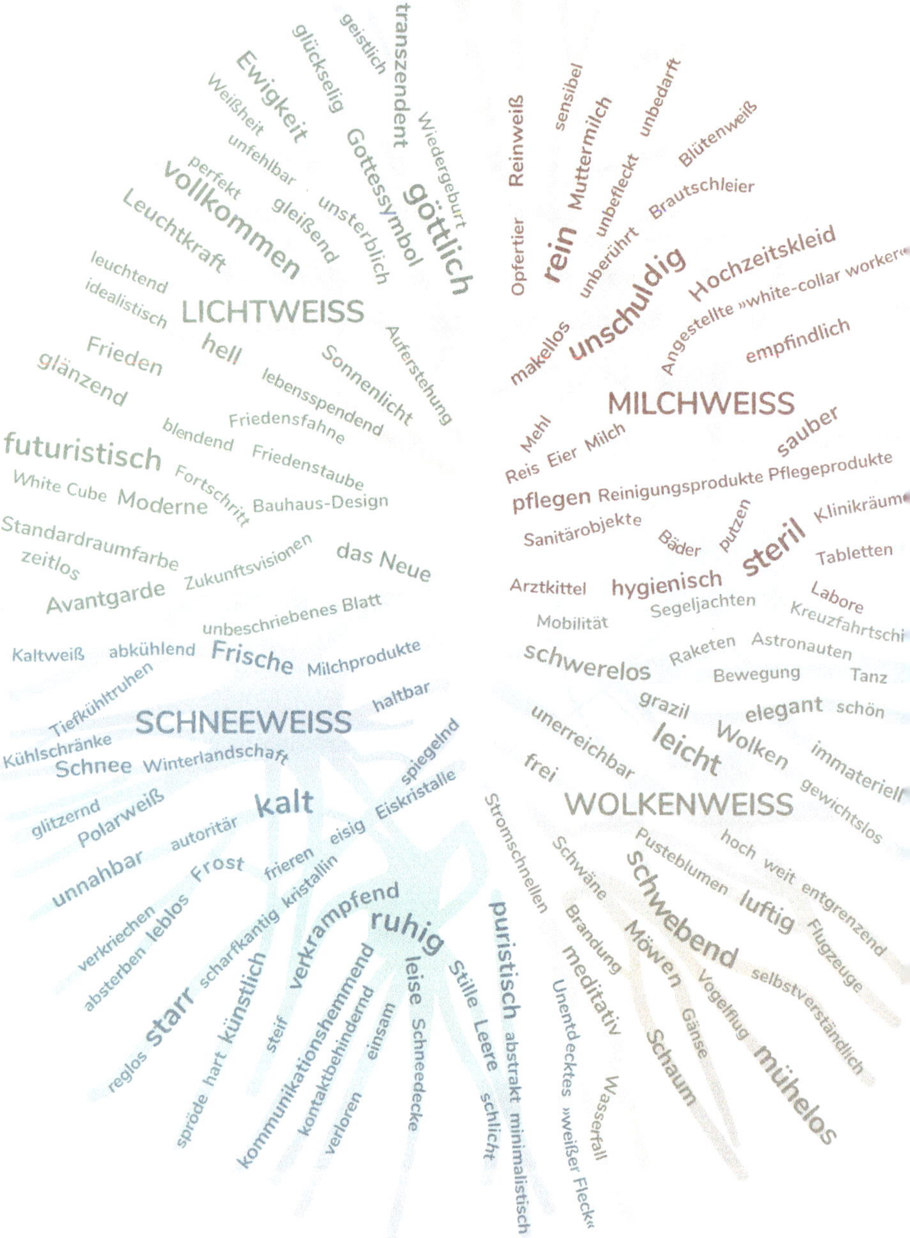

GEDÄCHTNISLANDKARTE WEISS

Symbolbedeutung und Wirkungsspektrum

Weiß

göttlich, unschuldig, schwebend und starr

Lichtweiß

göttlich, vollkommen und futuristisch

Die Macht der Farben gründet auf der Wahrnehmung von Naturphänomenen, deren Wirkungen wir am eigenen Leibe erfahren. Dieser Ursprung bestimmt auch den Symbolgebrauch. Beginnen wir mit Weiß, der Farbe des Lichts. An der Farbe offenbart sich die sichtbare Form der kosmischen Energie, die allem Leben zugrunde liegt, die jedes Wachstum und jede Entwicklung antreibt. Das strahlend weiße Licht der Sonne wirkt transzendent, ungreifbar und vollkommen, wenn es Tag für Tag die Farbenvielfalt der Erde zum Vorschein bringt.

Dem Farbwort »Weiß« merkt man nicht sofort an, dass es sich in vielen Sprachen der Welt auf Naturphänomene wie Licht, Helligkeit und Glanz zurückführen lässt. Das deutsche »Weiß« geht auf die indogermanische Sprachwurzel »kweit« zurück, die glänzend und hell bedeutet. Eigenschaften wie weiß, rein und sauber spiegeln sich im französischen »blanc«. Im Lateinischen geht es differenzierter zu. Für glänzende schimmernde Weißtöne gibt es hier den Ausdruck »candidus«, der auch zur Bezeichnung von Adjektiven wie rein, klar und durchsichtig benutzt wird. Für glanzlose Weißtöne gibt es hingegen den Begriff »albus«, der zudem Eigenschaften wie blass, hell und heiter bezeichnet. Die lateinische Sprachwurzel »albh« steht im Indogermanischen wiederum für Elfen, die als Lichtgestalten oder weiße Nebelgestalten angesehen wurden. Auch beim chinesischen »bái« verweisen Mehrfachbedeutungen wie weiß, klar und hell auf das sinnlich erlebbare Phänomen des Lichts.

Die Farbe des Lichts ist daher in vielen Kulturen ein Symbol des Schöpferprinzips. Während wir Götter und ihre Boten häufig weiß darstellen, malen wir uns die Sinnesfreuden paradiesischer Gärten in bunten Farben aus. Diese Farbenpracht stellt daher auch die Fehlerhaftigkeit des Menschen dar, die dem perfekten Weiß nichts anhaben kann.

Das Weiß der Moderne steht am Ende einer langen mystischen Erzählung. Die Symbolbedeutung der Farbe Weiß ist traditionell von Begriffen wie Göttlichkeit, Vollkommenheit und Unsterblichkeit geprägt. Das weiße Licht der Sonne ist ein Sinnbild der Ewigkeit, das auf ganz unterschiedliche Weise Eingang in die Kulturgeschichte gefunden hat. Für die Weltreligionen ist Weiß die meistverwendete liturgische Farbe der Auferstehung, des ewigen Lebens und der Glückseligkeit. Der weiße Phönix steht nach seiner Verbrennung lebendig aus seiner Asche auf. Weiß wird bei Beerdigungen getragen, wenn Menschen ihrer Freude über die erhoffte Wiedergeburt, den Eingang ins Paradies und das ewige Leben gemeinsam Ausdruck verleihen wollen. Dieser Brauch galt einst bei allen indogermanischen Völkern von Indien bis Skandinavien. Einige ländlich geprägte Regionen Europas haben sich dem Wechsel zur Trauerfarbe Schwarz bis heute erfolgreich widersetzt. Wo die sorbische Kultur noch praktiziert wird, wie in Teilen der Lausitz, sind die traditionellen weißen Kopftücher bis heute zu finden.

Weiß ist die Symbolfarbe Gottes und seiner Vertreter und Verkünder auf Erden. Der ägyptische Gott Thot wurde häufig als weißer Ibis dargestellt, Symbol der Weisheit und Bewahrer der Weltordnung. In China gilt der weiße Reiher als Symbol für den richtigen Weg. Die Priesterkleidung im antiken Jerusalem war ebenso weiß wie der Gebetsmantel der Juden, der »Tallit«, der auch heute noch getragen wird. Die weißen Gewänder der japanischen Shintō-Priester werden »kariginu« genannt. Als liturgische Farbe des Christentums wird Weiß vor allem in der Oster- und Weihnachtszeit verwendet. Weiß ist die Symbolfarbe für Christus, Zeichen des göttlichen Lichts und der höchsten Vollkommenheit, das Symbol des Friedens, der Freude und Unschuld. Aus diesem Grund ist die weiße Soutane bis heute ein Privileg des Papstes, dem Stellvertreter Christi auf Erden.

Auch im Islam ist Weiß das Symbol der Göttlichkeit. Der Körper des Engels Gabriel soll weiß gewesen sein, als er Mohammed die Offenbarung Gottes überbracht hat. Auch wenn es im Islam keine allseits anerkannten liturgischen Farben gibt, bedecken Imame ihren Kopf sehr häufig mit einem weißen Turban. Wer meint, dass er von dieser Symbolik im Alltag nicht beeinflusst wird, der schaue sich eine aktuelle Studie zur Wirkung von Textfarben an. Hier konnte gezeigt werden, dass wir positive und negative Bedeutungen von Begriffen schneller erkennen, wenn die »guten« mit weißer und die »bösen« mit schwarzer Farbe geschrieben werden.[1]

Der Glaube an die Vollkommenheit, Wahrheit und Göttlichkeit der Farbe Weiß spiegelt sich nicht nur in der Lichtmetaphysik der Weltreligionen, sondern auch in den optischen Gesetzen der modernen Naturwissenschaften. Isaac Newton gab 1704 in seiner optischen Theorie an, dass sich weißes prismatisches Licht aus der Summe von sieben Spektralfarben zusammensetzt. Notizen belegen, dass Newton der Nachweis der Vollkommenheit so wichtig war, dass er die beobachteten prismatischen Farben von elf auf sieben reduzierte, die Anzahl der Tage, die Gott nach dem christlichen Glauben zur Schöpfung der Welt benötigt hat.[2] In der Renaissance, die mit einer Rückbesinnung auf die Kultur der Antike verknüpft ist, wurde Weiß zur Symbolfarbe der Aufklärung. In modernen Gesellschaften symbolisiert Weiß die Wissenschaften, die heute vielerorts anstelle der Religion getreten sind.

Die »Weißheit« der Moderne ist eng verbunden mit dem Fehlurteil des berühmten deutschen Archäologen Johann Joachim Winckelmann, der die puristische Anmutung antiker Marmortempel und Skulpturen im 18. Jahrhundert zum ewigen Schönheitsideal erklärte. Doch die Bauten und Plastiken der Antike waren allesamt buntfarbig bemalt, eine Praxis, die auch in vielen älteren Weltkulturen wie dem Erbe Ägyptens und Mesopotamiens nachweisbar ist. Als diese Nachricht 1817 nach einer Veröffentlichung von Johann Martin von Wagner, Kunstagent des bayerischen Königs Ludwig I., ihre Runde machte, traf die bis dahin als barbarisch deklarierte Praxis viele Menschen wie ein Schock. Der Künstler Auguste Rodin soll sich heftig an die Brust geschlagen und dabei ausgerufen haben: »Ich spüre es hier, dass die Gebäude niemals bunt waren!«[3] Die Tatsache, dass die Fachwelt bis heute noch immer Probleme damit hat, einen spätestens seit Gottfried Semper allgemein bekannten Sachverhalt anzuerkennen, liegt an der Symbolkraft der Farbe Weiß.[4]

Unter allen Farben besitzt nur Weiß einen geistlich-spirituellen wie naturwissenschaftlich begründbaren Anspruch auf Perfektion. Weiß ist die einzige Farbe, deren Anwendung im Alltag wie in Architektur, Design und Kunst keine Begründung verlangt. Der Gebrauch aller anderen Farben muss hingegen legitimiert werden. Diese inzwischen zur Konvention gewordene Ansicht spiegelt sich auch in der Praxis der Wohnungsvermietung wider. Nach höchstrichterlichem Urteil sind Sie zwar nicht verpflichtet, Ihre angemieteten Räume beim Auszug in Weiß zurückzugeben. Sie müssen jedoch Farben auswählen, die von möglichst vielen Mietinteressenten akzeptiert werden.[5] Wenn Sie das Risiko eines Streits vermeiden wollen, kommen Sie an Weiß nicht vorbei.

Doch Weiß ist keine neutrale Farbe, sondern bringt ästhetische Präferenzen für den Bauhausstil, das Neue Bauen und die Neue Sachlichkeit zum Ausdruck. In der zeitgenössischen Kunst der 1920er-Jahre wurde der »White Cube« gezielt zum modernen

Museumstempel deklariert. Wir halten bis heute daran fest, auch um Wechselwirkungen zwischen den Kunstobjekten und dem umgebenden weißen Raum zu vermeiden. Doch Weiß wirkt weder farblos noch inhaltlich neutral! Weiß ist die Symbolfarbe einer Moderne, die für ihre geistigen und materiellen Schöpfungen nicht weniger als Allgemeingültigkeit, Universalität und Ewigkeit beansprucht. Die weiße Moderne hat daher viel von einer neuen Religion.

Milchweiß

unschuldig, rein und steril

Um für unsere Schuld zu büßen, mussten in der Kulturgeschichte immer wieder weiße Lämmer, Stiere und Tauben den Opfertod erleiden. Weiß ist die Symbolfarbe der Reinheit, Unschuld und Unberührbarkeit. Die Symbolkraft dieser Farbe wird durch rituelle Waschungen verstärkt. Weiß kennzeichnet viele Initiationsriten, wie die jüdische Bar-Mitzwa-Feier und die christliche Taufe, den hinduistischen Upanayana-Ritus oder die japanische Hatsumiyamairi-Zeremonie. Durch symbolische Handlungen werden unschuldige Kinder in die Gemeinschaft aufgenommen oder in ihre Geheimnisse eingeführt. Unberührt, unschuldig und unbefleckt sollen auch die Bräute unserer Götter wirken, die wir zu diesem Zweck häufig in weiße Kleidung hüllen.

In der christlichen Ikonografie wird die Jungfrau Maria auch in weißer Kleidung dargestellt oder durch weiße Lilien gekennzeichnet. Die sogenannten Madonnenlilien gelten noch heute als Symbol der Reinheit. Weiße Brautkleider und Schleier wurden erst im 17. Jahrhundert populär, als königliche Hochzeiten den Trend angaben. Doch die weiße Hochzeitstracht verleiht jeder Braut die Aura einer Göttin, die uns noch immer ergreift und diese populäre Tradition bis heute am Leben erhält.

Die Bedeutung von Weiß erfahren wir bereits mit der Muttermilch, wo uns die Farbe die ersten Lebensmonate nährt. Wir haben ein feines Gespür dafür, wenn weiße Nahrungsmittel wie Milch, Mehl, Eier und Reis nicht mehr ganz frisch oder verunreinigt sind. Diese Sensibilität sorgt auch dafür, dass wir auf Flecken und Verunreinigungen weißer Oberflächen mit Ablehnung und Widerwillen reagieren. Wir schätzen die makellos saubere Atmosphäre weißer Räume, begehren weiße Objekte und tragen weiße Textilien am Körper, auch wenn wir diese sehr viel mehr als alle anderen Farben pflegen, putzen und reinigen müssen. Das weiße Hemd ist weltweit ein Statussymbol für Menschen, die sich bei der Arbeit nicht schmutzig machen müssen. Im englischen Sprachraum ist der Begriff »white-collar worker« noch immer ein Synonym für Büroangestellte.

Unser Vertrauen in die Reinheit, Sauberkeit und Makellosigkeit weißer Objekte ist so groß, dass wir heute meist völlig sorglos damit umgehen. Doch diese Farbpräferenz fordert einen hohen Preis! Unzählige Baumaterialien, Gebrauchsgüter, Farbstoffe, Kunststoffe, Papiere, Kosmetika und Lebensmittel erhalten ihre weiße Farbe durch das Pigment Titandioxid. Dieses Farbmittel ist zudem als optischer Aufheller bei Anstrichmitteln, Waschmitteln und Textilien in Gebrauch. Titanoxid wird auch als Lebensmittelfarbstoff mit dem Kürzel E 171 in vielen Produkten wie Eis, Zahnpasta und Käse eingesetzt. Der immer noch stark ansteigende Jahresverbrauch von Titandioxid wird weltweit auf etwa neun Millionen Tonnen geschätzt.[6] Die weißen Nanoteilchen dieses Pigments sind heute an vielen Orten nachweisbar, vom Wasser der Weltmeere bis zu den Organen des menschlichen Körpers, wo sie nur sehr langsam abgebaut werden. Das weitverbreitete Fehlurteil, dass Weiß keine Farbe ist und daher besonders natürlich sein muss, ebnet diesen Praktiken ihren Weg.

Aufgrund dieser Symbolkraft dominiert Weiß auch bei Reinigungs- und Pflegeprodukten sowie Sanitärobjekten und Bädern. Weiß hat sich vor allem dort durchgesetzt, wo wir besondere Anforderungen an die Hygiene stellen. Der Einsatz von Weiß gilt als vertrauensbildende Maßnahme, die daher häufig zur Kennzeichnung von Berufen, Produkten und Orten der Lebensmittel- und Gesundheitswirtschaft eingesetzt wird. Im Krankenhausbetrieb setzte sich ein Bewusstsein für Hygiene erst gegen Ende des 19. Jahrhunderts durch, was seitdem am Weiß der Klinikräume und Arztbekleidung ablesbar ist.

Wolkenweiß

schwebend, mühelos und unerreichbar

Vermutlich haben Sie mehr als einmal gebannt dem Weiß der Wolken zugeschaut, die schwerelos vor dem grenzenlosen Blau dahinziehen. Die Überwindung der Schwerkraft zeigt sich ebenso bei den eleganten Flugmanövern weißer Vögel wie Möwen, Tauben, Schwäne, Gänse und Reiher, die scheinbar mühelos am Himmel schweben. Die Flugbewegungen schwarzer Vögel wirken dagegen kraftvoller, als müssten sie weit mehr Anstrengung dafür aufbringen. Vergleichen Sie das leichte Treiben weißer Schneeflocken oder Pollenschirmchen mit der Schwere eines grauen Ascheregens. Wer darauf nicht warten will, kann auch ein beliebiges Foto mit der Bildkorrektur seines Smartphones aufhellen. Was immer wir aufhellen oder zum Glänzen bringen, wirkt hierdurch leichter als zuvor. Unter allen Farben wirkt reines Weiß am leichtesten, luftigsten und immateriellsten.[7]

In der Natur sorgen unzählige Mikropartikel für eine diffuse Streuung des weißen Sonnenlichts, was Phänomenen wie Wolken, Nebel und Sonnenstrahlen eine geheimnisvolle Strahlkraft verleiht. Dieser sogenannte Tyndall-Effekt verleiht auch anderen Naturphänomenen wie Meereswellen, Stromschnellen und Wasserfällen eine leuchtend weiße Farbe. Schaum besteht aus unzähligen Gasbläschen, in denen das Licht reflektiert und gestreut wird. Wir aktivieren solche Assoziationen heute sehr gezielt, um bei Betrachtern Gefühle wie Leichtigkeit, Schwerelosigkeit und Eleganz hervorzurufen. Weiße Bekleidung ist ideal für Sportarten wie Leichtathletik, Gymnastik und Tanz, da es bewegte Körper mehr als jede andere Farbe zum Schweben bringt. Helle Körper wirken spürbar leichter als dunkle, ein Effekt, der sich in der Bewegung verstärkt.[8]

Weiß ist weltweit die wichtigste Symbolfarbe der Mobilität. Achten Sie auf die Lackfarben von Flugzeugen, Zügen und Autos. Weiß führt immer wieder die Rangliste der beliebtesten Autofarben an und erreicht weltweit einen Anteil von über 30 Prozent.[9] Die Anmutung von Weiß erzeugt nicht nur den Eindruck, dass Fahrzeuge elegant und mühelos dahingleiten, sondern erhöht damit zugleich auch das subjektive Sicherheitsgefühl. Auch in der Schifffahrt dominiert die Symbolfarbe der Leichtigkeit, was sich an der hohen Anzahl weißer Sportboote, Linien- wie Kreuzfahrtschiffe zeigt. Da Reedereien bei Containerschiffen nicht um das Vertrauen der Passagiere werben müssen, sondern vielmehr ihre Pflegekosten im Blick haben, finden Sie hier überwiegend dunklere Farben. Auch Passagierflugzeuge sind überwiegend weiß, obwohl die bunten »Corporate Colors« der Fluggesellschaften weltweit auf dem Vormarsch sind. Im globalen Wettbewerb um Passagiere tritt die Identität der Marke in den Vordergrund, während der Erlebniswert des Fliegens abnimmt. Wo das Fliegen zum Alltag gehört, verliert die atemberaubende Vogelperspektive auf dem strahlend weißen Wolkenteppich ihre Magie.

Uneingeschränkt dominiert Weiß in der Raumfahrt, wo die Farbe einem Milliardenpublikum die Errungenschaften modernster Technik vor Augen führt. Wir sind live dabei, wenn Raketen, Raumfähren und Raumstationen die Schwerkraft der Erde überwinden. Die Anzüge der Astronauten sind ebenso weiß wie die Objekte, die sie in ihrem futuristischen Leben fernab der Erde gebrauchen. Weiß sind auch die Trägerraketen, mit denen wir heute unsere Sonden und Satelliten in den Weltraum bringen.

Die »Ariane« der europäischen Weltraumorganisation ESA, die »Kuaizhou« der chinesischen Weltraumorganisation CNSA oder die »Saturn« der US-amerikanischen Raumfahrtbehörde NASA beweisen, dass die Symbolkraft von Weiß keine kulturellen Grenzen kennt. Weiß kennzeichnet unsere Neugier auf ferne Welten, unbekannte Lebensformen und neue Einsichten. Die Farbe dominiert Darstellungen von Zukunftstechnologien, Fortschrittsvisionen und Science-Fiction.

Schneeweiß

kalt, ruhig und starr

Reine bläuliche Weißtöne wirken nicht nur leichter als alle anderen Farben, sondern auch kälter, frischer und reiner. Dieser Effekt lässt sich vor allem auf die Wirkungen der Naturphänomene Schnee und Eis zurückführen, die im Wechsel der Jahreszeiten mehr als 30 Prozent der Landoberfläche unserer Erde mit einer leuchtend weißen Farbschicht überziehen.[10] Die Kristallstruktur bildet einen gewaltigen Reflektorschirm, der kaum Wärme speichert, da er das energetische Spektrum des Sonnenlichts nahezu vollständig reflektiert. Mit der Berührung von Schnee und Eis dringt uns die kribbelnde Kälte tief unter die Haut. Das frostige Gefühl verstärkt sich, wenn wir die eisige Luft in unseren Lungen spüren, die beim Ausatmen in Form von weißem Nebel kondensiert. Wer diese Wechselwirkungen einmal am eigenen Leibe gespürt hat, bewahrt das Erlebnis winterlicher Kälte zeitlebens im Gedächtnis, wo es sich beim Anblick von Weiß unwillkürlich aktiviert.

Selbst wer Winterkälte noch nie erlebt hat, bemerkt den Zusammenhang spätestens am Symbolgebrauch. Achten Sie auf die Farbe von Kühlschränken, Tiefkühltruhen und Kälteanlagen, die auch in den tropischen Regionen der Erde fast immer weiß sind!

Auch leicht verderbliche Lebensmittel wie Milchprodukte werden deshalb häufig mit weißen Verpackungen gekennzeichnet. Dieser Frischeeffekt lässt sich durch eine helle kaltweiße Produktbeleuchtung nochmals steigern. Weiß gekennzeichnete Produkte wirken nicht nur kühler und frischer, sondern auch haltbarer. Transparenz-, Glimmer- und Glanzeffekte verleihen reinen Weißtönen eine besonders frostige Note.

Brillante Weißtöne bezeichnen wir in Assoziation zu den Eiswüsten der Erde als Polarweiß. Durch ihre hohe Farbtiefe reflektieren sie Licht ganz ähnlich wie Schneekristalle, die unzählige kleine Spiegel bilden. Der Ursprung unserer Kälteempfindungen wird noch deutlicher, wenn wir Weiß in Kombination mit Blau und Türkis einsetzen. Zweiklänge von Polarweiß mit Gletschertürkis oder Schneeweiß mit Himmelblau sind häufig in Gebrauch, wenn Eigenschaften wie Erfrischung, Kühlung und Reinheit vermittelt werden sollen. Denken Sie an Mineralwasser, Erfrischungsgetränke, Pools und Bäder.

Wo die Sonne heiß vom Himmel scheint, sorgen weiße Oberflächen durch ihren hohen Reflexionsgrad besonders effektiv für Kühlung. Da sich diese Farbe kaum aufheizt und damit ein einfaches Verfahren zur Klimatisierung des Innenraums bietet, sind weiße Oberflächen ideal für die Architektur tropischer und subtropischer Weltregionen. Das Bild kalkweißer Kuben unter blauem Himmel, das das traditionelle Bild der Regionen rund um das Mittelmeer prägt, hat die Architektur der Moderne nachhaltig beeinflusst. Bedeutende Vertreter der Avantgarde wie Adolf Loos und Le Corbusier begeisterten sich für die perfekt angepasste Farb- und Formensprache auf der Inselgruppe der griechischen Kykladen, die wir noch heute für ihre blau-weißen Siedlungen bewundern. Was unter diesen klimatischen Verhältnissen perfekt funktioniert, sorgt in deutlich kühleren und düsteren Weltregionen spürbar für Probleme. Wo Menschen aufgrund des Klimas häufig Schutz vor Kälte suchen müssen, wirken weiße Oberflächen und kaltweißes Licht kontraproduktiv. Reinweiße

Oberflächen wie bläulich weißes Licht fördern Kältegefühle und behindern hierdurch den Entspannungsprozess und die körperliche Regeneration.[11] Schneebedeckte Landschaften, reglose Bäume, zugefrorene Seen und Flüsse wirken nicht nur winterlich kalt, sondern zugleich auch leblos, künstlich und starr. Die kühle Atmosphäre lichtweißer Räume hemmt soziale Interaktionen. Der Effekt tritt ebenso auf, wenn wir reinweiße Kleidung tragen. Wenn Sie die positiven Effekte von Weiß nutzen möchten, dann tönen Sie die Farbe einfach etwas ab. Durch die Zugabe warmer Farbakzente wie Rot, Orange, Gelb oder Braun verschwinden die unangenehmen Kälteempfindungen, während der Aufhellungseffekt weitgehend erhalten bleibt.

Mit dem Einbruch winterlicher Kälte verschwindet die Farbenvielfalt in Flora und Fauna. Frost duldet weder Blütenfarben noch frisches Grün, das sich bis in die Wurzeln der erstarrten Pflanzenwelt zurückzieht. Durch den hohen Reflexionsgrad der Schnee- und Eisdecke wirken Winterlandschaften immateriell, abstrakt und kontrastreich.

Beim Anblick dieser endlosen monochromen Landschaften ergreifen uns nicht selten Gefühle wie Einsamkeit, Stille und Monotonie. Weiß ist die Symbolfarbe der Leere. Wissenslücken werden häufig als weiße Flecken bezeichnet, was sich auf Objekte wie Landkarten oder unsere Gedächtnisleistungen beziehen kann.

Weiße leere Flächen, Kontraste zwischen Hell und Dunkel, Licht und Schatten, Weißraum und Schrift dominieren auch im Minimalismus. Buntfarben stören das puristische Bild und werden daher stark reduziert oder ganz verbannt. Vor kaltweißem und reinweißem Hintergrund wirken entfärbte Abbildungen von Menschen, Objekten, Räumen und Grafiken schlicht und puristisch, ein Stilmittel, das bis heute sehr erfolgreich in vielen Gestaltungsdisziplinen angewendet wird.

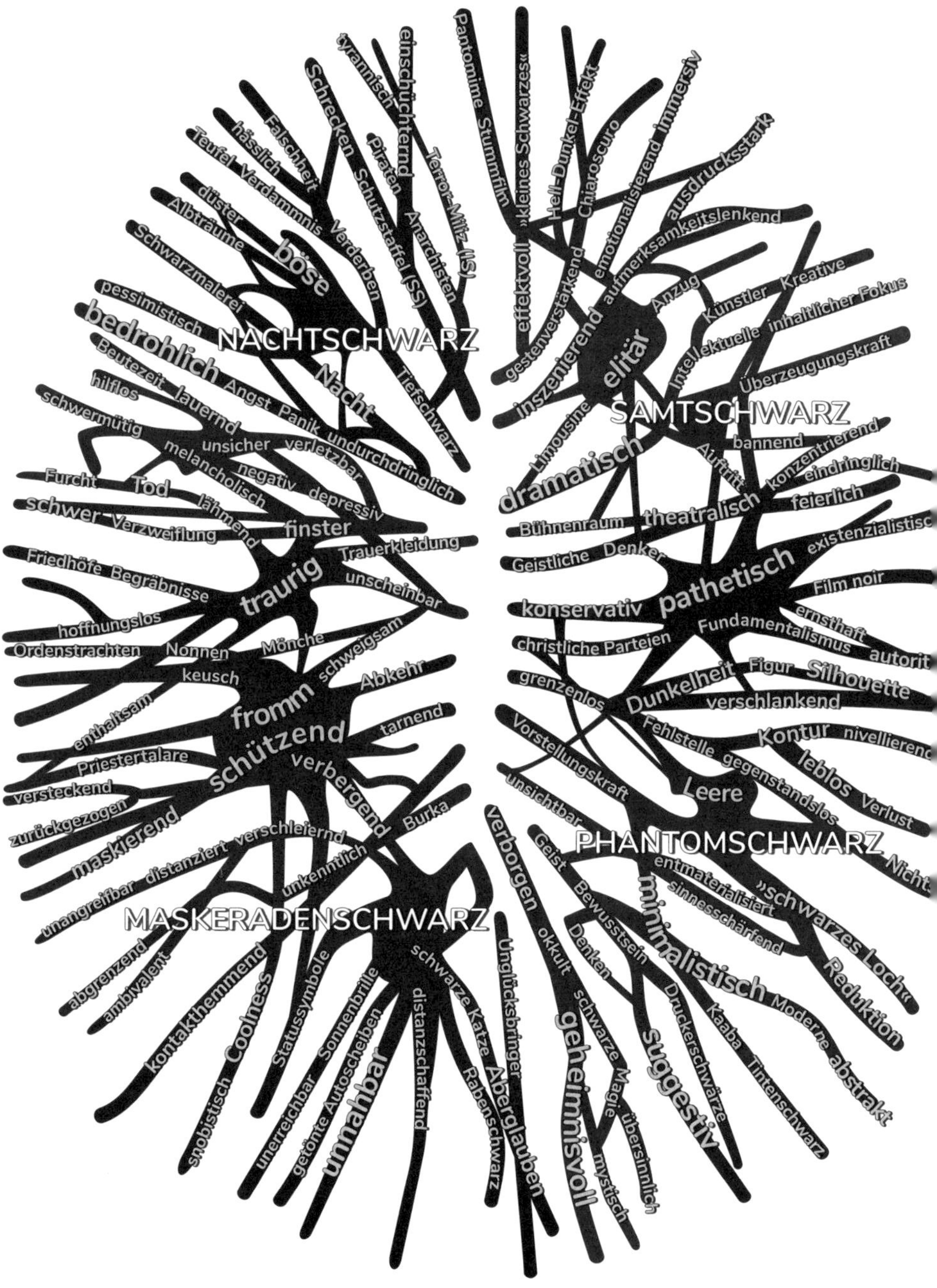

GEDÄCHTNISLANDKARTE SCHWARZ

Symbolbedeutung und Wirkungsspektrum

Schwarz

böse, dramatisch, suggestiv und unnahbar

Nachtschwarz

bedrohlich, böse und traurig

»Und Gott sprach: Es werde Licht! Und es ward Licht. Und Gott sah, dass das Licht gut war. Da schied Gott das Licht von der Finsternis und nannte das Licht Tag und die Finsternis Nacht«, heißt es im 1. Buch Mose.

Alle Sprachen der Welt unterscheiden Naturphänomene wie Licht und Dunkel, Tag und Nacht oder Weiß und Schwarz, die zugleich auch symbolisch besetzt sind. Das Farbwort »Schwarz« definiert sich in vielen Sprachen durch die Abwesenheit des Lichts. Die Dunkelheit bestimmt die Herkunft des lateinischen »niger«, des altnordischen »blakkr«, des altenglischen »blæc« wie des mittelhochdeutschen »swarz«. Wo Licht als Symbol des Guten, Wahren und Schönen dient, kennzeichnet Schwarz das Böse, Falsche und Hässliche. Doch woher stammen diese negativen Assoziationen?

Geburtsblinde Menschen nehmen keine Farben wahr und kennen daher auch kein Schwarz. Etwa 75 Prozent aller erblindeten Menschen versinken hingegen erst einmal in einem »schwarzen Loch«, das sie als dauerhafte Abwesenheit einer lichterfüllten farbigen Welt erleben. Dieser Verlust kann äußerst negative seelische, psychosoziale und körperliche Wirkungen zur Folge haben. Anhaltende Dunkelheit steigert schon nach kurzer Zeit die Produktion des »Schlafhormons« Melatonin. Mit zunehmender

Dunkelheit wächst damit die Müdigkeit, womit zugleich auch die Aufmerksamkeit, Sicherheit und Handlungsmotivation schwinden. Sehfähige Menschen überspielen diesen beängstigenden Zustand häufig noch eine Zeit lang durch den exzessiven Einsatz von Kunstlicht und flimmernden Unterhaltungsmedien. Wir gehören zu den tagaktiven Lebewesen, deren Sinne so stark auf das Informationspotenzial des Lichts ausgerichtet sind, dass sie in der Nacht kaum noch etwas von ihrer Umwelt wahrnehmen.[1] Da wir uns in einer lichtlosen Welt hilflos und verletzbar fühlen, erleben wir jede Form von Dunkelheit als Bedrohung. Unsere Angstgefühle erfüllen einen überlebenswichtigen biologischen Zweck. Nach Einbruch der Dämmerung agieren wir instinktiv vorsichtiger, langsamer und zurückhaltender. Wenn wir uns in der Dunkelheit nicht sicher fühlen, hält uns das Stresshormon Cortisol dauerhaft wach.

Die Dunkelheit ist die Beutezeit nachtaktiver Tiere. Für tagaktive Lebewesen kommt der Tod plötzlich und unerwartet. Der Feind tritt als schockierendes Ereignis aus dem Schwarz der Umgebung hervor, wenn es für Flucht vielleicht schon zu spät ist. Unsere instinktive Furcht vor einem gewaltsamen Tod geht mit Angstgefühlen wie Hilflosigkeit, Beklemmung und Panik einher, die sich unwillkürlich mit der Wahrnehmung von Schwarz verbinden. Durch den Ausfall unseres leistungsfähigsten Sinns, dem Sehen, nehmen wir alle anderen Sinneswahrnehmungen noch viel stärker wahr. Stimmen und Geräusche gewinnen an Bedeutung, sie wirken lauter, näher, intensiver, oftmals sogar bedrohlich. Unvertraute Eindrücke sind häufig nicht mehr interpretierbar, was Unsicherheit bis hin zu lähmender Furcht auslösen kann. In dieser Stimmung sind wir besonders anfällig für ängstliche, traurige und melancholische Gefühle.

Häufige Albträume und Vorstellungen, die von Dunkelheit, Krankheiten und Tod handeln, sind ein Kennzeichen schizophrener Psychosen, die bereits bei kleinen Kindern auftreten können.[2] Forschungen konnten nachweisen, dass dunklere, grauere und bläulichere Instagram-Bilder ein wichtiges Anzeichen nahender Depressionen sind. Je häufiger eine Person diese düsteren Bilder postet, umso wahrscheinlicher wird die Erkrankung.[3] Dieser Zusammenhang zwischen dunklen Farben und einer depressiven Stimmung zeigt sich auch in der metaphorischen Verwendung des Begriffs, etwa beim Schwarzsehen oder Schwarzmalen. Symptomatisch für das Spätwerk vieler berühmter Künstler seien hier die »Black Paintings« des New Yorker Malers Ad Reinhardt genannt, der in den Jahren vor seinem Tod immer wieder dasselbe »formlose, lichtlose, farblose, raumlose, beziehungslose, interessenlose« Motiv auf die Leinwand brachte. Seine schwarzen Bilder stehen symbolisch für die Auslöschung des Künstlers und seiner Malerei.[4] Auch die manisch-depressive Persönlichkeit des Farbfeldmalers Mark Rothko, der sich 1970 in seinem Atelier zwischen seiner letzten Gemäldereihe »Black on Grey« das Leben nahm, spiegelt sich in seinem Werk.[5]

Es gilt festzuhalten: Wenn der Gebrauch von Schwarz bei einem negativ gestimmten oder verschlossenen Menschen ganz plötzlich zunimmt, ist das ein ernst zu nehmender Hinweis auf eine Erkrankung, die professionelle Hilfe erfordert.

In der Kulturgeschichte ist Schwarz häufig die Symbolfarbe des Bösen, das bis in unsere Tage Tod, Verderben und Verdammnis bringt. Diese Bedeutung erlernen wir bereits sehr früh. Ich habe zahlreiche Experimente mit Kindern durchgeführt, die bei der Aufgabe, etwas Hässliches und Böses zu charakterisieren, stets zielsicher zu dunklen und trüben Farben gegriffen haben. In nahezu allen Kulturen und Religionen scheut das Böse das Licht und sucht das Dunkel, wo es unerkannt und überraschend wirken kann. Der personifizierte Tod trägt Schwarz, ganz gleich, ob er als böser Teufel, grauenhafter Mörder oder gewissenloser Anarchist daherkommt. Im Kampf wird das Gute ins helle Licht gerückt, während das Böse aus dem Schatten heraus agiert und dunkler dargestellt wird. In Phasen der Hoffnungslosigkeit und

Verzweiflung wird das Gute vom Dunkel ergriffen und in Bann gehalten. Schwarze Uniformen und Maskierungen sollen Angst und Schrecken verbreiten, bei den Opfern jeden Widerstand lähmen und Unbeteiligte einschüchtern. Schwarz kennzeichnet nicht nur Henker, Piraten und Anarchisten, sondern auch Terrororganisationen wie einst die Schutzstaffel der Nationalsozialisten (SS) oder aktuell die Terrormiliz des Islamischen Staates (IS).

Eine lange kulturgeschichtliche Tradition hat Schwarz auch als Symbolfarbe des Todes. In der christlichen Kultur hat sich Schwarz im 19. Jahrhundert als Trauerfarbe durchgesetzt. Schwarz bezeichnet die Leerstelle, Hilflosigkeit und Verzweiflung, die der Tod eines Angehörigen oder Freundes bei uns zurücklässt. Wenn wir bei Beerdigungen in schwarzer Kleidung erscheinen, zeigen wir den Hinterbliebenen unsere Trauer und Anteilnahme. Schwarze Kleidung wird von Witwen wie Witwern traditionell bis zum Ende der Trauerphase getragen, ein Zeichen, das andere Menschen zu besonderer Rücksicht und Fürsorge mahnt. Die Trauerzeiten variieren stark. In Südeuropa trugen Witwen die Trauerfarbe oft bis an ihr Lebensende, während in Nordeuropa ein Jahr als angemessen galt. An der Rückkehr zu den gewohnten Farben lässt sich gut erkennen, wenn ein Mensch seine persönliche Trauerzeit beendet hat und sich wieder dem Leben zuwenden kann.

Samtschwarz

dramatisch, pathetisch und elitär

Schwarz ist ein Mittel der Dramatisierung. Dunkle Räume lösen bei vielen Menschen Gefühle wie Erregung, Unsicherheit oder Angst aus. Allein die Vorstellung von einem Gang in einen dunklen Keller oder Dachboden kann lähmend wirken. Vor dem Eintritt in einen dunklen Raum erfasst uns ein Zaudern, da jeden Moment etwas Unerwartetes passieren kann. Geht plötzlich ein Licht an, tritt das Ereignis völlig überraschend aus seiner Umgebung hervor. Schwarze Räume eignen sich daher hervorragend als Bühne. Sie bieten optimale Möglichkeiten für theatralische Auftritte, da Inhalte durch gezielte Lichtführung erscheinen, verschwinden oder in Handlungsabläufe integriert werden können. Schwarz fördert das Gefühl der Immersion. Wir tauchen vollständig in die virtuelle Welt und verlieren den Bezug zur Realität. Oft spüren wir nicht einmal mehr unseren Körper. Erst wenn das Licht wieder angeht, merken wir sofort, dass wir immer noch im Theater, Kino oder Konzertsaal sind.

In der barocken Maltechnik des Chiaroscuro wurde die Atmosphäre von Räumen gezielt in tiefschwarzes Dämmerlicht getaucht, um den Bildgegenstand zu dramatisieren.[6] Der Hell-Dunkel-Effekt eignet sich nicht nur für die Kunst, sondern für Inszenierungen aller Art. Schwarz ist ein rhetorisches Mittel, mit dem wir die Überzeugungskraft unserer Persönlichkeit wie unserer Werke und Botschaften gezielt steigern können. Wenn Sie schwarze Kleidung tragen, erhöhen Sie damit die emotionale Wirkung Ihrer Mimik und Gestik, da Ihr Gesicht wie Ihre Hände für andere Menschen stärker in den Fokus rücken. Nicht nur Sie als Rednerin oder Redner wirken ernsthafter, feierlicher und eindringlicher, sondern auch Ihre Botschaften.

Schauen Sie sich die Kunstform der Pantomime an! Die theatralischen Wirkungen schwarzer Anzüge, Kostüme und Talare steigern nicht nur die Autorität der Redner, sondern auch die Bedeutung ihrer Aussagen. Wer hingegen offen, nahbar und sympathisch wirken möchte oder den persönlichen Kontakt zum Publikum sucht, sollte besser ganz auf schwarze Kleidung verzichten und für helles Umgebungslicht sorgen.

Heute ist Schwarz ein Kennzeichen der neuen geistlichen und weltlichen Eliten. Das liegt nicht nur an der theatralischen Wirkung der Farbe, sondern auch an der damit verbundenen kulturgeschichtlichen Tradition. Schwarz tragen wichtige Persönlichkeiten, die gesellschaftlich relevante Dinge zu sagen haben. Was bei den schwarzen Soutanen der Priester begann, setzt sich mit den Talaren der Richter und Professoren fort, die schon an mittelalterlichen Universitäten getragen wurden. Durch die Reformbewegungen der 1960er-Jahre hat sich an den Universitäten eine lockerere Kleiderordnung durchgesetzt, während sich Juristen ihre schwarze Robe bewahrt haben. Schwarz ist die Symbolfarbe der gesellschaftlichen Führungsschicht, die ihren Einfluss von traditionellen Werten wie Bildung, Geld und Macht ableitet. Verantwortungsträger aus Wirtschaft, Kultur und Politik stellen ihre Bedeutung daher bevorzugt durch Statussymbole wie hochwertige schwarze Maßanzüge und schwarze Limousinen zur Schau. Aus gleichem Grund ist Schwarz auch die Symbolfarbe wertkonservativer Parteien, die sich hierdurch zugleich einen religiösen Anstrich geben.

Die aufkommende weibliche Elite nutzte das autoritäre Schwarz seit Beginn des 20. Jahrhunderts auch als Symbol ihres neuen Selbstbewusstseins, mit dem sie männliche Statussymbole besetzt hat. Das lässt sich nirgendwo so deutlich ablesen wie beim »kleinen Schwarzen«, dem elegant geschnittenen schwarzen Etuikleid von Coco Chanel, das als Klassiker in die Modegeschichte einging. Seit Bewegungen wie dem Film noir oder dem Existenzialismus ist Schwarz auch Statusfarbe von Künstlern und Intellektuellen. Was mit Jean-Paul Sartre, Albert Camus und Simone de Beauvoir im Paris der Nachkriegszeit begann, findet bei Kreativen und Denkern der Gegenwart seine Fortsetzung. Legendär sind die Auftritte des Apple-Mitbegründers Steve Jobs, bei den dramatisch perfekt inszenierten Vorstellungen neuer Produkte trug er immer einen schwarzen Rollkragenpullover. Kombiniert mit lässigen Bluejeans und jugendlich weißen Turnschuhen verliert das Schwarz seine väterlich belehrende Autorität.

Wenn Sie bei ersten Dates und Bewerbungsgesprächen als selbstbewusst, kreativ, vertrauenswürdig und intelligent gesehen werden möchten, dann kommen Sie an Schwarz kaum vorbei.[7] Doch Vorsicht, zu viel Schwarz kann wie eine Maskerade wirken! Ich komme gleich darauf zu sprechen.

Phantomschwarz

suggestiv, geheimnisvoll und minimalistisch

Schwarz ist eine Symbolfarbe der äußersten Reduktion und des Minimalismus. In der Dunkelheit sind wir anfälliger für Manipulationen unseres Geistes. Das schwarze »Nichts« fordert unsere Vorstellungskraft heraus, die verzweifelt nach Informationen sucht und jeden dargebotenen Hinweis dankbar annimmt. Wir lesen Bedeutungen, auch wenn nur Andeutungen vorhanden sind, und konstruieren Sinn, selbst wenn wir keine Zusammenhänge erkennen. Wo konkrete Anschauungen fehlen, blühen irrationale Vorstellungen und bedrohliche Fantasien. Schwarz ist die Symbolfarbe des Übersinnlichen und des Okkultismus. Unheil bringende Naturphänomene wie Unwetter, aber auch Praktiken, die nicht mit dem Verstand zu erklären waren, wurden lange Zeit als »schwarze Magie« bezeichnet. Menschen, denen man solche Handlungen zuschrieb, wurden oft als Hexen und Hexer diffamiert und gesellschaftlich ausgegrenzt. In vielen Mythen bewohnen Magier dunkle Wälder und Höhlen, wo man sie an Wahrzeichen wie schwarzen Katzen, Raben und Krähen erkennen kann.

Wir setzen Schwarz jedoch auch gezielt ein, wo wir etwas im Unbestimmten belassen wollen. Die Kaaba in Mekka liefert dafür ein gutes Beispiel. Der schwarze Kubus bildet das zentrale Heiligtum des Islam, dessen Betrachtung bereits als Gebet gilt. Schwarze Brokatvorhänge verhüllen das »Haus Gottes« und entzünden so die Fantasie der Gläubigen. Die Errichtung dieses Heiligtums wird von den Gläubigen bis auf Adam, den Stammvater der Menschheit, zurückgeführt. In Stanley Kubricks Filmklassiker *Odyssee im Weltraum* symbolisiert ein schwarzer Monolith hingegen den intellektuellen Impuls, der uns vom Affen zum Menschen geführt hat. Schwarz ist die Symbolfarbe des menschlichen Geistes und des Denkens, was sich in unserer globalen Zeichenkultur widerspiegelt. Die Kulturgeschichte dieser Farbe beginnt bei den ersten rußschwarzen Höhlenzeichnungen des frühen Menschen und zieht sich über das Tintenschwarz der Schriftrollen und die Druckerschwärze der Printmedien bis zu den digitalen Interfaces der Gegenwart.

Schwarz ist die Symbolfarbe einer Leere, die sich jeder bildlichen Vorstellung entzieht. Das zeigt sich deutlich beim »Vantablack«, das britische Wissenschaftler 2014 für Tarnaufgaben beim Militär entwickelt haben.[8] Das schwärzeste Schwarz der Welt besteht aus Kohlenstoffnanoröhrchen, die 10 000-mal feiner als ein Haar sind und 99,96 Prozent des auftreffenden Lichts absorbieren. Wenn Sie Vantablack auf eine Oberfläche bringen, erzeugen Sie ein optisches Loch, das so verblüffend echt wirkt, dass Sie unweigerlich Ihre Hand hineinstecken möchten.

Als »schwarzes Loch« charakterisieren wir auch ein astrophysisches Naturphänomen, dessen Gravitation so stark ist, dass Materie und Energie zwar hineinfallen, doch niemals wieder heraustreten können. Diese Faszination an der sinnlich spürbaren Leere tiefschwarzer Oberflächen erfasste auch den Suprematisten Kasimir Malewitsch, der bereits 1915 mit seinem Bild »Das schwarze Quadrat« versuchte, dem Thema der Gegenstandslosigkeit maximale Wirkung zu verleihen.

Maskeradenschwarz

unnahbar, schützend und fromm

Tiefe Dunkelheit umgibt uns wie ein schützender Mantel, der uns den Blicken anderer Menschen entzieht. Daher verstecken wir uns auch tagsüber gerne hinter schwarzer Kleidung oder schwarz getönten Scheiben, um persönliche Eigenschaften und geheime Absichten zu verbergen. Der Ausdruck von Unnahbarkeit verleiht Schwarz einen Coolness-Faktor, der bei Sonnenbrillen besonders deutlich zutage tritt. Obwohl uns jeder sieht, kann dennoch niemand wahrnehmen, was wir gerade beobachten. Schwarz lässt uns nicht nur geheimnisvoller, sondern darüber hinaus auch deutlich schlanker und eleganter erscheinen. Wenn sich keine Schatten auf der Kleidung bilden, fallen störende Rundungen deutlich weniger auf. Dieses Versteckspiel stärkt zugleich den Reiz des Verborgenen. Selbst Ganzkörperverschleierungen wie die schwarze Burka senden geheime Botschaften aus, die Menschen völlig unterschiedlich wahrnehmen. Wer von Geburt an mit dieser kulturellen Praxis vertraut ist, fühlt sich davon keineswegs verschreckt. Schon das Tragen hoher Schuhe oder das Erhaschen eines Augenaufschlags reicht aus, um die Fantasie der Betrachter zu entzünden. Bei »nicht eingeweihten« Betrachtern erzeugt Schwarz jedoch ganz andere Gefühle wie Unnahbarkeit, Abkehr und Distanz.

Auch christliche Reformatoren wie Savonarola, Luther oder Calvin lehnten bunte Farben kategorisch ab. Kleidung und Haus der vom Sündenfall befleckten Menschen sollten maßvoll, dezent und schmucklos gestaltet sein. Als Symbolfarbe der Frömmigkeit und Enthaltsamkeit taugte ihrer Ansicht nach nur das Schwarz.

Die schwarzen Soutanen, Kutten und Talare geistlicher Würdenträger stellen eine große Distanz zu anderen Menschen her. Eremiten, Mönche und Nonnen bekräftigen durch schwarze Bekleidung ihre weltabgewandte Beziehung zu Gott, die mit einer keuschen, schweigsamen und zurückgezogenen Lebenseinstellung einhergeht. Nicht nur Priester, sondern auch Rabbiner tragen schwarze Kaftane, über die sie beim Gebet ihren weißen Tallit legen. Bei konservativen oder strenggläubigen Juden ist auch die Kopfbedeckung (Kippa) schwarz, während bunte Farben auf eine modernere Haltung zum Glauben schließen lassen. Auch Imame tragen häufig Schwarz, obwohl es im Islam keine Kleidervorschriften gibt. Es ist überliefert, dass Aischa, eine der zehn Frauen des islamischen Propheten Mohammed, für den Gesandten Allahs einen schwarzen Mantel (Burdah) anfertigte. Orthodoxe Juden, Christen und Muslime tragen Schwarz als Zeichen ihrer Rechtgläubigkeit. Sie stellen ihre strenge Haltung zum Glauben demonstrativ zur Schau, um sich von offenen gesellschaftlichen Strömungen abzugrenzen. Wer gerne Schwarz trägt, braucht Distanz zu seinen Mitmenschen.

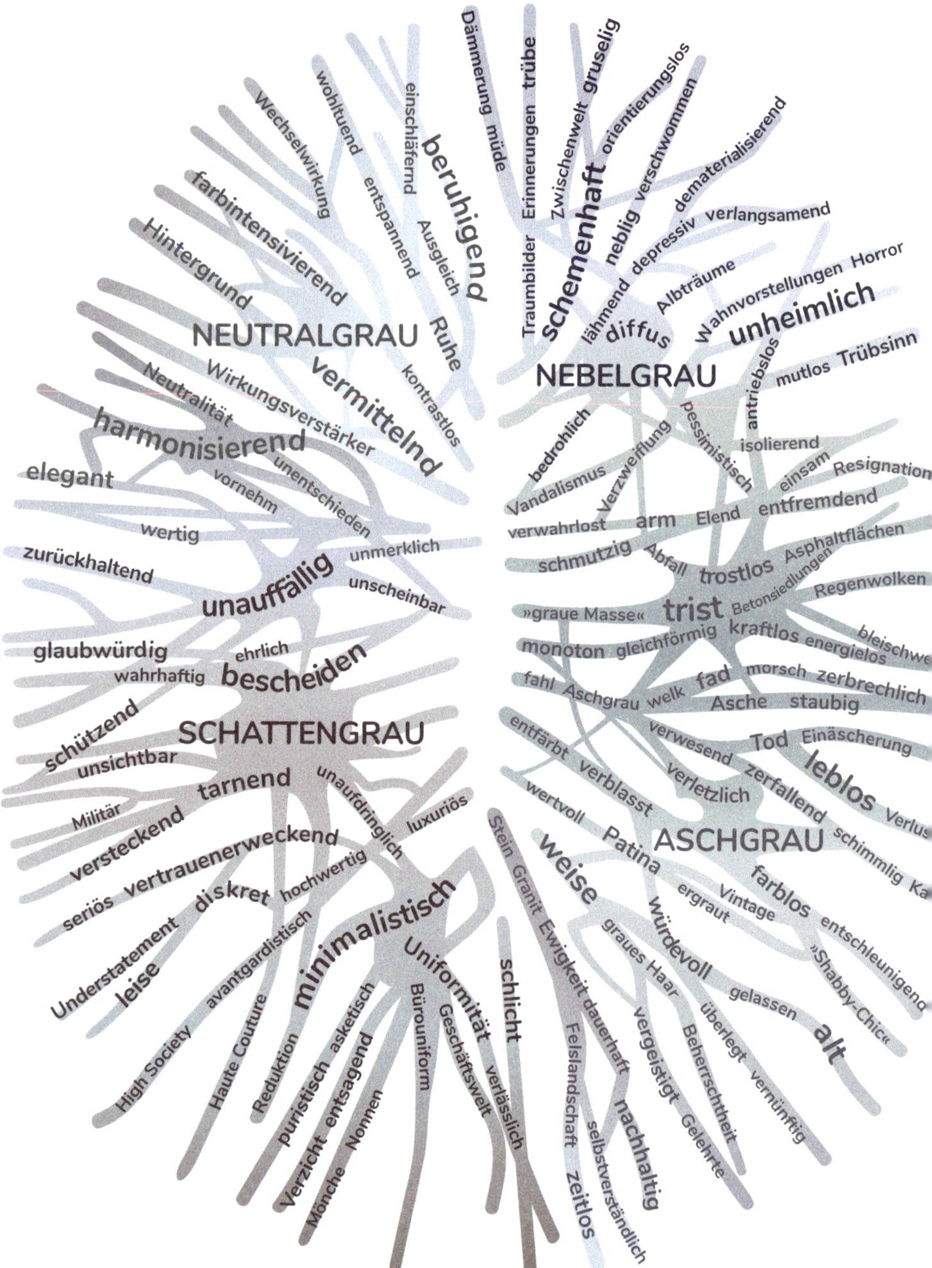

GEDÄCHTNISLANDKARTE GRAU

Symbolbedeutung und Wirkungsspektrum

Grau
vermittelnd, bescheiden, trist und alt

Neutralgrau
vermittelnd, beruhigend und harmonisierend

Welche Farbe nehmen Sie wahr, wenn Sie für einen Moment Ihre Augen schließen? Sobald kein äußerer Lichtreiz mehr an Ihre Netzhaut vordringt, erzeugen unkontrollierbare anhaltende Augenbewegungen wie Mikrosakkaden einen schimmernden mittleren Grauton. Diese Aktivitäten verfolgen uns bis in die Träume. Besonders aktiv träumen wir in der »Rapid Eye Movement (REM)«-Schlafphase, durch die wir unsere inneren Bilder zum Leben erwecken. Das ist auch der Grund, warum irreale Ereignisse wie Träume, Wahnvorstellungen und Erinnerungen im Film häufig grau dargestellt werden. Richtig »schwarz vor Augen« wird uns erst an der Schwelle zur Ohnmacht. Manche Menschen kennen den Farbeindruck von kurzzeitigen Kreislaufschwächen, die auftreten können, wenn wir uns aus dem Liegen zu schnell aufrichten. Wenn wir hingegen beim Einschlafen unsere Augen schließen, wirkt das innere warmgraue Licht angenehm beruhigend und einschläfernd. Vollständig verdunkelte Räume wirken im Vergleich deutlich düsterer und bedrohlicher. Also lassen Sie Ihre Augen besser geschlossen, wenn Sie angstfrei in den Schlaf kommen wollen!

Grau ist die Symbolfarbe der Dämmerung, ein Naturphänomen, das zwischen der Helligkeit des Tages und der nächtlichen Dunkelheit vermittelt. Die Herkunft des Farbworts »Grau« ist genauso mehrdeutig wie die Farbe. Mal wird es auf das Schimmern und Glänzen des ersten Tageslichts zurückgeführt, ein andermal bezieht es sich auf Alterserscheinungen. Farbworte wie das deutsche »Grau«, das englische »grey«, das niederländische »gra« oder das französische wie spanische »gris« gehen auf dieselbe Sprachwurzel zurück, die nicht ganz eindeutig geklärt ist. Manche Sprachforscher sehen den Ursprung im mittelhochdeutschen »gräwen«, das Naturphänomene wie Dämmern und Altern vereint. Andere bevorzugen das protogermanische »grisja«, das sich bis heute im Isländischen erhalten hat, wo es »lichten« bedeutet. Das lateinische »canus« steht nicht nur für Grau, sondern auch für greise, hochbetagte und altehrwürdige Menschen. Diese Mehrdeutigkeit führt dazu, dass sich die Bedeutung von Grau im Kontext der Wahrnehmungssituation stark verändert! Graue Kleidung kann bescheiden und zurückhaltend wirken oder dazu beitragen, dass wir älter und schwächer aussehen.

Es gibt viele wunderbare Grautöne, deren Wirkungen in der Farbgestaltung nicht wegzudenken sind. Am Abtönen von Buntfarben und der Mischung farbiger Grautöne zeigt sich die wahre Meisterschaft. Dämmrige Atmosphären und warme Grautöne, die eine Winzigkeit Rot, Orange, Violett oder Gelb enthalten, wirken beruhigend, entspannend und wohltuend. Sie werden schon seit Jahrhunderten mit großem Erfolg für die Raumgestaltung eingesetzt, um Gefühle wie Wohnlichkeit, Behaglichkeit und Geborgenheit zu fördern. Kühle Grautöne, die etwas Blau, Grün oder Türkis enthalten, wirken hingegen sachlich und fördern die Konzentration. Sie eignen sich daher besonders für Arbeitsräume, in denen Sie mit warmen Farben von Möbeln und Bodenbelägen einen Ausgleich schaffen können, damit es nicht zu unterkühlt wirkt.

Grau ist die biologische Farbe der Mitte, des Neutralen und des Ausgleichs, was sich auch im Symbolgebrauch der Farbe widerspiegelt. Da durch Kombinationen mit Grau keine störenden Kontrastwirkungen auftreten, tritt die Eigenart jedes Farbtons sehr viel deutlicher zum Vorschein. Graue Kleidungsstücke sind daher die Basis jeder anspruchsvollen Garderobe. Wenn Sie zudem noch helle, mittlere und dunkle Grautöne im Kleiderschrank haben, finden Sie für jede Buntfarbe eine harmonische Kombination. Grau ist der Wirkungsverstärker unter den Farben, da es den Charakter, die Leuchtkraft und Reinheit aller Buntfarben intensiviert. Ein Grauton lässt uns immer die Wahl, es schlicht und einfach zu belassen oder Kombinationen mit wechselnden Buntfarben auszuprobieren. Grautöne oder besser noch farbige Grautöne, die einen geringen Anteil aktivierender Buntfarbe enthalten, sind die Klassiker unter den Farben, die den Wechsel unserer Stimmungen, Vorlieben und Moden souverän überstehen.

Schattengrau

bescheiden, unauffällig und minimalistisch

Das Auffälligste am Grau ist der Tarneffekt. Grau ist die Farbe des Schattens, den unser Wahrnehmungssystem zwar unbewusst registriert, dessen Bedeutung es jedoch beharrlich ignoriert. Wenn Sie das prüfen möchten, dann überlegen Sie doch kurz, wie viele Schatten Sie heute bereits bewusst wahrgenommen haben. Was immer wir mit Grau bekleiden, tritt unauffällig in den Hintergrund. Hierdurch wird Grau zur perfekten Tarnfarbe für das Militär, das damit Soldaten, Ausrüstung und ganze Stützpunkte zum Verschwinden bringt. Doch auch in der Geschäftswelt ist eine gute Tarnung sehr gefragt. Der graue Anzug oder das graue Kostüm gehören weltweit zu den beliebtesten Bürouniformen, da man damit unauffällig und bescheiden im Hintergrund bleibt. Bunte Farben fallen in solchen Umgebungen extrem deutlich auf. Das sorgt für Aufmerksamkeit und erzeugt Erklärungsbedarf. Auch Schwarz und Weiß wirken bei Businesskleidung keineswegs neutral, was Sie in den vorangegangenen Kapiteln bereits erfahren haben. Grau hingegen signalisiert Eigenschaften wie Bescheidenheit, Diskretion und Zurückhaltung, die im Kontext der Geschäftswelt hoch geschätzt sind. Wer im grauen Meer der Bürowelten dagegen auffällige Buntfarben trägt, ist wahrscheinlich ein Leader, Außenseiter, Querdenker, Kreativer oder Praktikant.

Die Unaufdringlichkeit von Grau kann auch zu Problemen führen. Die Farbe ist völlig ungeeignet, wenn wir andere Menschen auf uns selbst, ein Objekt oder einen beliebigen Inhalt aufmerksam machen wollen. Grau wirkt wie eine Persönlichkeit, die sehr leise spricht. Unter allen Farben wirkt Grau am unscheinbarsten. Wer häufig Grau trägt, wird nicht nur leichter übersehen, sondern zudem auch unterschätzt. Grau funktioniert besonders gut, wo es sehr laut und bunt zugeht, wie in der Haute Couture, der Medienwelt, bei Messen und Ausstellungen. Wo bunte Werbung um unsere Aufmerksamkeit konkurriert, wirken graue Bilder und Objekte plötzlich interessant und geheimnisvoll. Im Umfeld der Reichen, Mächtigen, Populären und Schönen senkt Grau sogar den Neidfaktor. Im Kontext der High Society wirkt das graue »Understatement« auffällig vornehm, bescheiden und minimalistisch und wird zu einer ganz besonderen Form von Luxus.

Von allen Farben kommt Grau dem Wunsch nach Zurückhaltung und Neutralität am nächsten. Was in seiner Umgebung zu bunt, laut und expressiv wirkt, wird harmonischer, ruhiger und zurückhaltender, wenn man es entfärbt. Der begnadete Maler Gerhard Richter drückte es so aus: »Grau. Es hat schlechthin keine Aussage, es löst weder Gefühle noch Assoziationen aus, es ist eigentlich weder sichtbar noch unsichtbar. Die Unscheinbarkeit macht es so geeignet zu vermitteln, zu veranschaulichen, und zwar in geradezu illusionistischer Weise gleich einem Foto. Und es ist wie keine andere Farbe geeignet, ›nichts‹ zu veranschaulichen.«[1]

Nebelgrau

unheimlich, schemenhaft und trist

Auf depressive Menschen wirkt das Leben trist und grau. Ihre Welt verliert nicht nur die lebensfrohe Buntheit, sondern auch den Kontrast. Alles wirkt gleichsam unterschiedslos und diffus, ein grauer Nebel, aus dem es kein Entrinnen gibt. Der graue Vorhang ist nicht nur ein Sinnbild für negative Gefühle wie Mutlosigkeit, Trübsinn und Weltschmerz, sondern zählt auch zu den nachweisbaren Symptomen einer Depression. Je grauer und kontrastloser ein Mensch seine Umwelt sieht, desto schlimmer ist sein seelischer Zustand. Zwischen der Schwere einer Depression und der Kontrastwahrnehmung besteht ein direkter Zusammenhang.[2] Dieser Effekt wirkt sich auch in umgekehrter Richtung aus. Ein anhaltend grauer Himmel raubt uns nicht nur den Antrieb, sondern fördert zudem auch negative Gedanken und Emotionen. Was Sie dagegen tun können, haben Sie im Kapitel zur Lichttherapie bereits erfahren. Wenn sich mit dem Himmel auch Ihre Stimmung eintrübt, verzichten Sie besser ganz auf Grau. Am besten kämpfen Sie mit hellen fröhlichen Farben gegen das Stimmungstief an.

Für negative Gefühle sorgt auch ein anderes Naturphänomen, dessen unheimliche Erscheinung über Jahrtausende als Vorbote drohenden Unheils wahrgenommen wurde. In der griechischen Mythologie erscheint Dike im Nebel, um die Ungerechten ins Verderben zu bringen. In Goethes Ballade »Erlkönig« ist es ein grauer Nebelstreif, der dem verzweifelten Reiter und seinen sterbenden Sohn schicksalhaft umfängt. Wer das Aufziehen grauer Nebelschleier beobachtet, kann dieses Gefühl sehr gut nachvollziehen. Mit dem Eintauchen in dichte Nebelfronten verlieren wir augenblicklich die Orientierung. Himmel und Erde verschmelzen zu einer diffusen grauen Masse. Menschen, Dinge und Orte tauchen ohne Vorankündigung vor uns auf, um gleich darauf wieder spurlos zu verschwinden. Die gesamte Atmosphäre wirkt schemenhaft und gespenstisch, da der dichte Nebel alle Erscheinungen auf Silhouetten reduziert und Sprache wie Geräusche unterdrückt.

In solchen Situationen, die wir heute vor allem von hochriskanten Autofahrten auf nebligen Straßen kennen, lauern überall Gefahren. Unsere Angst vor dem »Grauen« hat eine biologische Ursache. Die Vergrauung der Umwelt warnt uns vor heraufziehenden Gefahren und sorgt dafür, dass wir uns vorsichtiger verhalten oder sichere Rückzugsorte aufsuchen. Sollten wir dennoch in das Grau eintauchen, ergreift uns unwillkürlich ein lähmendes Gefühl, das jede unserer Aktionen verlangsamt oder ganz zum Erliegen bringt. Wenn wir dieses Angstgefühl ignorieren, kann das unangepasste Verhalten katastrophale Folgen für uns haben, was hohe Unfallzahlen belegen.

Viele Dystopien beginnen daher auch mit der Vorstellung einer neblig grauen Welt, die ein Gefühl des Grauens auslöst. Grau ist der Stoff unserer Albträume, Angstvorstellungen und des Horrors. In dieser ungreifbaren diffusen Zwischenwelt fehlt jeder Bezug zur Realität. Vergangenheit und Gegenwart werden ununterscheidbar. Was längst tot und vorbei war, ist ganz plötzlich wieder lebendig und präsent. Unzählige Gruselromane und Horrorfilme nutzen graue Atmosphären, um Fiktion und Realität glaubhaft zu verschmelzen. Adjektive und Verben wie »grauen«, »grausen«, »grausam« oder »gruseln« haben große Ähnlichkeit mit dem Farbwort »Grau«, obwohl sie etymologisch einem anderen Wortfeld angehören.

Aschgrau

alt, weise und leblos

Gesteine und Felslandschaften gehören zu den ältesten Zeugnissen der Erdgeschichte. Die meisten Hartgesteine wie Granit, Schiefer und Basalt wirken leblos und grau. Druck und Hitze haben bei ihrer Entstehung die Spuren des Lebens ausgelöscht. Weichgesteine wie Marmor, Sand- und Kalkstein wirken dagegen meist deutlich heller, farbiger und lebendiger. Doch an ihnen nagt der Zahn der Zeit, da sie durch Witterung und sauren Regen angegriffen werden. Steingrau begegnet uns nicht nur in der Natur, sondern auch in unseren Siedlungsräumen, wo es Wegen, Straßen und Plätzen festen Halt gibt oder Mauern und Gebäuden Festigkeit verleiht. Grau ist eine Farbe für die Ewigkeit, die sich allen Moden und kurzlebigen Trends entzieht. Die Farbe wirkt so zeitlos, beständig und selbstverständlich, als wäre sie immer schon da gewesen. Was grau ist, altert nicht, sondern ist bereits alt. Neue Fassaden, Wände, Möbel und Accessoires erhalten daher eine künstliche graue Patina, um ein höheres Alter vorzutäuschen. Diesen Trend kennen Sie vermutlich als »Shabby-Chic« oder »Vintage-Look«.

Lebewesen werden nicht steinalt, doch auch sie ergrauen mit der Zeit. Die Vergrauung der gesamten Körperhülle ist ein untrügliches Zeichen des Alters, das an den grauen Haaren von Menschen, den grauen Fell- und Federzeichnungen von Tieren oder dem welken Grau von Pflanzen ablesbar ist. Auch Bäume und Sträucher vergrauen, wenn sie ihr Lebensende erreicht haben. Der braune Zellfarbstoff Lignin gibt dem Holz seine Farbe und Festigkeit. Die Verlangsamung der biologischen Farbstoffproduktion trägt dazu bei, dass Stämme und Äste mit dem Alter grau und morsch werden. Wir würden daher intuitiv graue Äste meiden, wenn wir beim Klettern nach Halt suchen.

Schauen wir uns an, was mit Menschen und Tieren passiert, wenn sie alt und grau werden. Das Zellgewebe bleicht aus, weil der alternde Organismus immer weniger Energie in die Farbstoffproduktion investieren kann. Von den Nachkommen werden die Spuren des Alters als Zeichen der Schwäche ausgelegt, was bei Tieren anhaltende Machtkämpfe auslöst und schließlich den Generationswechsel zur Folge hat. Wir haben dieses biologische Prinzip erfolgreich außer Kraft gesetzt, was die vielen grauen Häupter eindrucksvoll belegen, die zum Kennzeichen unserer Führungseliten geworden sind. Grau ist die Symbolfarbe des Alters, was wir mit positiven Eigenschaften wie Würde, Wahrhaftigkeit und Vertrauen verbinden, aber auch mit negativen wie dem Verlust von Schönheit, Kraft und Vitalität. Menschen wirken im Alter nicht nur grauer und farbloser, sondern gleichermaßen auch fragiler, verletzlicher, müder und friedlicher.

Einige Menschen akzeptieren die Zeichen der Zeit und gehen selbstbewusst damit um. Andere greifen zu Haarfarben und Schminke, um die verräterischen grauen Spuren ihres Alters zu kaschieren. Kosmetische Praktiken wie die Überfärbung ergrauender Haare und das Schminken welker Haut und blasser Lippen wirken tatsächlich wie eine Verjüngungskur. Schätzungen der Kosmetikindustrie geben an, dass in modernen Gesellschaften etwa 50 bis 80 Prozent aller Frauen Haarfärbemittel nutzen.[3] Eine Untersuchung der Universität Kopenhagen hat gezeigt, dass die Quote bei Männern sehr viel geringer ausfällt. Während sich 75 Prozent der Frauen ihre Haare färben, machen lediglich 16 Prozent der Männer davon Gebrauch. Andere Studien belegen, dass grauhaarige Männer auf viele Menschen interessant wirken, was sich bei Frauen nicht im gleichen Maße zeigt.[4] Der Geschlechterunterschied ist sicher kulturell determiniert, lässt sich andererseits auch auf die biologische Tatsache zurückführen, dass die Fruchtbarkeit bei Frauen sehr viel früher als bei Männern nachlässt.[5] Wer sich davon freimacht, kann dem Ergrauen auch eine positive Seite abgewinnen. Ein mit Würde zur Schau gestelltes Grau stärkt die Seriosität, Authentizität und Glaubwürdigkeit der Persönlichkeit, und das ganz unabhängig vom Geschlecht. Grauhaarige Menschen werden deshalb in der Werbung sehr gerne eingesetzt, um das Vertrauen der Zuschauer in Personen, Produkte und Botschaften zu erhöhen.

Doch Grau kennzeichnet nicht nur das Alter, sondern auch den Tod. Mit dem Tod eines Lebewesens beginnt der Zerfallsprozess. Kostbare Farbstoffe, die zuvor noch lebenserhaltende Funktionen im Organismus erfüllt haben, werden jetzt neuen biologischen Aufgaben zugeführt. Was nach dem Tod von Lebewesen bleibt, zerfällt zu grauem Staub. Nichts löscht die Farbspuren des Lebens so schnell und gründlich aus wie eine Verbrennung. Aschgrau kennzeichnet die Endgültigkeit des Todes, das fahle Nichts, was von der restlosen Zerstörung des Körpers bleibt. Feuerbestattungen bzw. Einäscherungen gehören seit der Ur- und Frühgeschichte zu unserer Kultur und sind für alle Weltregionen nachweisbar. Die Asche wurde in Urnen bestattet, um einen Bezugspunkt zu den Verstorbenen zu schaffen. Sie spielt aber auch eine wichtige Rolle im Totenkult. Im Hinduismus wie in vielen vorchristlichen Religionen wird Asche verwendet, um damit Buße zu tun und der Toten zu gedenken. Büßer streuen Asche über ihr Haupt oder leben für einige Zeit in Sack und Asche. Das christliche Bestattungsritual vollzieht die Grablegung Jesu Christi. Der Glaube an die leibliche Auferstehung sieht keinen Widerspruch darin, dass der Mensch nach Aussagen im Alten Testament erst zu Staub werden muss, um daraus wiederauferstehen zu können. Gläubige werden deshalb auch mit einem Aschekreuz gezeichnet. Für den Aschermittwoch der Christen gilt der mahnende Spruch wider jede Überheblichkeit: »Gedenket, dass ihr nichts als Staub und Asche seid und wieder in Staub und Asche zurückkehren werdet.«

Der lateinische Begriff »cultura« bedeutet Pflege. Ohne unsere ständige Fürsorge zerfallen auch unsere kulturellen Errungenschaften schnell wieder zu Staub. Zerfall kommt selten plötzlich. Die Vergrauung beginnt mit der Verwahrlosung prekärer Siedlungsräume, was sich am steigenden Grauanteil bemerkbar macht, den welke Grünanlagen, ausgeblichene Fassaden, leere Asphaltflächen wie herumliegender Müll und Schutt verursachen. Wer es sich leisten kann, flieht vor den grauen Boten des Abstiegs und der Chancenlosigkeit. Im Kontext dieser Elendsquartiere wird Grau weltweit zur Symbolfarbe für Armut und Tristesse.

Positive Lebensgefühle wie Optimismus, Lebensfreude und Stolz werden in den schmutzgrauen Lebenswelten schnell erstickt, wodurch sich Pessimismus, Verzweiflung und Resignation ausbreiten. Die Effekte zunehmender Verwahrlosung lassen sich auch bei Menschen beobachten, die sichtbar von Armut gekennzeichnet sind. Die graue Staub- und Schmutzschicht der Straße legt sich nicht nur über Haut, Haare und Kleidung der Betroffenen, sondern erfasst die gesamte Persönlichkeit. Mit zunehmender Verelendung verschwindet die Individualität, ein Wahrnehmungsphänomen, das dazu führen kann, dass Menschen für Beobachter in einer gesichtslosen »grauen Masse« verschmelzen.[6] Durch diese graue Tarnfarbe wird Armut nahezu unsichtbar, die dennoch fast überall präsent ist. Wir bemerken sie daher oft erst dann, wenn wir ganz direkt damit konfrontiert werden.

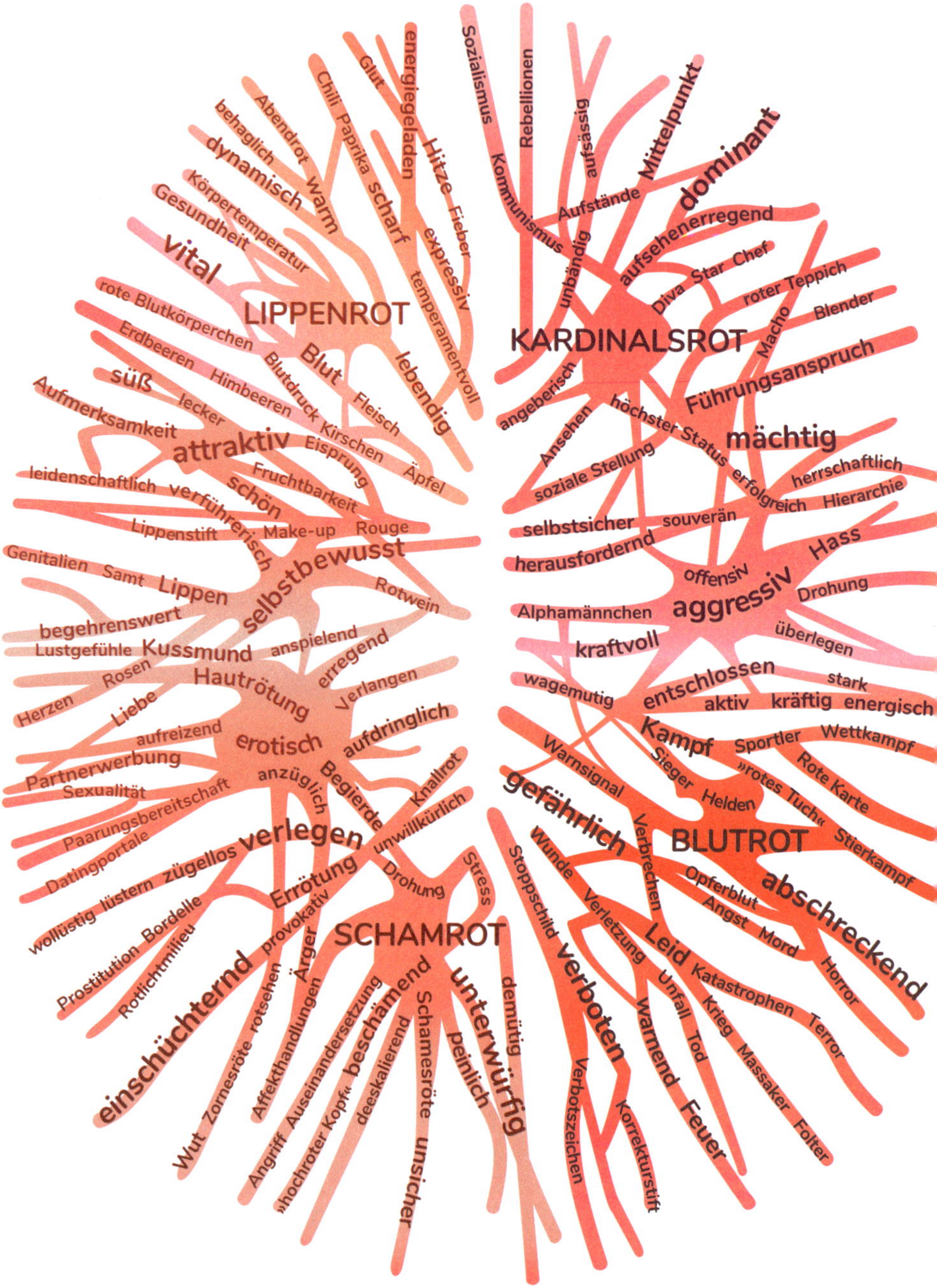

GEDÄCHTNISLANDKARTE ROT

Symbolbedeutung und Wirkungsspektrum

Rot

vital, verlegen, dominant und gefährlich

Lippenrot

vital, attraktiv und selbstbewusst

Keine Buntfarbe hat mehr Bedeutung in den Kulturen der Welt als Rot, die Symbolfarbe des Lebens, der Schönheit und Sexualität. Unter allen Farben erregt Blutrot nicht nur die höchste Aufmerksamkeit, sondern auch die stärksten Emotionen. In der russischen Sprache wurde »krasny«, das Farbwort für Rot, lange Zeit als Synonym für die Schönheit gebraucht. Einer der bekanntesten Orte der Welt, der »Rote Platz« von Moskau, war immer auch der »Schöne Platz«. Nach Hell und Dunkel ist Rot das erste Farbwort, das Eingang in die Vielfalt unserer Sprachen fand. Der Ursprung des Farbworts leitet sich häufig direkt vom Blut oder der damit verbundenen Hautrötung ab, was sich am altindischen »rudhiráḥ« oder altgriechischen »erythrós« zeigt. Rote Blutkörperchen bezeichnen wir daher auch als Erythrozyten.

Dass »rōt« im Mittelalter auch Eigenschaften wie listig und falsch bezeichnete, steht dazu nicht im Widerspruch, sondern belegt lediglich folgenreiche Veränderungen der christlichen Moralvorstellungen. Nicht nur Wollust und Eitelkeit, sondern bereits die Anspielung auf das natürliche Bedürfnis nach Sexualität war den Eiferern ein Graus. Der Verräter Judas war auf zeitgenössischen Darstellungen bald ebenso an seinen roten Haaren zu erkennen wie die nordischen Götter Thor und Odin, deren Anbetung als Ketzerei verdammt wurde. Selbst der Teufel wurde immer häufiger in Rot dargestellt. Besonders schlimm betroffen von diesem Stigma waren rothaarige Frauen, denen pauschal sündige Eigenschaften wie Wollust, Enthemmung und Lüsternheit unterstellt wurden. In den berüchtigten Hexenprozessen galt Rothaarigkeit als Indiz für einen Teufelspakt.

Für die Attraktivität von Rot gibt es einen einfachen biologischen Grund. Die Rötung der Gesichtshaut, Ohren, Lippen, des Gesäßes und der Genitalien ist bei vielen Primaten ein starkes biologisches Fruchtbarkeitssignal, das dem anderen Geschlecht die sexuelle Erregung und Paarungsbereitschaft potenzieller Partner anzeigt. Besonders deutlich ist dieses Zeichen bei Pavian-Weibchen zu sehen, bei denen die knallrote Schwellung der unbehaarten Gesäßregion auf hormonelle Ursachen wie den nahenden Eisprung verweist.[1] Das rote Farbsignal versetzt die männlichen Artgenossen in höchste Erregung. Das Gehirn der Primaten schüttet Sexualhormone aus, die unwillkürliche Reaktionen wie Werbeaktivitäten und Konkurrenzkämpfe auslösen. Züchtiges Verhalten ist da nicht zu erwarten.

Beim Menschen löst Rot vergleichbare hormonelle Wirkungen aus, wobei Unterschiede zwischen den Geschlechtern bestehen. Für die sexuelle Stimulation und Errötung des Mannes sind Androgene zuständig. Die männliche Erektion wird von denselben Botenstoffen gesteuert, die auch für den »sex flush« beim Orgasmus verantwortlich sind. Östrogene und Gestagene sorgen für die Errötung der weiblichen Haut, die sich besonders deutlich an Wangen, Lippen und Schamlippen abzeichnet. Die Stärke der Errötung nimmt mit dem Alter ab. Am häufigsten erröten junge Mädchen, eine Wirkung, die als Zeichen der Unschuld bewertet wird.[2] In der Phase ihres Eisprungs senden Frauen eine ganze Reihe sexueller Signale. Sie erröten nicht nur schneller und häufiger, sondern sie duften und sprechen anders, bewegen sich verführerischer, sie geben mehr Geld für ihre Kleidung aus, ziehen sich aufreizender an und verbringen mehr Zeit mit Schönheitsprozeduren.[3] Die permanente Rötung der Gesichtshaut von

Frauen während der Lutealphase bleibt jedoch so schwach, dass sie in Testsituationen lediglich unbewusst wahrgenommen wird.[4] Doch auch dafür gibt es eine Lösung, denn Frauen ziehen sich in dieser Phase häufiger Rot und Rosa an.[5] Eine deutliche Gesichtsrötung ist hingegen wahrnehmbar, wenn Frauen einem attraktiven Partner begegnen. Bleibt die Errötung aus, hat der Bewerber keine Chance. Kühle Blässe ist ein sicheres Zeichen der Zurückweisung.

Der Rötungseffekt steigert sich durch die Einwirkung warmer Lichtquellen, weshalb Sonnenauf- und -untergänge wie offenes Feuer und Kerzen zuverlässig für romantische Stimmung sorgen. Liebe braucht keine Worte. Allein die Rötung lässt Menschen erregter, attraktiver und begehrenswerter erscheinen, ein Effekt, der bei jeder Hautfarbe wahrnehmbar ist. Körperbemalungen wie Rouge und Lippenstift sorgen dafür, dass der Rötungseffekt besonders deutlich zu sehen ist. Besonders erotisierend wirken rote Kleidungsstücke und Schuhe aus Samt, Seide, Leder und Gummi, die allesamt assoziative Bezüge zur erregten menschlichen Haut aufweisen. Liebesbotschaften lassen sich auch symbolisch übermitteln, wie durch rote Herzen, Kussmünder oder Rosen. William Shakespeare erwähnte diese Symbolik bereits in einem Sonett: »Ich sah wohl rote Rosen – Damaszener, rote, weiße, doch seh ich solche Rosen nicht auf ihren Wangen …«[6]

Doch die Verführungskraft von Rot war schon sehr viel früher bekannt. Der älteste gefundene Lippenstift wurde in der sumerischen Stadt Ur entdeckt, deren Reste im heutigen Irak zu finden sind. Die roten Ockerpigmente, die mit Honig oder Öl verrieben wurden, sind mehr als 5000 Jahre alt.[7] Im Hohelied Salomos der Bibel werden die Söhne der Israeliten deshalb auch vor dem sündigen Honig gewarnt, der von den scharlachroten Lippen schöner Frauen fließt. Rot ist auch heute noch das Symbol käuflicher Liebe, weil keine andere Farbe in diesem Kontext besser funktioniert. Das Rotlichtmilieu ist überall auf der Welt ein Kennzeichnen für Prostitution. Das frivole Spiel mit der Wollust des Betrachters findet auch an anderen Orten statt. Rot bewirkt eine Sexualisierung des weiblichen Körpers, die auf beide Geschlechter wirkt. Wir müssen uns daher schon zwingen, bei Rot nicht hinzusehen!

Das bestätigt auch die Forschung. Männer finden Frauen im Durchschnitt doppelt so attraktiv, wenn sie deren Bilder vor rotem statt vor weißem Hintergrund bewerten.[8] Untersuchungen von Dating-Webseiten belegen, dass Frauen auf ihren Profilbildern viel häufiger in Rot gekleidet sind, wenn sie es nur auf Bettgeschichten abgesehen haben.[9] Anhalterinnen werden fast doppelt so häufig mitgenommen, wenn sie rote Kleidung tragen.[10] Kellnerinnen, die sich in Rot kleiden oder roten Lippenstift verwenden, erhalten deutlich mehr Trinkgeld.[11] Wer häufig und gerne Rot trägt, hat gelernt, mit den taxierenden Blicken von Männern und Frauen selbstbewusst und souverän umzugehen. Andere wie Diven, Machos und Stars genießen es, damit im Mittelpunkt der allgemeinen Aufmerksamkeit zu stehen.

Schamrot

verlegen, einschüchternd und unterwürfig

Warum werden wir rot vor Scham und scheitern kläglich damit, diese Gefühlsregung zu unterdrücken? Die Rötung der Gesichtshaut ist ein biologisches Farbsignal, das durch die Ausschüttung des Stresshormons Adrenalin eingeleitet wird, was die Herzfrequenz steigert und den Blutdruck erhöht. Die Stärke der Errötung zeigt das Maß unserer emotionalen Erregung. Gesichtsrötungen geschehen unwillkürlich und sind daher besonders glaubwürdige Gesten. Mit der Gesichtsrötung offenbaren wir anderen nicht nur unseren Gefühlszustand, sondern wir ermöglichen es ihnen zudem, unsere damit verbundenen Gedanken und Handlungsabsichten zu erkennen. Durch den Kontext der Erlebnissituation wird klar, ob wir erregt und verliebt, aufgeregt und unsicher, verärgert und wütend oder enthusiastisch und begeistert sind.

Schon Charles Darwin beglückte uns mit einer Theorie des Errötens. Fasziniert und zugleich ratlos wies er darauf hin, dass es sich hierbei um den »eigenartigsten und menschlichsten Ausdruck« handelt.[12] Das Erröten ist in der Tat der einzige Gesichtsausdruck, den wir nicht mit anderen Primaten gemein haben. Doch der Begründer der Evolutionstheorie irrte mit seiner Annahme, dass die Rötung keinen biologischen Zweck hat. Der Psychoanalytiker Sigmund Freud betrachtete die Errötung bereits als »Paarungsruf«, was das komplexe Gefühl jedoch auf seine sexuelle Konnotation reduziert. Unsere Errötung dient nicht allein Werbezwecken, sondern auch der Einschüchterung und Abschreckung potenzieller Feinde, die hierüber unser Aggressionspotenzial und unsere Kampfbereitschaft wahrnehmen.[13] Unser Gehirn analysiert das Aggressionspotenzial eines Gegners in Bruchteilen einer Sekunde und schaltet unwillkürlich auf Angriff oder Flucht. Diese reflexhafte Reaktion unseres zentralen Nervensystems lässt sich an der Drosselung oder Erhöhung der Blutzirkulation ablesen. Aggressive Worte und Gebärden bleiben leere Drohungen, solange sie nicht von einer Errötung der Gesichtsfarbe begleitet werden. Nur wer rot vor Wut wird, meint es ernst. Professionelle Killer wirken im Film nur deshalb eiskalt, weil bei ihnen die Anzeichen emotionaler Erregung fehlen. In der Realität zeugt die blasse Gesichtsfarbe vielmehr von Angstgefühlen, die den Gegner oft erst zum Kampf ermutigen.

Die Gesichtsrötung kann uns auch auf ganz unerwartete Weise helfen, Konfliktsituationen unbeschadet zu überstehen. In 78 Sprachen ist Rot direkt mit dem Gefühl der Scham verbunden. Hinter der Schamesröte verbirgt sich eine perfekte Deeskalationsstrategie, wenn sie vom Betrachter als Zeichen der Demut und Wille zur Unterwerfung empfunden wird.[14] Entscheidend für die Glaubwürdigkeit der Schamesröte sind die anderen Körpersignale wie Gestik, Mimik und Stimme. Der peinliche »hochrote Kopf« wird von denselben Immunbotenstoffen verursacht, die auch an Abwehrreaktionen bei Entzündungen beteiligt sind. Der orbitofrontale Kortex des Gehirns sorgt dafür, dass unsere Schamesröte glaubwürdig wirkt. Wir fühlen uns für einen Moment genauso krank und elend wie bei einer Infektion. Obwohl wir uns nicht hinkauern wie unsere tierischen Leidensgenossen, machen wir dabei eine ebenso unterwürfige Figur.[15] Die Angst vor dem roten Kopf wirkt auf unser Sozialverhalten, da sie uns dazu bewegt, beschämende Anlässe zu vermeiden. Dabei wirkt die Schamesröte auf andere Menschen gar nicht so negativ, wie es uns vorkommt. Das Zeichen unserer Pein aktiviert bei vielen Menschen sehr häufig positive Eigenschaften wie Hilfsbereitschaft und Mitgefühl.[16]

Kardinalsrot

dominant, aggressiv und mächtig

Farben sind ein wirksames Instrument bei der Ausbildung sozialer Hierarchien. Bei vielen Primaten gibt es nur ein dominantes Männchen, das die Gruppe anführt und für den Arterhalt sorgt. Wer sich dagegen auflehnt, muss sich im Kampf bewähren oder die Gruppe verlassen. Die abgestufte Hierarchie in einer Gruppe von Mandrill-Affen lässt sich an den eindrucksvollen Rottönungen der Nase ablesen, die den Rang jedes Männchens bezeichnen.[17] Hierin zeigen sich deutliche Parallelen zu den Alphamännchen unserer Spezies. Untersuchungen haben gezeigt, dass wir eine intensive Gesichtsrötung bei männlichen Artgenossen zuerst als Zeichen der Aggression interpretieren, dann als Zeichen der Dominanz und ganz zuletzt als Zeichen der Attraktivität.[18]

Das sollten Sie bei jeder Farbentscheidung bedenken. Wenn Sie sich einen roten Teppich ins Büro legen, sich für einen roten Dienstwagen entscheiden oder auch nur einen roten Schal tragen, kann die Konkurrenz das als Herausforderung verstehen. Denn Sie signalisieren der Umwelt damit einen Führungsanspruch. Ob die Farbe jemandem gefällt oder nicht, ist in diesem Kontext sekundär. Rot ist die Symbolfarbe der Macht, ein Anspruch, der sich wie ein roter Faden durch die Kulturgeschichte zieht. Körperbemalungen mit roten Erdfarben wie Ocker dienten bereits in den frühesten Stammesgesellschaften als Statussymbol. Die roten Markierungen zeichneten die Erfolge eines Mannes bei der Jagd und im Krieg aus, was einen wirksamen Einfluss auf sein Ansehen und seine soziale Stellung hatte. Die Führung des Stammes fiel somit automatisch an die Fähigsten. Einige Stämme in den abgelegensten Regionen der Erde, wie den Urwäldern Papua-Neuguineas, der Amazonasregion Brasiliens und einigen Territorien Afrikas, pflegen diese Bräuche bis heute.[19] Zu den rituellen Praktiken gehören nicht nur Körperbemalungen mit roten Erdfarben, sondern auch rote Tätowierungen und blutige Ritzungen der Haut. Die Färbung von Textilien war ein weiterer Entwicklungsschritt für die Etablierung sozialer Hierarchien.

Bis zur Erfindung des synthetischen Alizarins im Jahr 1868 waren leuchtend rote Textilien kostbare Luxusprodukte. Zum Rotfärben wurde bis dahin häufig Krapp verwendet, ein pflanzlicher Farbstoff, der seit mehr als 4000 Jahren weltweit in Gebrauch ist. Auch das Indischrot und Türkischrot gehen auf die Verwendung von Färberkrapp zurück. Das Färben besonders reiner und leuchtender Rottöne erforderte einen drei- bis viermonatigen Prozess und war nur auf hochwertigen Textilien wie Baumwolle oder Seide möglich. Solche Kleidungsstücke waren extrem teuer und dienten den gesellschaftlichen Eliten daher auch als Statussymbol. Manche Fürsten erließen sogar Kleiderordnungen mit Farbangaben, deren Einhaltung streng überwacht wurde. Frauen und Kinder waren von diesem Bann kaum betroffen, da sie in patriarchalischen Gesellschaften keine Konkurrenz darstellen. Bei Männern wurden Verstöße hingegen als Zeichen der Auflehnung betrachtet und hart bestraft.

Das macht Rot zur idealen Symbolfarbe für Rebellionen. Doch nicht nur Aufständische, sondern auch politische Ideologen haben diese Wirkung der Farbe Rot erkannt. Schauen Sie sich die Nationalflaggen sozialistischer, kommunistischer und faschistischer Staaten und Parteien an! So unterschiedlich diese Ideologien in der Sache auch sind, beim Kampf um die Macht versammeln sich alle ihre Anhänger unter roten Bannern, da es keine entschlossenere Willensbekundung gibt. Ein rotes Stück Stoff kann eine symbolische Macht entfalten, die Millionen Menschen für eine Sache euphorisiert und sie in einigen Fällen sogar mit Begeisterung in den Tod gehen lässt.[20]

Die Symbolfarbe der Macht ist fester Bestandteil aller Religionen. Der letzte osmanische Kalif Abdülmecid II. ist ebenso an seinem roten Turban und seiner roten Schärpe zu erkennen wie der Dalai-Lama, der die Farbe noch heute trägt. In der Bibel erfahren wir, dass Christus von den römischen Soldaten neben einem Dornenkranz auch einen purpurroten Königsmantel als Zeichen seiner Herrschaft erhielt.[21] Obwohl der Papst heute durch eine weiße Soutane gekennzeichnet ist, trägt er bei Staatsbesuchen einen roten Schulterüberwurf (Mozzetta). 1464 ordnete Papst Paul II. die Verwendung roter Kardinalsmäntel an. Der scharlachrote Hut, das Gewand und die bis zu zwölf Meter lange Schleppe sorgten für einen machtvollen Auftritt der Kirche, der für niemand mehr zu übersehen war.

Anfangs wurde das Kardinalsrot mit dem roten Farbstoff der Kermeslaus hergestellt, ein Verfahren, das bereits im alten Ägypten bekannt war. Mit der Eroberung Mittelamerikas haben die spanischen Konquistadoren die Färbetechniken der Inkas und Azteken entdeckt, die den zwölfmal so stark konzentrierten roten Farbstoff der Cochenille-Laus verwendeten. Der Handel mit Cochenille war für Jahrhunderte ebenso ertragreich für das Königreich Spanien wie die Ausbeutung der Gold- und Silberminen Amerikas.

Blutrot

gefährlich, abschreckend und verboten

»Blut ist ein ganz besonderer Saft«, lässt Goethe seinen Mephistopheles vieldeutig sagen. Blutrot ist ein Symbol der Gefahr, das Angst und Schrecken verbreiten kann. Denken Sie an Kriminalgeschichten, die nicht selten von einem Blutfleck ausgehen, der den Tatort wie den Tathergang markiert. Je mehr Blut vergossen wird, umso brutaler wirkt das Verbrechen. Der Mythos von der Bluttat durchzieht die Kulturgeschichte und lebt bis heute in den Nachrichten fort. Die Authentizität von Berichten über mörderische Unfälle, schreckliche Katastrophen und furchtbare Kriege wird sehr häufig durch Blut bezeugt. In der Nahaufnahme bei gutem Licht sorgen frische blutrote Spuren für maximale Aufmerksamkeit, emotionale Leidenschaft und ziehen die Zuschauer in das Geschehen.

Genauso wirkt auch das rote Tuch des Stierkämpfers. Doch anders, als die meisten Menschen erwarten, ist das rote Tuch nicht an das farbenblinde Tier adressiert, dessen Kampfesmut vor allem durch die Bewegungen des Toreros gereizt wird. Das rote Tuch gilt den Zuschauern, die das Drama mitverfolgen und anschaulich sehen wollen, wie das Opfertier seine Lebenskraft verliert. Sie sind begeistert, wenn das verblutende Tier mutig und heldenhaft gegen seinen unausweichlichen Tod kämpft, der zwar nicht ihm, jedoch seinem Publikum beständig vor Augen steht. Genauso dramatisch wirkten die Todesurteile im Mittelalter, die Richter in roter Tinte ausfertigten, um sie anschließend dem Henker zu übergeben, der sein Amt in einem blutroten Gewand vor einem dankbaren Publikum vollstreckte. Wer »rotsieht«, dem sollte man besser aus dem Weg gehen, da er eine Gefahr für Leib und Leben darstellt.

Äußerste Entschlossenheit signalisiert Rot auch im Sport. Sportler sehen kein Rot, sondern sie profitieren von der Furcht ihrer Gegner und den Emotionen ihrer Fans. Statistische Untersuchungen belegen diesen Effekt.[22] Selbst unscheinbare Finken werden durch eine rote Kennzeichnung plötzlich zu Gewinnertypen. Der Anblick der roten Farbe löst bei den Artgenossen erhebliche Stressreaktionen aus, was dazu führt, dass Konflikte mit diesen Tieren häufiger vermieden werden.[23] Rot bietet uns einen Wettkampfvorteil, der unabhängig von unserer genetischen Ausstattung und unserem Training wirkt. Bei gleichen Voraussetzungen kann Rot der entscheidende Faktor sein.

Im Alltag nutzen wir die abschreckende Wirkung von Rot heute vor allem bei Verbotszeichen. Der weltweite Gebrauch dieser Warnfarbe zeigt, dass Rot kulturunabhängig als Gefahrensymbol funktioniert. Signalrot warnt uns schneller und effizienter als jede andere Farbe vor gesundheitsgefährdenden Risiken. Denken Sie nur an die lebenswichtige Bedeutung roter Ampelsignale, die wir schon im frühen Kindesalter kennenlernen. Doch rote Warnsymbole verwenden wir nicht nur im Straßenverkehr. Mit Rot können wir die meisten Funktionen zum Erliegen bringen, nehmen Sie etwa den roten Notschalter von Maschinen, die rote Notbremse von Verkehrsmitteln oder auch den roten Aus-Schalter elektronischer Geräte als Beispiele. Wer beim Sport die »Rote Karte« gezeigt bekommt, steht ebenso vor dem Aus.

An einigen Stellen kann diese Macht der Farbe Rot auch ganz unerwartete Probleme verursachen. Ein Rotstift wirkt auf den ersten Blick ideal für Korrekturen, da man jede Anmerkung sehr deutlich sieht. Aber: Rot wirkt wie eine Verwarnung. Tests haben gezeigt, dass rote Textkorrekturen sowohl die Bewertung des Inhalts wie auch die Bewertung des Lehrer-Schüler-Verhältnisses negativ beeinflussen.[24] Wenn Sie jemand vor etwas warnen wollen, gibt es keine bessere Farbe als Rot. Wenn Sie der Person jedoch durch Ihre Kritik helfen und sie zu neuen Versuchen ermutigen möchten, rate ich Ihnen zu einem grünen oder blauen Stift. Warum das so ist, erfahren Sie, sobald wir zu diesen Farben kommen. Nur so viel sei hier schon vorgegriffen: Wo Sie neutral bleiben wollen, nehmen Sie den klassischen grauen Bleistift oder seinen digitalen Ersatz.

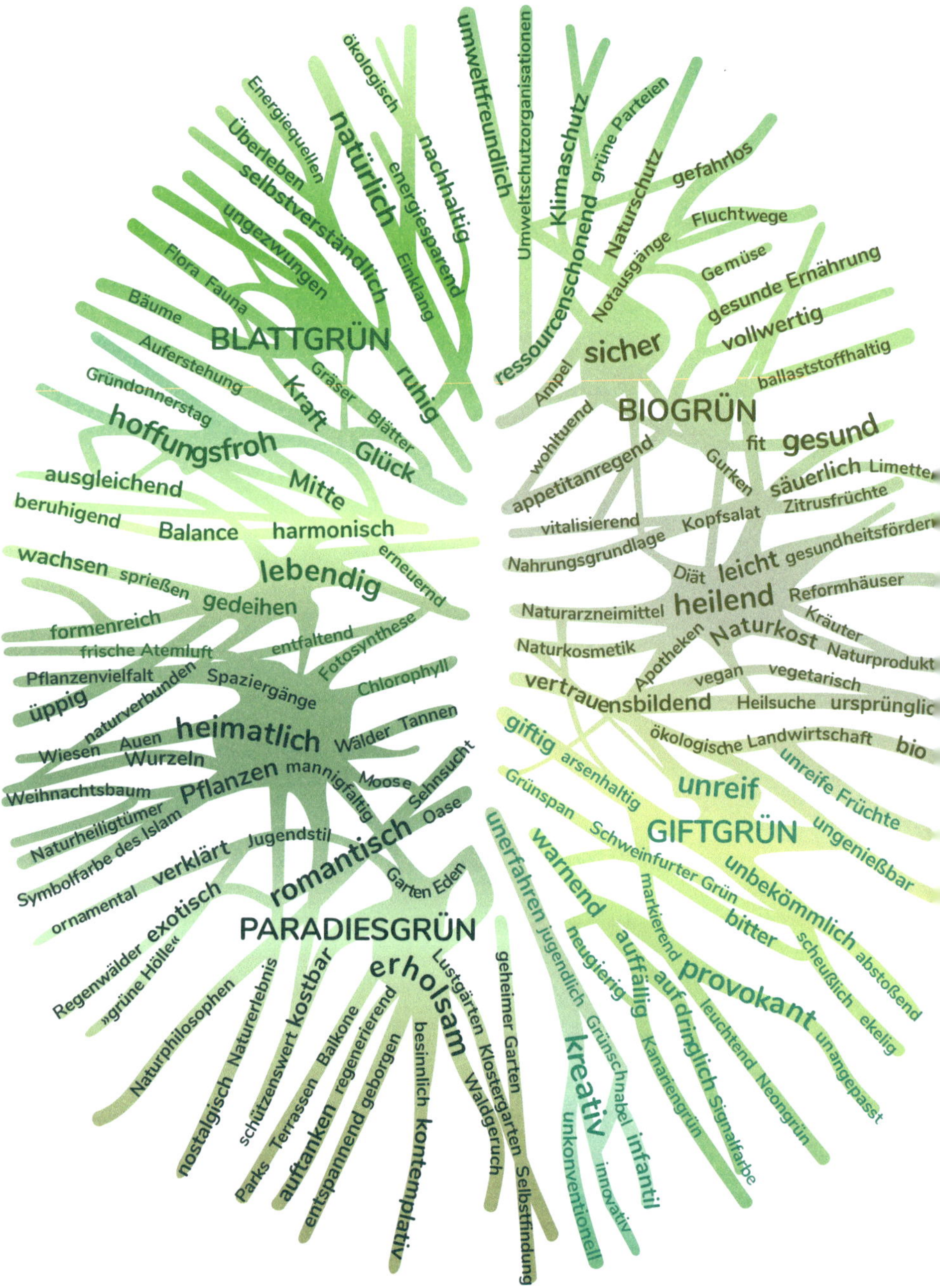

GEDÄCHTNISLANDKARTE GRÜN

Symbolbedeutung und Wirkungsspektrum

Grün

natürlich, gesund, romantisch und unreif

Blattgrün

natürlich, lebendig und hoffnungsfroh

Grün ist die Symbolfarbe des Natürlichen, Wachsenden und Lebendigen. In allen romanischen Sprachen leitet sich »Grün« vom lateinischen »virdis« ab, das zugleich auch für Kraft, Wachstum und Leben steht. Das germanische Farbwort »grōan« bedeutet »sprießen, wachsen und gedeihen«. Das altgriechische Farbwort »chloros« ist hingegen ein Sammelbegriff, der das Farbspektrum zwischen Gelb und Blau vereint. Homer verwendete das Farbwort »chloros« nicht nur für Pflanzen, sondern auch zur Charakterisierung von Gesichtern, Holzkeulen und Honig. Hartnäckige Spekulationen, dass die Völker der Antike kein Grün wahrnehmen konnten oder sogar farbenblind gewesen sind, gehören dennoch in das Reich der Legenden.[1]

Die Römer kannten nicht nur das »virdis«, sondern viele verschiedene Farbbegriffe wie »herbeus« (grasgrün), »glaucus« (graugrün, blaugrün), »prasinus« (lauchgrün) oder »galbinus« (gelbgrün).[2] Mit ihren Grün-Färbetechniken waren sie den Germanen anfangs noch unterlegen, die beständige Grüntöne aus blauen und gelben Farbstoffen mischen konnten. Die gräulichen und blassen Grüntöne der Römer wurden daher vorwiegend von armen Bauern und Taglöhnern getragen. Doch das Weltreich eignete sich nicht nur neue Gebiete, sondern auch neue Kulturtechniken an. Unter dem römischen Kaiser Nero wurde Grün schließlich zur Modefarbe der Oberschicht. Nero kleidete sich nicht nur grün, sondern sammelte auch Smaragde, die er sich zu optischen Gläsern schleifen ließ. Durch diese Frühform der Sonnenbrille konnte er seine Gladiatoren sehr viel schärfer sehen, während sich die blutrote Spur ihrer Taten im Grün-Filter verlor. Dem Smaragd wurde daher auch eine beruhigende Wirkung auf die Augen zugeschrieben, ein Mittel der Farbtherapie, von der Gelehrte bis ins Mittelalter noch Gebrauch machten. Beruhigend wirken auch die grünen Kittel unserer Chirurgen, die sich jedoch erst gegen Ende des 19. Jahrhunderts durchgesetzt haben.

Das grüne Spektrum ist unser größter Farbraum, der mehr als die Hälfte aller sichtbaren Farbtöne umfasst (siehe das Kapitel zur Farbwahrnehmung). Die Farben der pflanzlichen Natur bilden die Grundlage für die Entwicklung unseres visuellen Wahrnehmungssystems. Sie stehen daher untereinander und zu ihrer Umgebung in perfekter Harmonie. Alle Sehzellen unserer Netzhaut registrieren den mittleren Bereich des sichtbaren Lichts. Grün ist das Mittlere, die Farbe des Ausgleichs und der Balance. Die Bedeutung des pflanzlichen Wachstums für das menschliche Leben spiegelt sich auch in unserer Farbkultur. Gottheiten, die für Wachstum und Wiedergeburt zuständig waren, wurden im Altertum häufig grün gekennzeichnet. Vegetationsgottheiten wie der ägyptische Osiris sind daher oft an ihrer grünen Haut oder grünen Bekleidungsstücken und Accessoires erkennbar. Grün wurde ein Glückssymbol, das die Hoffnungen der Menschen auf ungestörtes Wachstum und gute Ernte zum Ausdruck bringt. Wo der Regen ausbleibt und das pflanzliche Wachstum zum Erliegen kommt, zeigt sich der Zusammenhang zwischen Grün und Freude noch heute ganz direkt.

Die Bewohner der gemäßigten und kaltgemäßigten Klimazonen spürten die damit verbundenen Mangelerscheinungen bis vor wenigen Jahrzehnten vor allem im Winter. Schon die Römer schmückten ihre Häuser daher zur Wintersonnenwende mit grünen Lorbeerzweigen, ein Zeichen der Hoffnung in der kargen und lichtarmen Jahreszeit. Im Christentum wurde daraus der immergrüne Weihnachtsbaum. Das Osterfest kennzeichnet den Beginn der Wachstumsperiode, ein Kult, der noch aus vorchristlicher Zeit stammt. Die Fastenzeit endet für Christen am Gründonnerstag, wo in der biblischen Erzählung das letzte Abendmahl Christi stattgefunden hat. Innozenz III., der bedeutendste Papst des Mittelalters, wählte das Grün daher auch für die christliche Liturgie, um das tägliche Leben der Christen mit Hoffnung zu erfüllen. Grün symbolisiert in vielen Kulturen die Hoffnungen der Menschen auf Wachstum, Auferstehung und Neubeginn.

Die Farbe der Hoffnung erscheint im Buddhismus in Form der »Grünen Tara«, die als Retterin und Erlöserin angesehen wird. Meditationen über die Grüne Tara, die zudem auch Liebe und Mitgefühl symbolisiert, sollen negative Energien vertreiben. Heute ist Grün mehr denn je die Symbolfarbe der Hoffnung. Seit den 1970er-Jahren gibt es »grüne Parteien«, »grüne Politik« oder global agierende Umweltorganisationen wie »Greenpeace«. Grün symbolisiert heute Themen wie Natur-, Arten- und Klimaschutz, die heute beinahe tagtäglich an Bedeutung gewinnen. Der Zustand und die Ausdehnung der Grünräume unserer Erde ist heute ein anschaulicher Indikator für die gegenwärtige Lebensqualität, den Klimawandel und die Überlebenschancen künftiger Generationen. Bei den Lieblingsfarben der Deutschen, Chinesen und Amerikaner liegt Grün inzwischen auf Platz 2 und muss sich vorerst nur noch Blau geschlagen geben.

Biogrün
gesund, heilend und sicher

Die Neubewertung der Natur zeigt sich am Aufstieg der Farbe Grün zur globalen Symbolfarbe für Gesundheit, Umweltschonung und Klimaschutz. Ein Megatrend geht heute zu Produkten aus ökologischem Landbau, die inzwischen durch europäische Prüfverfahren geschützt und mit grünen Bio-Siegeln gekennzeichnet sind. Solchermaßen markierte Lebensmittel müssen aus kontrolliertem Anbau stammen, sie dürfen nicht gentechnisch manipuliert werden, Tiere müssen artgerecht gehalten und dürfen nicht mit Antibiotika und Wachstumshormonen behandelt werden. Eine wachsende grüne Bewegung verzichtet aus Gründen wie Gesundheit, Wohlbefinden, Umweltethik und Tierschutz zudem komplett auf fleischliche Nahrung. Zur Kennzeichnung dieser Produkte gibt es heute das V-Label, ein gelber Kreis mit grüner Pflanze und Schrift. Wenn Sie auf dem Label einen frischen apfelgrünen Farbton entdecken, handelt es sich um ein veganes Produkt, während helles Erbsengrün auf vegetarische Produkte verweist. Im Zentrum aller grünen Bewegungen steht nicht allein der Wunsch nach gesunder Ernährung, sondern die Hoffnung auf eine bessere Welt, in der Mensch und Natur wieder miteinander im Einklang sind.

An der steigenden Anzahl grüner Verpackungsfarben und Bio-Siegel lässt sich ablesen, dass energiesparende, ressourcenschonende und nachhaltige Produkte und Produktionsweisen überall auf dem Vormarsch sind. Tests haben gezeigt, dass gelbgrüne Farbtöne in dieser Beziehung besonders glaubwürdig wirken.[3] Wir vertrauen Grün mehr als allen anderen Farben, wenn es um unsere Gesundheit geht. Das gilt auch für die zunehmende Zahl von Nährstoff-Ampeln, bei denen Grün die Gesundheitsverträglichkeit der Inhaltsstoffe signalisiert. Die meisten Apotheken und Reformhäuser der Welt nutzen heute ein grünes Kreuz als Markenzeichen, das die Heilwirkung von Produkten und Therapien betont. Dass es sich dabei keineswegs nur um pflanzliche Wirk- und Inhaltsstoffe handelt, rückt hierdurch in den Hintergrund.

Dass selbst globale Unternehmen die Zeichen der Zeit erkennen, zeigt der US-amerikanische Fast-Food-Konzern McDonald's, der seine Farbmarke seit 2009 schrittweise von Rot auf Grün umstellt. Die Änderung weltbekannter Farbmarken ist ein gewaltiger Kostenfaktor und birgt ein hohes Risiko. Der Vorstand postulierte den Farbwechsel daher auch »als Bekenntnis zur und Respekt vor der Umwelt«.[4]

Grün steht im maximalen Gegensatz zu Rot, was nicht nur auf die physiologischen Wirkungen des Komplementärkontrasts zurückzuführen ist, sondern auch auf die Farbsymbolik. Wo Rot Verletzung und Tod signalisiert, steht Grün für Gesundheit und Leben. Schauen Sie auf die Ampelfarben, die auf Basis gegensätzlicher Wirkungsprinzipien wie Abschreckung und Vertrauen funktionieren. Das intuitive Verständnis der Farbsymbolik ist lebenswichtig, da es unsere Reaktionszeit messbar verkürzt und die Gefahr von Missverständnissen minimiert.

Gesund und wohlbehalten bleibt auch, wer den signalgrünen Piktogrammen folgt, dem internationalen Kennzeichnen für Notausgänge und Fluchtwege.[5] Selbst Länder wie die USA, Kanada oder Australien gehen dazu über, ihre roten »Exit-Kennzeichen« durch grüne Hinweisschilder zu ersetzen, die Menschen aller Kulturen in Gefahrensituationen helfen, ohne jede Überlegung die richtigen Entscheidungen zu treffen. Die Wirksamkeit der Rot-Grün-Symbolik hilft uns auch bei vielen anderen Gelegenheiten, was wir im Alltag kaum bemerken, da sie völlig intuitiv funktioniert. Denken Sie an Ihre Haushalts- und Unterhaltungselektronik, Ihren Fernseher oder Ihr Mobiltelefon. Ein grüner Button beginnt einen Vorgang, den ein roter Button unmissverständlich beendet.

Paradiesgrün

romantisch, heimatlich und erholsam

Der Grünraum ist unsere angestammte Farbheimat. Vor Beginn der Sesshaftigkeit des Menschen nahmen grüne Wälder rund 60 Prozent der Landfläche ein, etwa doppelt so viel wie heute. Hinzu kommt das Grasland, das etwa 15 Prozent der Landoberfläche begrünt. Die größte Palette von Grüntönen findet sich noch immer in den tropischen Regenwaldgebieten, die einst als »grüne Hölle« galten, heute jedoch als »grünes Paradies« wahrgenommen werden. Um den Verlust unserer angestammten grünen Heimat ranken sich zahlreiche Geschichten. Zu den bekanntesten Mythen zählt die alttestamentarische Erzählung von der Vertreibung aus dem lieblichen »Garten Eden«, die Juden, Christen und Muslime vereint. Die Errichtung grüner Paradiesgärten ist jedoch schon sehr viel älter. Legendär sind die »Hängenden Gärten der Semiramis« aus dem alten Babylon, die im Altertum zu den sieben Weltwundern zählten. An den sorgsam eingehegten und gepflegten Gärten aller Welt lässt sich ablesen, wie sehr auch wir uns nach dem Paradies auf Erden sehnen. Dem Typus Klostergarten sieht man seine religiöse Bedeutung direkt an. Gläubige finden darin bis heute eine wohltuende Atmosphäre der Besinnung, Ruhe und Kontemplation.

Nirgendwo jedoch war Grün so wichtig wie in den Wüstenregionen der Erde. Die Bedeutung grüner Oasen spiegelt sich im Symbolgebrauch. Grün symbolisiert hier nicht nur das himmlische Paradies, sondern auch irdische Güter wie Glück, Reichtum und Hoffnung. Der Überlieferung nach war Grün die bevorzugte Kleidungsfarbe des Propheten Mohammed, der einen grünen Turban trug und seine Umgebung mit grünen Textilien ausstatten ließ. Der grüne Turban galt später auch als Zeichen der Erbfolge und prägte die Wappenfarbe vieler Kalifen. So wurde Grün zur heiligen Farbe des Islam. Der Überlieferung nach trugen die Gefolgsleute Mohammeds bei der Eroberung Mekkas im Jahr 630 erstmals ein grünes Banner. Die Nachfolger des Propheten trugen das grüne Banner bei ihren Eroberungskriegen und begründeten damit nicht nur ein riesiges Reich, sondern auch eine Weltreligion. Im Glaubenskrieg tragen viele Kämpfer noch heute grüne Stirnbänder, um nach ihrem Opfertod im »Heiligen Dschihad« sofort ins Paradies einzugehen.[6]

Des einen Erfolge sind des anderen Leid. Die christliche Welt fühlte sich vom Grün in ihrer Existenz bedroht, was der Farbe lange Zeit eine negative Symbolik gab. Im Christentum des Spätmittelalters wurde Grün für Darstellungen des Teufels verwendet. Menschen mit seltenen grünen Augen standen im Verdacht, als Zauberer oder Hexen mit dem Teufel im Bunde zu sein.[7] Das änderte sich erst wieder an der Schwelle zum Industriezeitalter, als Naturphilosophen wie Jean-Jacques Rousseau unserer Sehnsucht nach dem Garten Eden neue Nahrung gaben und ein Gefühl tiefer »Entfremdung« diagnostizierten. Ihr Slogan »Zurück zur Natur« beschreibt das Lebensgefühl des modernen Menschen, der Freiheit, Gleichheit und Brüderlichkeit im Naturzustand sucht. Diese romantische Sehnsucht treibt uns bis heute an. Wir umgeben uns mit pflanzlichem »Grün«, gehen im »Grünen« spazieren oder fahren ins »Grüne«, um loszulassen, aufzutanken und zu regenerieren. Diese grünen Oasen wirken heute kostbar, fragil und schützenswert. Ein Spaziergang im Wald, über Wiesen, Felder und Auen hilft meist sofort, wenn wir auf der Suche nach Ruhe, Erholung und Entspannung sind.

Wo wir dazu keine Gelegenheit haben, wirkt sich selbst der Blick ins »Grüne« noch lindernd auf viele Beschwerden aus. Das Spektrum der Anwendungen beginnt bei Aufmerksamkeitsdefizit- und Hyperaktivitätsstörungen von Kindern (ADHS) und reicht bis hin zu Demenzerscheinungen von Senioren.[8] Jedes Gebäude kann daher ein Gesundheitsbau sein, wenn die Fenster der Aufenthaltsräume den freien Blick auf einen Grünraum ermöglichen.[9] Bei Wandfarben sorgen mineralische Naturpigmente wie »Grüne Erden« schon seit der Antike für Wohnlichkeit, Ruhe und Entspannung. Grün begrenzt den Raum, ohne ihn einzuengen oder zu erdrücken. Doch nicht jeder Grünton sorgt für Wohnlichkeit. Denken Sie bei Ihrer Suche nach wohltuenden wohnlichen Grüntönen an die Atmosphäre eines Waldspaziergangs, die weitgehend von trüben Farbtönen wie Tannengrün, Moosgrün und Flechtengrün geprägt wird. Helle farbgesättigte Grüntöne finden Sie nur dort, wo kein Schatten hinfällt, weshalb sich solche Töne sehr viel besser für die Akzentsetzung eignen. Eine vergleichbare assoziative Wirkung wird genauso dem Waldgeruch zugeschrieben.[10]

Giftgrün

unreif, provokant und kreativ

Man mag es kaum glauben, doch selbst mit Grün können wir sehr viel falsch machen, denn einige grüne Farbstoffe sind entweder giftig oder verweisen auf eine drohende Gefahr. Nehmen Sie Früchte wie grüne Tomaten, Kartoffeln und andere Nachtschattengewächse, die im unreifen Zustand erhebliche Mengen gesundheitsschädliches Solanin enthalten. Diese Pflanzenarten enthalten zudem Geruchs- und Geschmacksstoffe, die ebenfalls abschreckende Wirkungen haben. Wer diese unreifen Früchte einmal gekostet hat, betrachtet giftgrüne Farbtöne fortan mit Misstrauen, Ekel und Ablehnung. Zum Ende des Reifungsprozesses wird der giftgrüne Farbstoff abgebaut, während der Nährwert der Früchte steigt. Wir werden durch leckere gelbe und rote Farbstoffe darauf hingewiesen, dass wir mit der Verbreitung der ausgereiften nahrhaften Samen beginnen können, denn die Pflanzen brauchen hungrige Helfer für ihren Arterhalt.

Bei einigen Fruchtgemüsen wie grünen Bohnen, die im Rohzustand ungenießbar sind, verschwindet das Gift erst durch den Kochprozess. Die darin enthaltene giftige Eiweißverbindung Phasin löst im Rohzustand Kopfschmerzen, Übelkeit und Durchfall aus. Bei diesen Unsicherheiten ist es kaum verwunderlich, dass viele Kinder Speisen allein schon deshalb ablehnen, weil ihnen der grüne Farbton nicht behagt. Schon der Anblick einer Farbe kann im Körper Abwehrmechanismen wie Ekelgefühle und Würgereiz auslösen. Wir sollten diese Anzeichen daher ernst nehmen und weder uns noch andere zum Verzehr solcher Nahrungsmittel drängen.[11]

In anderen Alltagssituationen lässt uns unser Instinkt leider komplett im Stich. Aufgrund ihrer unnachahmlichen Brillanz wirken viele giftige Pigmente wie das als Grünspan bekannte

Kupferacetat oder das Schweinfurter Grün extrem reizvoll. Als man die Leiche des verbannten Kaisers Napoleon Bonaparte untersuchte, um seine Todesursache herauszufinden, wurden erhebliche Arsenspuren in Haaren und Fingernägeln festgestellt. Napoleon wurde nicht vergiftet. Durch das feuchte Klima der Insel St. Helena lösten sich die Arsenbestandteile aus der Tapete, die mit Schweinfurter Grün gestrichen war. Er nahm das Gift über einen längeren Zeitraum mit der Atemluft auf. Schweinfurter Grün war seinerzeit eine der beliebtesten Raumfarben, da es nicht nur wunderschön anzusehen war, sondern die Bewohner auch noch wirksam vor Pilzbefall und Insekten schützte. Die arsenhaltige Farbe war auch als Färbemittel für Textilien, Geschenkpapiere und Kinderspielzeug beliebt. Sogar Backwaren wurden damit gefärbt.

Obwohl Experten und Gesundheitsbehörden Europas jahrzehntelang um die Gefahr dieser Pigmente wussten, dauerte es rund 100 Jahre, bis der brillantgrüne Farbstoff verboten wurde. Der deutsche Chemiker und Schriftsteller Emil Jacobsen berichtete 1868 in Gedichtform von einer grünen Staubwolke, die sich bei einem Tanzvergnügen vom Ballkleid einer Dame löste und ihm tiefe Übelkeit verursachte. Diese luftigen Tüllkleider aus grün gefärbtem Tarlatan waren seinerzeit eine Modeerscheinung, die Fürstenhäuser in ganz Europa erfasste. Warnungen vor diesem hochgefährlichen Vergnügen blieben lange Zeit folgenlos.[12] Nach dem Verbot wurde Schweinfurter Grün bis zur Mitte des 20. Jahrhunderts immer noch als Pflanzenschutzmittel eingesetzt, wo es Landwirten wie Winzern heftige Arsenvergiftungen einbrachte.

Viele Menschen betrachten Kinder und Jugendliche gerne als »Grünschnäbel« und bescheinigen ihnen bei jeder Gelegenheit, dass sie noch »grün hinter ihren Ohren« sind. Nach heutigen Konventionen dürfen junge Menschen diese Eigenschaften auch nach außen zeigen, sich auffällig, unangepasst und neugierig verhalten. Doch Vorsicht! Grellgrüne Modefarben wie Kanariengrün, Apfelgrün oder Neongrün werden häufig nur bei Kindern und Jugendlichen akzeptiert. Beim Eintritt in die Arbeitswelt können offen zur Schau gestellte Eigenschaften wie mangelnde Reife und fehlende Anpassungsfähigkeit zum Problem werden. In kreativen Berufen sind grelle Grüntöne hingegen kein Problem. Provokante Grüntöne sind Symbolfarben einer neuen jungen, kreativen und unangepassten Generation. Tests haben kürzlich sogar gezeigt, dass selbst ein kurzer Blick auf Grün unsere Kreativität fördern kann beim Lösen einer Aufgabe.[13] Mein Tipp: Starren Sie nicht auf eine grüne Wand oder einen grünen Bildschirmhintergrund, sondern gehen Sie besser im Park joggen oder spazieren, wenn Sie Denkblockaden spüren oder auf der Suche nach innovativen Problemlösungen sind.

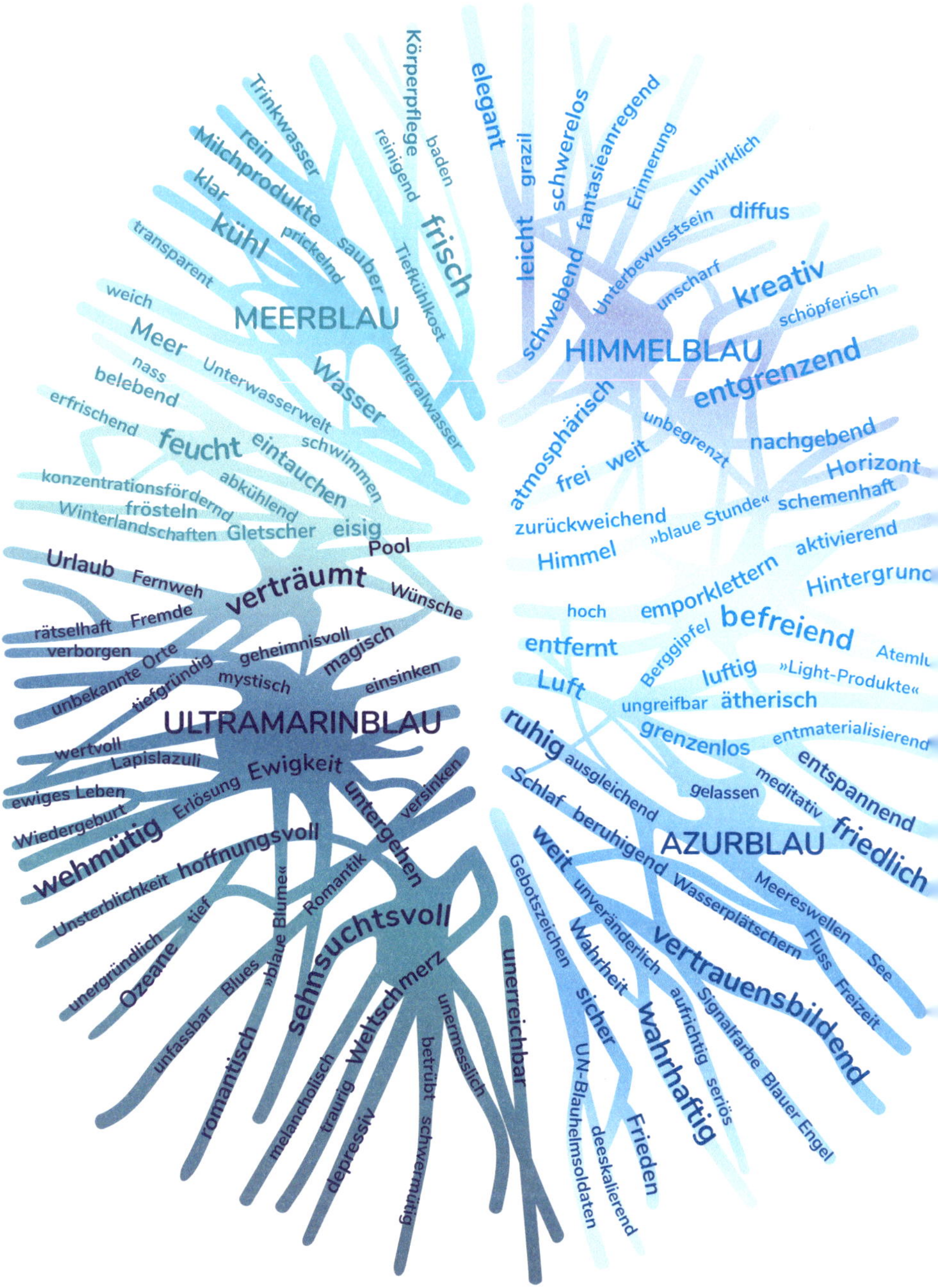

GEDÄCHTNISLANDKARTE BLAU

Symbolbedeutung und Wirkungsspektrum

Blau

wahrhaftig, entgrenzend, wehmütig und kühl

Azurblau

wahrhaftig, friedlich und vertrauensbildend

»Oh, mein Gott! Seht euch das an!« Mit diesem Ausruf reagierten die Astronauten der Apollo-8-Mission im Dezember 1968 auf den ungewohnten Anblick unseres »Blauen Planeten«. Neil Armstrong, der erste Mensch, der den Mond betreten hat, beschreibt sein Erlebnis wie folgt: »Plötzlich wurde mir bewusst, dass diese winzige Erbse, so schön und blau, die Erde war.« In diesem poetischen Bild offenbarte sich die Einzigartigkeit und Schönheit unserer Welt. Vor dem bedrohlichen Schwarz des Universums wirkt das lebendige Blau der Erdatmosphäre unendlich kostbar und verletzlich. Beim Anflug auf die Erde tritt das tiefe Blau der Meere zum Vorschein, das mehr als zwei Drittel der Erdoberfläche einnimmt.

Die Bedeutung der Elemente Luft und Wasser spiegelt sich in unserer Farbkultur. Ägyptisch Blau ist das älteste synthetische Pigment der Welt. Die Ägypter beherrschten das Geheimnis der Farbstoffsynthese bereits vor 4500 Jahren. Das Oberhaupt der altägyptischen Götter, Amun-Re, wurde häufig mit blauer Haut dargestellt. Seine vielsagende Bezeichnung lautete »Hauch des Lebens für alle Dinge«. Ägyptisch Blau findet sich nicht nur auf Tempeldecken, Skulpturen und Sarkophagen, wo es die Mächtigen vergangener Zeiten auf ihrem Weg ins Jenseits begleitete. Unzählige Schriftzeichen und Bilder wurden mit diesem Farbstoff auf Papyrus gemalt. Selbst Kosmetik, Kleidung und Gebrauchskeramik wurden mit Ägyptisch Blau gefärbt. Der Farbstoff, den die Ägypter selbst als »künstliches Lapislazuli« bezeichneten, wurde in alle Regionen der damals bekannten Welt exportiert.

Der echte Lapislazuli wurde hingegen aus einer fernen Region im heutigen Afghanistan importiert. Das extrem kostbare Mineralgestein kennzeichnete bedeutsame Artefakte und hochstehende Persönlichkeiten. Es findet sich auf der goldenen Totenmaske des Pharao Tutanchamun, deren Augenöffnungen mit Lapislazuli gefasst wurden. Interessant ist auch die Etymologie des Farbworts »lazuli«. Das spanische Farbwort »azul« wie das italienische »azzurro«, das arabische »lāzaward« und das persische »lājevard« gehen auf die Farbe des himmelblauen Steins zurück. Das französische »bleu« wie das englische »blue« oder das deutsche »Blau« stammen hingegen vom althochdeutschen »blāo«, das schimmernd und glänzend bedeutet. Im Mittelalter wurde daraus die Farbkategorie »wolkenblā«, ein Himmelblau.

Der blaue Himmel bildet für uns den gewohnten Hintergrund zur Erdoberfläche, die sich als Landschaftsform bis zum Horizont erstreckt.

Blau hat den Charakter einer Lichtfarbe, die uns Räume öffnet und aufgrund ihrer Immaterialität keine Gefahr darstellt. Es gibt daher keine andere Farbe, der wir intuitiv mehr vertrauen. Das unerreichbare Blau entzieht sich jeder Berührung und damit auch unserer Manipulation. Das zeigt sich auch am Symbolgebrauch, wo Blau häufig für Sicherheit, Richtigkeit und Wahrheit steht. Wo immer Unternehmen, Personen und Medien um unser Vertrauen werben, ist Blau der perfekte Hintergrund. Aus diesem Grund nutzen Nachrichtenformate und Onlinedienste häufig Blau als Corporate Color. Blau steht hier jedoch stets in Konkurrenz mit Rot, denn damit werden Unternehmen, Menschen und ihre Botschaften nicht nur häufiger und schneller entdeckt, sie wirken zugleich auch aktueller, emotionaler und unterhaltsamer.

Da Gewalt zwar die Erde verwüsten, doch dem Himmel nichts

anhaben kann, ist Blau auch die perfekte Symbolfarbe für den Frieden. Das Verständnis dieser Symbolwirkungen ist universal. Internationale Institutionen wie die »Vereinten Nationen« (UNO), die Weltgesundheitsorganisation (WHO) oder das Kinderhilfswerk UNICEF haben Blau zu ihrem Markenzeichen gewählt. Sie wollen allen Menschen damit auf den ersten Blick zeigen, dass sie die friedliche und vertrauensvolle Zusammenarbeit zwischen den Völkern fördern. Die UNO sendet heute Friedenstruppen auf internationale Missionen, die vor allem humanitäre Hilfe leisten sollen. Das Erscheinungsbild der sogenannten Blauhelmsoldaten muss überall auf der Welt gleich verstanden werden, da sie das Vertrauen der Bevölkerung brauchen, um ihre Mission zu erfüllen. Blau kennzeichnet daher auch das Friedensprojekt der Europäischen Union, die den kriegsgeplagten Völkern des Kontinents zum ersten Mal eine gemeinsame Identität gegeben hat. Nicht nur die politischen Institutionen der EU, sondern auch die Ordnungskräfte der Polizei sind bald einheitlich mit Blau gekennzeichnet. Blaue Uniformen und Dienstwagen senken die Hemmschwelle zur Kontaktaufnahme und wirken im Konfliktfall deeskalierend.

Was immer wir mit Blau kennzeichnen, dem sollen wir möglichst unbesorgt unser Leben anvertrauen. Blau ist die internationale Standardfarbe für Gebotszeichen, die zu unserer Sicherheit da sind und unser Leben wie unsere Gesundheit schützen sollen. Denken Sie an die Hinweiszeichen, die Ihnen im Straßenverkehr tagtäglich begegnen und denen Sie meist bedenkenlos Ihr Leben anvertrauen. Blau wirkt wie eine vertrauensbildende Maßnahme, die Ängste, Vorbehalte und Misstrauen abbaut. Diese Symbolwirkung hilft uns auch bei der Entscheidung, wem wir unser Geld und unsere Sicherheit anvertrauen, wovon vor allem die Bank- und Versicherungswirtschaft regen Gebrauch macht.

Dieser Vertrauensvorschuss lässt sich auch im Konsumentenverhalten nachweisen. Blau gestaltete Shops regen uns zu größeren Geldausgaben an.[1] Bei der Internet-Suchmaschine Google wurde 2012 ein Test durchgeführt, um die Wirksamkeit von Farben für die Nutzung kommerzieller Links festzustellen. Im Jahr 2013 wurde die Schrift der Suchergebnisse nur noch Blau dargestellt, was dem Unternehmen eine Gewinnsteigerung von rund 200 Millionen Dollar einbrachte.[2] Dieser Erfolg hat sich natürlich schnell herumgesprochen, wodurch Blau zur Standardfarbe für die Anzeige von Suchergebnissen geworden ist. Sehr beliebt ist Blau auch bei Social-Media-Anbietern wie Facebook, Twitter und LinkedIn, denen wir daher meist ohne große Bedenken unsere persönlichsten Geheimnisse anvertrauen.

Himmelblau

entgrenzend, kreativ und befreiend

Der Anblick des blauen Himmels erzeugt ein Gefühl unendlicher Weite, das eine befreiende Wirkung auf Geist und Körper hat. Kein Wunder also, dass diese Übung als Meditationstechnik gilt, die von Millionen Sonnenanbetern rund um die Welt praktiziert wird. Der therapeutische Nutzen des Sonnenlichts ist heute gut erklärbar. Ein Sonnenbad wirkt sich über den Anstieg des Serotoninspiegels positiv auf die emotionale Stimmung und das Körpergefühl aus. Unser Blick findet keinen Halt im weiten Himmelblau, was zusammen mit dem Wärmegefühl zu einer tiefen Entspannung führt und uns vom Stress befreit.

In großen Höhen, die kein Staubpartikel mehr erreicht, erstrahlt der Himmel in besonders reinen, brillanten und leuchtenden Blautönen. Wir erklettern jeden Berggipfel und schwingen uns mit Fluggeräten in luftige Höhen, um das Gefühl grenzenloser Freiheit zu spüren. Der Künstler Yves Klein beanspruchte den blauen Himmel gar als »mein größtes und schönstes Monochrom«. Seine ultramarinblauen Bilder bezeichnete er dagegen als »Fenster in die Unendlichkeit«.[3]

Die befreiende Wirkung von Blau stellt sich auch dann ein,

wenn wir auf das schimmernde Blau der Ozeane, Flüsse und Seen schauen. Die Blautöne von Himmel und Meer bilden einen Zweiklang, der viele Menschen geradezu hypnotisiert. Wenn Sie sich am oder auf dem Meer befinden, dann schauen Sie sich die Körperhaltung von Menschen an, deren Blickrichtung wie eine Kompassnadel auf den Horizont zeigt. Die gewaltige Ausdehnung der Naturphänomene, die unser Blick niemals ganz erfassen kann, erzeugt das Gefühl unendlicher Weite. Zudem fehlt uns jegliche Maßstäblichkeit. Bei keiner anderen Farbe fällt es uns so schwer, Größenverhältnisse und Entfernungen anzugeben.

Diese Wahrnehmungen spiegeln sich in unserer Farbkultur. Assoziationen von Blau mit den Elementen Wasser und Luft lassen den Eindruck einer Oberflächenfarbe verschwinden. Blaue Wände, Decken, Böden und Objekte weichen spürbar vor unserem Blick zurück. Dieser Effekt lässt sich wunderbar nutzen, um enge Räume und Flure zu weiten und niedrige Decken anzuheben. Nur beim Fußboden ist Vorsicht angeraten, denn Blautöne können hier für großes Unbehagen sorgen oder gar Unsicherheit, Desorientierung auslösen. Bei jungen gesunden Menschen bewirken blaue Böden lediglich ein kurzes Zögern, das kaum messbar ist. Für alte und demente Menschen kann diese Verunsicherung jedoch ungewollte Folgen haben. Blaue Fußböden sind psychologische Hemmschwellen, die demente Menschen daran hindern können, ihr Zimmer zu verlassen oder diese Räume zu betreten.

Dieser räumliche Effekt zeigt sich auch deutlich am Bildschirmhintergrund. Wenn Sie das selbst ausprobieren möchten, dann wählen Sie zuerst ein erdiges Braun und wechseln dann zu Himmelblau. Die blaue Hintergrundfarbe können Sie gleich eingestellt lassen, da sie einen positiven Effekt auf Ihre visuell-kognitiven Leistungen am Computer hat.[4] Dieses kühle Licht hilft Ihnen, Ihre Wachheit und Konzentrationsfähigkeit zu verbessern.[5] Durch die Kraft unserer Assoziationen wird jedes Blau sofort zum Hintergrund. Alles, was wir mit anderen Farben darauf malen, beginnt entweder in der lichten blauen Weite zu schweben oder im tiefen Blau zu schwimmen. Denn die Räumlichkeit unserer Bildwelten entsteht erst durch die Verknüpfung der Farbkontraste mit der Erfahrungswelt in unserem Kopf.

Beobachten Sie auch die Wechselwirkungen verschiedener Farben vor blauem Grund! Der Farbklang Blau-Weiß wirkt licht, leicht und heiter, wie Federwolken an einem weiten Sommerhimmel oder ein Segelschiff auf einem endlos blauen Meer. Urlaubswerbung in Blau-Weiß wirkt deshalb wie ein Suchtmittel, das jedes Jahr Millionen von Menschen ans sonnige Meer lockt. Der Farbklang Blau-Weiß wirkt nicht nur aus diesem Grund magisch. Weiße Schrift leuchtet auch sehr viel heller vor blauem Grund und beginnt zu schweben. Jede Botschaft erhält durch diesen Farbklang sofort eine positivere Konnotation.

Noch erstaunlicher aber ist der Effekt, den blau-weiße Kennzeichnungen auf Nahrungsmitteln auslösen. Wir gehen intuitiv davon aus, dass diese Speisen und Getränke kalorienärmer sind. »Light-Produkte« werden daher sehr häufig mit dem Zweiklang Blau-Weiß gekennzeichnet. Viele Kunden vertrauen so stark darauf, dass sie die Angaben zum Fett- und Zuckergehalt gar nicht mehr lesen. Interessant ist in diesem Zusammenhang auch ein Experiment, bei dem Probanden vom gleichen Kaffee aus andersfarbigen Gefäßen trinken mussten. Am stärksten wirkte der Kaffee aus der braunen Tasse, am schwächsten hingegen aus einer gelben. Bei einer roten Tasse erschien das Aroma reicher und voller, in der blauen Tasse hingegen deutlich milder.[6] Blau-Weiß wirkt licht, leicht und luftig.

Ultramarinblau

wehmütig, sehnsuchtsvoll und verträumt

Aus unserer irdischen Perspektive wirken die lichten Blautöne von Himmel und Meer wie Symbole der Ewigkeit. Manchmal ergreift uns bei diesem Anblick ein wehmütiges Gefühl. Blau wird zur Projektionsfläche einer unerfüllbaren Sehnsucht nach Unsterblichkeit. Seit Anbeginn der Kulturgeschichte nährt Blau die Hoffnungen des Menschen auf Wiedergeburt, Erlösung und ewiges Leben. Die unerreichbare blaue Ferne ist zudem der ideale Projektionsort für alle Wünsche, die uns im gegenwärtigen Dasein versagt geblieben sind. Blau ist die Symbolfarbe unserer Sehnsüchte, Hoffnungen und Träume.

Kein Stoff kommt diesem Gefühl näher als das kostbare mineralische Pigment Ultramarin, das aus dem eingangs erwähnten Lapislazuli gewonnen wird. Der lateinische Farbname Ultramarin verweist auf die Herkunft des Pigments, das von »jenseits des Meeres« stammt. Ultramarin leuchtet uns aus den Fenstern vieler gotischer Kathedralen entgegen, wo es das göttliche Licht verbreitet und die sakrale Wirkung des Ortes stärkt. Auch für den Marienkult waren die kostbaren Materialien Gold und Ultramarin sehr begehrt. Niemand und nichts konnte in den Augen der Betrachter neben Maria bestehen, der Mittlerin zwischen Gott und den Menschen. Das Ultramarinblau ihres Mantels verbindet die Vergänglichkeit unseres irdischen Daseins mit der Hoffnung auf Auferstehung im himmlischen Paradies.

Zum Ende des Mittelalters nutzten auch Fürsten und Patrizier zunehmend Blau, um einen symbolischen Bezug zur »Königin des Himmels« herzustellen.[7] Ultramarin ist bis heute so kostbar, dass es kaum mit Gold aufgewogen werden kann. In Verträgen zu bedeutenden Auftragswerken der Malerei wurde die Menge und Verwendung dieses Pigments daher rechtlich bindend festgeschrieben. Auch Papst Julius II. forderte daher ganz selbstverständlich den Einsatz von Gold und Ultramarin für die Bemalung der Sixtinischen Kapelle. Das brachte dem damit beauftragten Künstler Michelangelo ein erhebliches Glaubwürdigkeitsproblem ein. Der Anblick von Ultramarin konterkariert die Bildaussage der von ihm dargestellten Heiligen, die selbst in völlig nacktem Zustand auf keinen Betrachter so wirken, als ob sie irdische Reichtümer verachten würden.[8]

Blau wirkt nicht nur kostbar, sondern schürt unsere Sehnsucht nach allem, was fern, unbekannt und unerreichbar ist. Gefühle wie Wehmut und Traurigkeit finden sich daher auch in poetischen Metaphern wie »to feel blue« oder »I've got the blues«. »Blues« ist eine afroamerikanische Musikrichtung, die von der Traurigkeit der typischen Moll-Klänge lebt, den Blue Notes. Der Blues wurzelt in den Gesängen von Sklaven, welche die Melodik afrikanischer Gesänge aufgegriffen haben, um ihrer Trauer über die unerreichbare Heimat Ausdruck zu verleihen. Der »Winterblues« kennzeichnet hingegen eine depressive Stimmung, an der viele Menschen in den lichtarmen Weltregionen leiden. Blau ist heute ein weltweites Symbol für Weltschmerz, Wehmut und Melancholie. Zum Inbegriff der Sehnsucht wurde Blau in der Romantik. In Novalis' unvollendetem Roman *Heinrich von Ofterdingen,* der eine ganze Literaturepoche geprägt hat, begibt sich der Held auf die Suche nach einer traumhaften »blauen Blume«. Als Goethe 1774 *Die Leiden des jungen Werther* veröffentlichte, löste er damit unter der Jugend Europas eine regelrechte »Werthermanie« aus. Die symbolische blaue Kleidung seines tragischen Romanhelden, der sich wegen einer unerfüllten Liebe das Leben nimmt, wurde als Frack »à la Werther« zu einem europäischen Modetrend.[9]

Meerblau

kühl, frisch und feucht

Wasser selbst ist transparent. Warum wirkt das Meer dann blau? An Spiegelungseffekten liegt es kaum, denn das einfallende Himmelslicht wird von bewegten Wasseroberflächen nur teilweise reflektiert. Prägnante Blautöne entstehen vor allem durch starke Streuungen des kurzwelligen Sonnenlichts an den Wassermolekülen. Trübungen durch Einflüsse der Bewölkung und des Sonnenstandes, aber auch durch Sand und Verunreinigungen nehmen wir daher auch zuerst am Farbwechsel wahr. Heller Sand und Felsen spiegeln das einfallende Licht und erzeugen besonders brillante Blautöne. In flachen Uferzonen und auf Sandbänken entstehen hierdurch exotische Türkisfärbungen. Je tiefer das Meer wird, desto intensiver erscheinen die Blautöne, ein Zusammenhang, der für die Schifffahrt lange Zeit von hohem Nutzen war. Doch das Meer ist nicht nur blau, sondern hat viele Farben. Impressionisten wie Claude Monet haben Ende des 19. Jahrhunderts viel dazu beigetragen, dass wir die mannigfaltige Palette der atmosphärischen Farben heute viel bewusster wahrnehmen.

Wenn wir Bäder und Pools mit meerblauen Farbtönen ausstatten, zitieren wir unsere Erinnerungen an die belebende Kühle und Frische des Meeres, an die Momente der Erholung und Freiheit, die uns im Moment der Begegnung sofort wieder gegenwärtig sind. Diese Assoziationen helfen uns auch bei der Farbauswahl im Alltag. Dunkles Blau wirkt tief und geheimnisvoll, helles Blau hingegen lichter und freundlicher. Durch Trübungen verliert Blau an Tiefe und gewinnt im selben Maß an Wärme und Behaglichkeit. Reine hochgesättigte Blautöne erzeugen eine kühle und frische Atmosphäre, ein Effekt, der sich durch Kombinationen mit Weiß nochmals verstärken lässt. Assoziationen von Kälte, Frische und Feuchtigkeit stellen sich auch in vielen anderen Kontexten ein. Reinigungs- und Pflegeprodukte wirken glaubwürdiger und effektiver, wenn sie blau oder blau-weiß gekennzeichnet sind. Mineralwasserflaschen werden meist aus einem leicht bläulichen Kunststoff hergestellt und haben häufig blaue Etiketten, da der Inhalt hierdurch nicht nur kühler und frischer, sondern auch noch reiner erscheint. Eine Studie konnte zeigen, dass dieses Blau auch der beste Durstlöscher ist.[10]

Das Wasser von Meeren, Flüssen und Seen ist fast immer kühler als unsere Körpertemperatur, was gleichermaßen auch für Pools, Freibäder und Schwimmhallen gilt. Wer einmal darin gebadet hat, bewahrt die leiblichen Erfahrungen des feuchten, kühlen und erfrischenden Elements zeitlebens im Gedächtnis. Wenn Sie das nächste Mal am Ufer stehen und sich nur langsam und vorsichtig ins Wasser trauen, dann denken Sie daran, was Ihr Gehirn gerade mit dem Kreislauf tut. Allein der Anblick einer blauen Wasseroberfläche veranlasst das vegetative Nervensystem zu einer Absenkung des Stoffwechsels und der Körpertemperatur, um uns vor dem erwarteten Kälteschock zu schützen. Wir spüren das kühle blaue Element an der fröstelnden Reaktion unseres Körpers und der aufkommenden Gänsehaut, bevor wir damit in Berührung kommen.

Dieser Kühlungseffekt tritt auch in anderen Situationen auf. Seit mehr als hundert Jahren gilt die sogenannte Farbton-Wärme-Hypothese, nach der das blaue Spektrum kühler als das rote wirkt. In der Wahrnehmungspsychologie wurden seitdem immer wieder Experimente durchgeführt, um diesen Wirkungen auf die Spur zu kommen. Wir können heiße Gefäße länger festhalten, wenn sie blau sind, rote lassen wir hingegen früher los.[11] Beim direkten Vergleich verkehrt sich der Effekt ins Gegenteil. Blaue Oberflächen wirken im Tastvergleich plötzlich wärmer als rote, wenn auch nur um ein halbes Grad Celsius.[12] Sie sehen daran, wie unser Gehirn funktioniert, das unbewusst nach einer plausiblen Erklärung für die Enttäuschung unserer Temperaturerwartung sucht.

Wenn Sie Farben für Aufenthaltsräume bestimmen, dann bedenken Sie diesen Temperatureffekt, der sich nicht nur bei blauen und bläulichen Oberflächenfarben, sondern auch bei Lichtfarben zeigt. Bläulich weiße Lichtfarben bezeichnen wir aus diesem Grund als Kaltweiß. Besonders stark spüren Sie den Kühlungseffekt von Blau im räumlichen Kontext. Der gefühlte Temperaturunterschied zwischen einem blauen und einem roten Raum beträgt im Mittel etwa drei Grad Celsius. In warmen Weltregionen sind blau-weiße Farbklänge hervorragend geeignet, um Aufenthaltsräume optisch zu kühlen. Bei starker Hitze steigern kühle Farben sowie kühles Licht unser Wohlbefinden und sparen zudem Energie und Kosten bei der Klimatisierung. Wenn es draußen kalt wird, können Sie mit warmen Farben nicht nur ein Gefühl von Wärme und Behaglichkeit erzeugen, sondern Sie sparen zudem noch Energie und Heizkosten. Doch auch Blautöne lassen sich anwärmen, wenn Sie diese mit Rot, Orange, Gelb oder Violett abtönen.

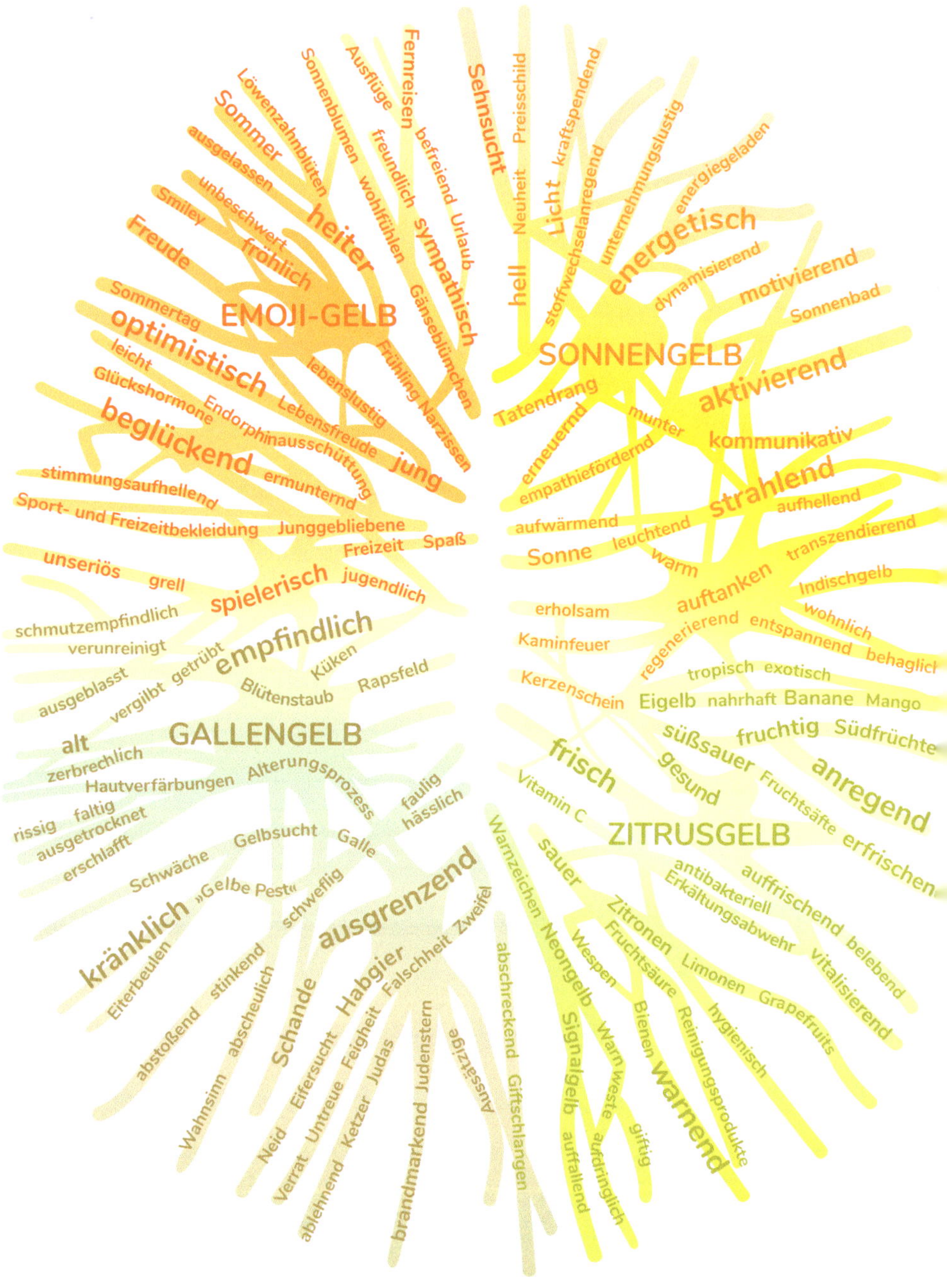

GEDÄCHTNISLANDKARTE GELB

Symbolbedeutung und Wirkungsspektrum

Gelb

aktivierend, heiter, frisch und empfindlich

Sonnengelb

aktivierend, strahlend und energetisch

Das strahlend gelbe Sonnenlicht ist ein einzigartiges Naturphänomen, das tagtäglich die Erde aufhellt, erwärmt und mit der Energie versorgt, die uns am Leben hält. »Sonne, Licht und Wärme« sind die ersten Gedanken, die uns beim Anblick eines lichten Gelbtons in den Kopf kommen. Drückt man Kleinkindern einen gelben Buntstift in die Hand, dann kritzeln die meisten damit ein gelbes Sonnensymbol aufs Papier.

Das Farbwort »Gelb« lässt sich in vielen Sprachen auf typische Eigenschaften des Sonnenlichts zurückführen. So auch das deutsche Farbwort, das vom indogermanischen »ĝhlē« abstammt und Eigenschaften wie glänzend, schimmernd und blank bezeichnet. Für die Physik ist Sonnenlicht hingegen reinweiß, was sich nicht nur beim Blick aus dem All deutlich zeigt. Auch an bewölkten Tagen wirkt Sonnenlicht nicht gelb, sondern weiß. Gelblich wirkt direktes Sonnenlicht vor allem deshalb, weil sich der kurzwellige blaue Anteil auf seinem Weg durch die Erdatmosphäre stark zerstreut. Hierdurch entsteht das Himmelblau und damit ein Komplementärkontrast, der die gelbliche Wirkung der Lichtfarbe intensiviert.

Die Strahlungsenergie der Sonne wirkt über unsere Augen und Haut auf das circadiane System, das nicht nur den Schlaf-wach-Rhythmus, sondern auch basale Körperfunktionen wie die Körpertemperatur, den Stoffwechsel und den Hormonhaushalt steuert. Jedes Sonnengelb wird hierdurch zum Farbsymbol einer unsichtbaren Macht, die uns Tag für Tag mit Optimismus und Tatkraft erfüllt.

Diese Assoziation wirkt so stark, dass wir selbst dann bereits die Lebensfreude spüren, wenn wir einen kurzen Sonnenblick im Fenster erhaschen oder das gelbe Sonnensymbol der Wetter-App sehen. Sonnengelb ist in jeder Beziehung ein Stimmungsaufheller. Selbst Antidepressiva wirken am besten, wenn wir gelbe Tabletten einnehmen. Auch wenn die Tabletten gar keine Wirkstoffe enthalten, zeigt sich noch immer ein Placeboeffekt.[1] Doch vielleicht sollten wir da generell umdenken, denn Farbe ist nach meiner Ansicht auch ein Wirkstoff, der über die Augen auf Gehirn, Stoffwechsel und Hormonhaushalt wirkt!

Der Zusammenhang mit den Wirkungen des Sonnenlichts zeigt sich auch an der Symbolik von Gelb in den Weltreligionen. Der altägyptische Sonnengott Re trägt häufig eine gelbe oder gelb umrandete Sonnenkugel auf dem Kopf oder einen gelben Lendenschurz. Er galt auch als Schöpfer der Sonne. Viele Pharaonen bezeichneten sich als »Söhne des Re« und nutzten gelbe wie goldene Farbsymbole, um ihre göttliche Abstammung zu belegen. Auch der altgriechische Sonnengott Helios trägt auf vielen Darstellungen eine gelbe Tunika, wenn er im Tagesverlauf mit seinem vierspännigen Wagen über den Himmel fährt. Der gelb gewandete Gott war nicht nur Hüter der Sonne, sondern auch des Augenlichts.

Im kaiserlichen Rom fand der uralte Sonnenkult seine Fortsetzung. Römische Kaiser zeigten sich öffentlich in der symbolischen gelben Tunika ihres Sonnengottes »Sol Invictus«. Konstantin der Große tauschte zwar seinen Gott, als er zum Christentum konvertierte, doch nicht den Mythos. In der Vatikanischen Nekropole findet sich noch immer ein goldgelbes Mosaik aus dem 3. Jahrhundert, auf dem ein strahlenumkränzter Christus als Sol Invictus abgebildet ist, der mit dem Sonnenwagen am Himmel nach Westen fährt.

Auch in den östlichen Religionen werden die Farben Gelb und Gold als Symbole der Sonne verehrt. Der erleuchtete Buddha wird sowohl in Gelb als auch Gold dargestellt. Bei der »Internationalen Buddhistischen Flagge« symbolisiert Gelb den mittleren Weg. In der Fünf-Elemente-Theorie des Daoismus ist Gelb die Erde, Farbsymbol der Mitte, das seit dem 3. Jahrhundert allein dem Kaiser vorbehalten blieb. In seiner Funktion als Mittler zwischen Himmel und Erde trug der Kaiser Gelb, schlief in gelber Bettwäsche, thronte auf gelben Kissen und lebte unter dem gelben Ziegeldach seines Palasts. Die Mythologie berichtet von einem »gelben Drachen«, der als Inkarnation des gelben Kaisers und Urvater aller Chinesen gilt. Bei ihrer Empfängnis wurde die jungfräuliche Mutter aller Chinesen von einem gelben Lichtstrahl getroffen. Diese überaus positive Symbolbedeutung erklärt auch, warum Gelb heute immer noch zu den Lieblingsfarben der Chinesen gehört. Aus Kolonialzeiten stammt hingegen der abschätzige Begriff einer »gelben Gefahr«, der gerade wieder heraufbeschworen wird, um wirksame Ressentiments gegen die aufsteigende Handelsmacht China zu schüren.

Emoji-Gelb

heiter, optimistisch und beglückend

Gelb gilt weltweit als fröhliche Farbe und Glückssymbol, was auf die emotionalen Wirkungen des Sonnenlichts zurückzuführen ist. Sobald Sonnenlicht auf Haut und Augen trifft, schüttet unser Körper Endorphine aus, die umgangssprachlich auch als Glückshormone bezeichnet werden, da sie unsere Stimmung spürbar aufhellen. Eine besondere Rolle kommt dabei dem Serotonin zu, das nicht nur unser Wohlbefinden steigert, sondern auch negative Gefühle wie Ängste, Mutlosigkeit und Depressionen vertreibt. Gelb ist eine Frühlings- und Sommerfarbe, die wir besonders präferieren, wenn sich die Sonne oft und lange zeigt. Gelb stimuliert die sogenannten Frühlingsgefühle und ist ein Symbol der Lebenslust. In der Farbsymbolik mittelalterlicher Minnereden steht das Tragen gelber Kleidung für den Beginn der Liebe.[2] Diese Symbolik findet bis heute Anwendung in Film und Fotografie.

Viele Menschen verbinden frühlingshafte Gelbtöne und Farbkombinationen mit Gefühlen wie Glück, Fröhlichkeit und Optimismus. Eine von Gelbtönen geprägte Atmosphäre vermittelt uns die Leichtigkeit und Ausgelassenheit eines unbeschwerten Sommertags. Die Fröhlichkeit von Gelb fiel auch Goethe auf, der in seiner Farbenlehre darüber sagte: »Es ist die nächste Farbe am Licht. Sie führt in ihrer höchsten Reinheit immer die Natur des Hellen mit sich und besitzt eine heitere, muntere, sanft reizende Eigenschaft.« Auch den niederländischen Maler Vincent van Gogh zog es 1888 zu den »heiteren Farben« in die südfranzösische Provence nach Arles, wo er sich in seinem »Gelben Haus« einrichtete. Er liebte das intensive gelbe Licht des Mittelmeerraums, über das er sagte: »Eine Sonne, ein Licht, das ich mangels besserer Bezeichnungen nur Gelb, blasses Schwefelgelb, blasses

Zitronengold nennen kann. Ach, schön ist das Gelb!« Das von ihm geliebte leuchtende Chromgelb veränderte sich im Lauf der Zeit unter UV-Licht und nahm allmählich eine grünstichige schokoladenbraune Färbung an. Die zur Aufhellung benutzten barium- und schwefelhaltigen Pigmente sorgen dafür, dass die lichten Gelbtöne stark nachdunkeln.[3] Seine Bilder, die wir heute so bewundern, wirken hierdurch nicht nur brauner und dunkler, sondern auch harmonischer, idyllischer und romantischer als die weitaus poppigeren Originale.

Gelb wirkt sympathisch, jung und lebensfroh. Darum wussten auch die Erfinder vieler wunderbarer Comicfiguren. Denken Sie an gelbe Familien wie die Simpsons oder Minions oder an sympathische Einzelgänger wie die Biene Maja oder Snoopy. 1998 machte sich der Entwickler Shigetaka Kurita für den japanischen Mobilfunkanbieter NTT auf die Suche nach »Bilderbuchstaben«, mit denen Menschen ihre Emotionen einfach und direkt zum Ausdruck bringen können. Das war die Geburtsstunde der gelben »Emojis«, die Menschen aller Kulturen intuitiv verstehen. Pate gestanden haben ihm dafür die sonnengelben »Smileys« des Werbegrafikers Harvey Ball, der die Symbole 1963 für den US-Versicherer »State Mutual« erfand, um die Stimmung aller Mitarbeiter damit aufzuhellen. Doch seit kurzer Zeit ist es mit der unbeschwerten Fröhlichkeit der »Emojis« vorbei. Aus dem Sonnengelb wurde eine Hautfarbe! Heute haben sich die gelben Lachgesichter in multikulturelle »Emoji-Symbole« der Hautfarben Weiß, Gelb und Braun gewandelt, von denen es noch jeweils drei zusätzliche Abstufungen gibt. Doch wie man damit »politisch korrekt« kommuniziert, konnte mir bisher noch niemand verraten ;)

Am meisten Verbreitung findet Gelb bei Kindern und Jugendlichen, da wir unseren Nachwuchs gerne in optimistischen und fröhlichen Farben präsentieren. Im Marketing wird Gelb daher vorwiegend für Produkte und Botschaften genutzt, die ein junges oder jung gebliebenes Publikum ansprechen sollen. Gelb kennzeichnet zudem häufig Neuheiten wie auch das, was uns als neu verkauft werden soll. Während Erwachsene bei Sport- und Freizeitkleidung gerne zum motivierenden Gelb greifen, verzichten sie in ihrer Arbeitswelt weitgehend darauf. Das liegt an dem Signalcharakter der Farbe Gelb, die im Kontext der Geschäftswelt infantil, aufdringlich und unseriös wirken kann. Ausgenommen davon sind die Jungen und Kreativen.

Bei Senioren wirkt gelbe Kleidung besonders optimistisch und vital. Gelb vermittelt den Eindruck von Gesundheit, Dynamik und aktiver Lebensfreude. Wir wählen Gelb, wenn es uns gut geht. Diese Wirkung bestätigte auch eine Studie über den Zusammenhang von Farbe und Emotion. Das Forscherteam nutzte dafür einen Farbkreis, aus dem Probanden eine passende Farbe zu ihrer Stimmung wählen mussten. Menschen mit depressiven Stimmungen wählten dagegen sehr häufig ein tristes Grau, das den emotionalen Gegenpart zum fröhlichen Gelb bildet.[4]

Im Jahr 1917 erregte eine Farbtherapie weltweit Aufmerksamkeit, die nach ihrem Erfinder als »Kemp-Prossor's Colour Cure« in die Medizingeschichte einging. Soldaten, die von psychosomatischen Störungen gequält wurden, sollten in knallgelben Patientenzimmern mit himmelblauen Decken Genesung finden. Doch nicht nur die Wände und Böden wurden einheitlich gelb gefärbt, sondern auch die gesamte Inneneinrichtung bis hin zur Bettwäsche. Das Ziel war, einen maximalen Kontrast zur Atmosphäre der europäischen Schlachtfelder herzustellen und den ganzen Raum mit »Frühling« zu füllen. Krankenhäuser in Dänemark und Großbritannien übernahmen diese farbtherapeutische Methode, die sich jedoch nicht durchsetzen konnte und bald schon wieder in Vergessenheit geriet. Das Scheitern dieser Farbtherapiemethode lässt sich auf einen weitverbreiteten Irrtum zurückführen. Ein leuchtend reines Narzissengelb wirkt auf der winzigen Fläche einer Blüte vor dem Hintergrund grüner Pflanzen in der Tat frühlingshaft, heiter und optimistisch. Wenn Sie damit jedoch einen ganzen Raum füllen, wird daraus ein greller Warnton. Ein solcher Raum wirkt klaustrophobisch und hat nichts mehr mit der fröhlichen Atmosphäre einer Frühlingslandschaft gemein. Wer sich bei seiner Farbgestaltung am Beispiel der Natur orientiert, muss sehr genau beobachten und sollte vor allem zwei Dinge wissen.

Die Farbwirkung nimmt mit der Ausdehnung der Fläche zu. Wenn Sie ein leuchtendes Gelb im Raum verwenden möchten, müssen Sie entweder die Fläche klein halten oder die Farbsättigung verringern. Wenn Boden und Wände die gleiche Farbe haben, wirkt der Raum wie ein Becken, in dem wir uns gefangen fühlen. Der Boden sollte gräulicher, bräunlicher oder einfach dunkler als die Wände sein.

Zitrusgelb

frisch, anregend und warnend

Gelb gilt als frische und anregende Farbe. Doch warum können Farben überhaupt frisch oder frischer als andere wirken? Wenn Sie Zeit für einen praktischen Versuch haben, dann schauen Sie doch einmal für kurze Zeit auf eine Zitrone und stellen sich dabei vor, wie Sie in das gelbe Fruchtfleisch hineinbeißen. Sie werden merken, dass der Anblick von Zitronengelb ausreicht, um unsere Speichelproduktion anzuregen. Doch längst nicht alle Gelbtöne wirken frisch. Ein warmer rötlicher Gelbton kann sogar das Gegenteil bewirken. Frisch wirken vor alle Gelbtöne, die einen Grünanteil aufweisen, angefangen beim grünlichen Zitronengelb bis zum gelblichen Limonengrün. In Werbung und Marketing werden frische Farben häufig für Obst- und Gemüsetheken, Fruchtsäfte, Erfrischungsgetränke und Fruchtgummis eingesetzt. Auch Hautpflegeprodukte werden gerne mit Zitrusfarben gekennzeichnet, um auf Inhaltsstoffe wie vitalisierende Fruchtsäuren hinzuweisen. Da Zitronensäure zudem auch desinfizierend und antibakteriell wirkt, finden Sie Zitrusfarben auch häufig auf der Verpackung von Hygiene-, Desinfektions- und Reinigungsprodukten.

Zitrusfarben wirken nicht nur frisch, sondern sie frischen auch alle anderen Farben und Farbkombinationen merklich auf. Das gilt nicht nur für Speisen und Getränke, sondern auch für alle anderen Lebensbereiche. Klassische Kleidungsfarben wie Schwarz, Weiß, Grau und Braun lassen sich durch zitronengelbe, limonengrüne oder orange Farbakzente ganz einfach aktivieren. Der seriöse Eindruck bleibt erhalten, doch ihr Erscheinungsbild wirkt damit deutlich dynamischer und kreativer. Frische Farben eignen sich daher besonders für Accessoires wie Tücher, Schals, Krawatten, Mützen, Gürtel und Schuhe. Mit der Seriosität ist es jedoch vorbei, wenn die Farbfläche zu groß wird. Zitrusfarben wie Neongelb, Neongrün und Neonorange sind ausgezeichnete Signalfarben!

Dieses Prinzip gilt auch für die Architektur, wobei Unterschiede zwischen Innen- und Außenräumen bestehen. Frische Farben sind völlig ungeeignet für Gebäudefassaden, da sie in diesem Maßstab extrem aufdringlich wirken und bei längerer Betrachtung kaum auszuhalten sind. Denken Sie bitte daran, dass sich die Wirkung einer Farbe mit ihrer Ausdehnung im Raum verstärkt! Setzen Sie frische Farbakzente besser bei kleineren Elementen wie Türen, Fenstern, Markisen und Balkoneinfassungen. Das Prinzip wurde von einigen Meistern der klassischen Moderne wie Bruno Taut und Le Corbusier übrigens sehr gerne angewendet, um weiße oder graue Fassaden aufzufrischen und aufzuwerten.

Im Gebäudeinneren können Sie frische Farben einsetzen, um Räume zu beleben. Doch auch hier sollten es eher einzelne Wandelemente sein. Anregende Farbakzente lassen sich auch durch Möbel, Bilder und Teppiche schaffen.

Zwischen allen Farben sticht Gelb vor allem durch seine Leuchtkraft heraus. Das ist auch der Grund, warum wir Gelb sehr häufig für Orientierungs- und Leitsysteme einsetzen. Wir sehen Gelb über große Distanzen hinweg, wenn alle anderen Farben längst verschwunden sind. Gelb ist daher heute auch die Standardfarbe für Warnzeichen aller Art, die uns wirksam vor Gefahren und Unfällen schützen sollen. Noch effektiver wirkt der Zweiklang Gelb-Schwarz, obwohl wir die meisten giftigen Insekten, Frösche oder Schlangen heute kaum noch zu Gesicht bekommen. Für den nötigen Respekt sorgen Wespen, Bienen und Hornissen. Die Kombination Schwarz-Gelb wirkt jedoch keineswegs immer aggressiv. Schwarze Schrift auf hellgelbem Grund sichert Texten wie abgebildeten Objekten nicht nur Aufmerksamkeit, sondern gewährleistet zudem eine optimale Lesbarkeit. Wenn Sie Ihren Augen etwas Gutes tun wollen, dann schreiben oder drucken Sie mit schwarzer Tinte auf gelblichem Papier. Doch Vorsicht, Signalgelb erzeugt einen flirrenden Ton und damit einen Pop-out-Effekt. Die gräulichen Gelbtöne von Büttenpapier oder Recyclingpapier sind hingegen optimal für die Leselust.

Gallengelb

empfindlich, ausgrenzend und kränklich

Gelb ist nicht nur die hellste und strahlendste aller Buntfarben, sondern auch die empfindlichste. Leuchtende Gelbpigmente wie das energetische Cadmiumgelb, das zitronenfarbige Wismutgelb oder das sonnenwarme Indischgelb sind aus keinen anderen Farben mischbar. Mischungen mit anderen Farben rauben natürlichen Gelbtönen ihre einzigartige Brillanz. Der Künstler Wolfgang Laib kreiert damit poetische Kunstwerke. Seine abstrakten Farbkompositionen tragen Namen wie »Blütenstaub von Kiefern« oder »Blütenstaub von Löwenzahn«. Der lichtgelbe Blütenstaub von Krokussen wird seit Jahrtausenden als Farbstoff, Gewürz und Arzneimittel genutzt. In den violetten Blüten befinden sich kostbare gelborange Staubfäden, die noch heute komplett von Hand geerntet werden. Für ein Kilo Safran werden bis zu hunderttausend blühende Krokuspflanzen gebraucht. Mit Safran gefärbte Seide entwickelt einen magischen Glanz, weshalb diese Textilien schon seit vielen Jahrhunderten als Statussymbol begehrt sind.

Doch jede Verunreinigung, Trübung oder Verschattung bewirkt, dass der Zauber von Gelb verfliegt. Der Charakter der hochempfindlichen Farbe schlägt in sein Gegenteil um, aus Licht wird Schmutz, aus Jugend Alter, aus Gesundheit Krankheit und aus Freude Wahnsinn.

Goethe fasste seine Beobachtungen in die folgenden Worte: »Durch eine geringe und unmerkliche Bewegung wird der schöne Eindruck des Feuers und Goldes in die Empfindung des Kotigen verwandelt, und die Farbe der Ehre und Wonne zur Farbe der Schande, des Abscheus und Missbehagens umgekehrt.« Der Bauhauslehrer Johannes Itten sieht darin sogar einen moralischen Verfall: »Wie es nur eine Wahrheit gibt, so gibt es nur ein Gelb. Getrübte Wahrheit ist kranke Wahrheit, ist Unwahrheit. So ist der Ausdruck des getrübten Gelb Neid, Verrat, Falschheit, Zweifel, Misstrauen und Irresein.«[5] Im angelsächsischen Sprachraum wird »yellow« auch als Bezeichnung für »gelb« und »feige« verwendet. Die Skandalpresse wird folgerichtig zur »Yellow Press«. Für diesen drastischen Bedeutungswandel gibt es eine natürliche Ursache, die in uns selbst verborgen liegt.

Schauen wir erst einmal auf die Zeichen der Zeit, die deutlich sichtbare Spuren am Körper jedes Menschen hinterlassen. Gelbliche Verfärbungen an Haut, Haaren, Nägeln und Zähnen sind auffällige Indikatoren für den Alterungsprozess. Vergilbte Haut wirkt zudem schlaffer, trockener und rissiger. Die gelbliche Verfärbung entsteht durch einen Verhornungsprozess der Oberhaut. Diese Verfärbungen sind untrügliche Anzeichen von Altersschwäche und Unfruchtbarkeit. Altersbedingte Farbveränderungen wirken unwillkürlich hässlich und abstoßend, da wir wie übrigens auch unsere tierischen Verwandten vorzugsweise junge und gesunde Partner für die Weitergabe unserer Gene suchen. Jetzt bleibt noch die Frage, ob einige Tausend Jahre Kultur etwas daran verändern konnten. Der Aufwand, den Menschen täglich treiben, um jedes Anzeichen der Alterung mit Haarfärbemitteln, Nagellack, Cremes und Schminke zu verbergen, stimmt mich da nicht sonderlich hoffnungsvoll. Der globale Wachstumsmarkt für Hautpflegeprodukte erreicht heute schon einen dreistelligen Milliardenbetrag.[6]

Ein eitriger Gelbton kann auch ein Indikator gefährlicher Krankheiten sein. Der Anblick der blassgelben bis gelbgrünen Körperflüssigkeit, die unser Körper bei Entzündungen absondert, wirkt ekelig und abstoßend. Auch Stoffwechselprobleme in Leber und Galle oder ein zu hoher Cholesterinspiegel machen sich durch eine kränklich gelbe Verfärbung von Haut und Augen bemerkbar, die vom Gallenfarbstoff Bilirubin verursacht wird. Der gelbgrüne Gallensaft, dessen Erscheinung extrem negativ konnotiert ist, war auch der Namensgeber des Organs. Wir werden »gelb vor Neid«, spucken »Gift und Galle« oder es kommt uns die »Galle hoch«, wenn wir uns stark ärgern oder cholerisch reagieren.

Bevor die Ursachen gefährlicher Infektionskrankheiten entdeckt wurden, galten Anzeichen wie gelbe Hautverfärbungen, Eiterbeulen oder offene eitrige Wunden als Symptome der Pest. Zur Bekämpfung der Pest, die oft ganze Landstriche und Städte entvölkerte, wurde häufig gelber Schwefel verbrannt. Das grünstichige Schwefelgelb erzeugt diabolische Dämpfe, die nicht nur giftig aussehen, sondern auch noch faulig riechen. Die gelben Rauchschwaden und der widerwärtige Geruch galten als Gestank der Hölle und sollten die bösen Geister vertreiben. Die Wirkungen von Desinfektionsmitteln waren im Mittelalter unbekannt. Die Pest galt gar als Teufelswerk und Hexenkunst. Dass der giftige Schwefel auch am Auswurf von Vulkanen zutage tritt, hat diesen Aberglauben nochmals gestärkt.

Auf der Suche nach Schuldigen kam es immer wieder zu grausamen Übergriffen. Minderheiten wie Juden wurden in Europa immer wieder als Verursacher der Pest identifiziert und durch gelbe Markierungen gekennzeichnet. Das nationalsozialistische Regime griff mit dem gelben Judenstern auf diese diskriminierende Schuldsymbolik zurück, um Juden im Deutschen Reich wie in den besetzten Gebieten zu demütigen und auszugrenzen. Der gelbe Judenstern gilt daher heute weltweit als Symbol für die Verbrechen des Holocaust. Diese furchtbare Symbolik der Farbe Gelb basiert auch noch auf einer anderen Quelle. Bereits in den Worten des Alten Testaments wird die Farbe mit Aussätzigkeit in Verbindung gebracht. Die Diskriminierung von Juden durch gelbe Symbole findet sich daher im Christentum wie im Islam.

Der Abbasiden-Kalif Harun Al-Raschid verfügte bereits 807, dass die Juden in seinem Hoheitsgebiet durch einen gelben Gürtel zu kennzeichnen sind. Im Reich der Seldjuken von Bagdad mussten Juden über den Gürtel hinaus auch noch gelbe Flecken an Kopf und Nacken anbringen. Auch im christlichen Europa wurden Juden dazu verpflichtet, gelbe Flecken, Ringe oder Hüte zu tragen. In der christlichen Ikonografie war Gelb die Symbolfarbe von Judas, der für Neid, Eifersucht, Habgier, Verrat und Untreue steht. Im 12. Jahrhundert ordnete Papst Innozenz III. an, dass Gelb in der katholischen Liturgie nicht berücksichtigt werden darf, ein Verbot, das bis 1970 gültig war.

Dieses Stigma verbreitete sich auch über viele Medien wie Literatur, Theater und Film, wo es auch heute noch zu finden ist. Achten Sie einmal auf die Symbolfarbe, mit der Eifersüchtige, Neider, Betrüger, Verräter wie Räuber bis heute gekennzeichnet sind! Es ist nicht immer die Kleidung. Oft ist es auch ein gelbes Zimmer oder ein gelbes Objekt. Manchmal wird sogar eine ganze Szene in gelbliches Licht getaucht. Dystopische Filme sind oft an ihrer gelben Farbstimmung zu erkennen, die sich über das gesamte Geschehen legt.

Auch in ganz anderem Kontext wurde Gelb zum Symbol der

Schande. Seit dem Mittelalter mussten Prostituierte häufig Gelb tragen, um die Art ihres Gewerbes weithin sichtbar zu kennzeichnen. Verwechslungen mit »ehrbaren« Frauen sollten hierdurch ausgeschlossen werden. Mal war es ein gelbes Tuch, das an der Achsel getragen werden musste, mal ein gelber Saum, ein gelber Rock oder ein gelber Umhang. Im zaristischen Russland erhielten Prostituierte sogar einen »gelben Pass«. Selbst im alten China, wo Gelb die höchsten Würden erreichte, war es auch ein Symbol für pornografische Literatur. Das wird vor allem auf die »gelben Bücher« der Daoisten zurückgeführt, in denen konkrete Anweisungen für Sexualpraktiken zu finden sind.

Wer jetzt denkt, das sei alles Geschichte, der schaue sich einmal die Prostituierten auf dem Straßenstrich der spanischen Stadt Els Alamús an, die wieder neongelbe Sicherheitswesten tragen müssen.[7] Parteikampagnen in China, die sich gegen Erotika, Pornografie und Prostitution richten, laufen noch immer unter dem griffigen Slogan »Das Gelbe wegfegen«, der sehr deutlich an das Grauen der Mao-Zeit erinnert.

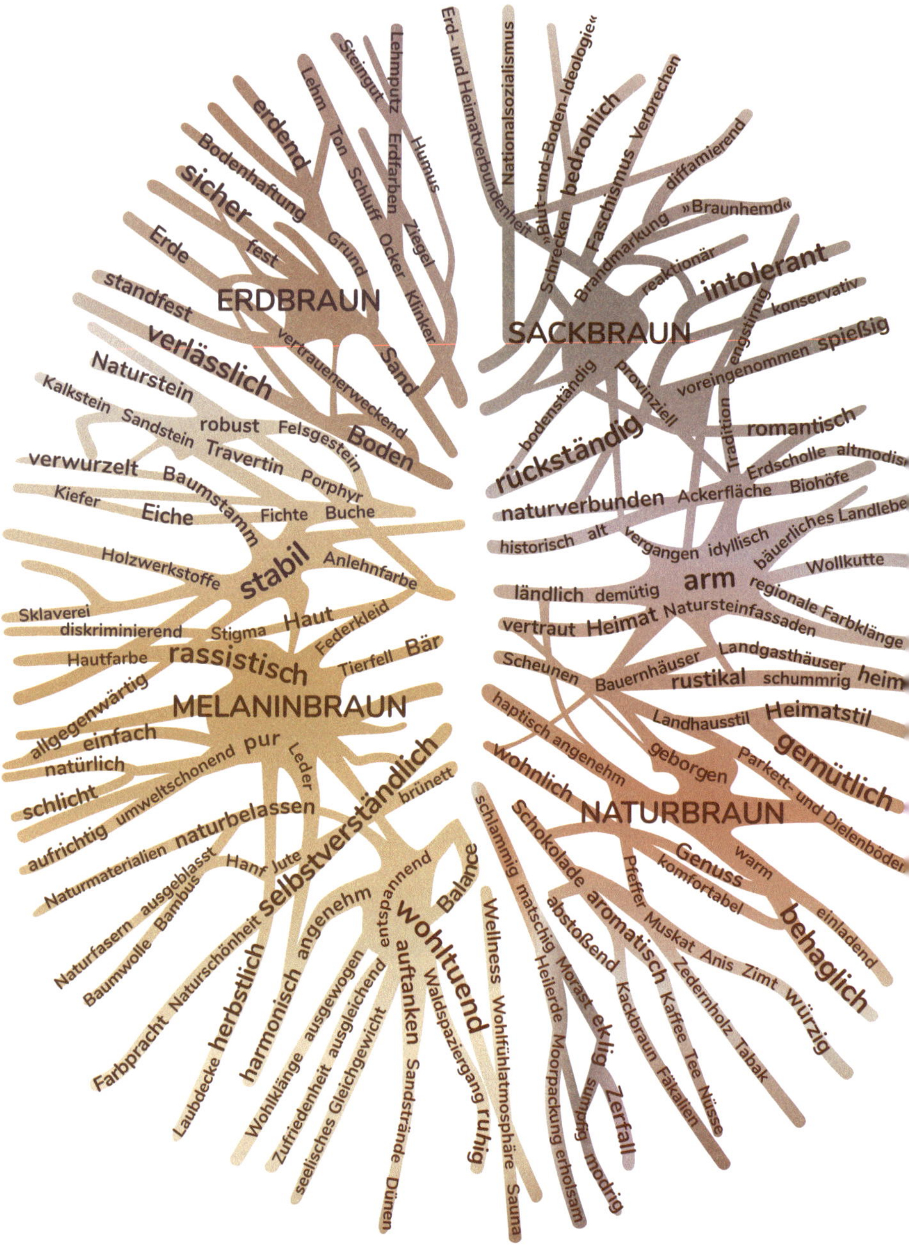

GEDÄCHTNISLANDKARTE BRAUN

Symbolbedeutung und Wirkungsspektrum

Braun

selbstverständlich, verlässlich, behaglich und intolerant

Melaninbraun

natürlich, selbstverständlich und diskriminierend

Das reiche Spektrum der Brauntöne prägt das Erscheinungsbild der Natur. Dazu gehören die landschaftsbildenden Tönungen der Erden, Tone, Sande und Gesteine, wie auch die lebendigen Brauntöne der Pflanzen, Tiere und Menschen. Es ist daher auch kaum ein Zufall, dass unsere Vorfahren das symbolische Spektrum von Erdfarben wie Rötel, Manganerde und Ocker entdeckten, um damit zum ersten Mal bedeutsame Situationen ihrer Lebenswelt darzustellen. Bis zu 40 000 Jahre alte szenische Darstellungen, die sich in den Höhlenmalereien Afrikas, Asiens, Amerikas und Europas gleichermaßen erhalten haben, markieren den Beginn unserer Kulturgeschichte. Das deutsche Farbwort »Braun« geht auf das indogermanische »bher« zurück, welches die Fellfarbe brauner Tiere bezeichnet und wohl auch Tiernamen wie »Bär« und »Biber« zugrunde liegt. Ähnliche Abstammungen zeigen sich bei vielen anderen Farbwörtern wie dem englischen »brown«, dem französischen und schwedischen »brun« oder dem niederländischen »bruin«.

Verantwortlich für die mannigfaltigen Variationen brauner Haut-, Haar-, Fell-, Feder- und Schuppenfarben sind die Farbpigmente Eumelanin und Phäomelanin. Eumelanin führt je nach Konzentration zu braunen und schwarzbraunen Färbungen, während Phäomelanin rotbraune und gelbbraune Töne erzeugt. Unregelmäßige Verteilungen des Farbstoffs verursachen Fleckenbildungen, die besonders gute Tarnungen abgeben. Die Melaninrezeptur wird in den Genen gespeichert und durch das Prinzip der Auslese modifiziert. Melanin bietet Menschen und Tieren nicht nur eine perfekte Tarnung, sondern zudem einen natürlichen Sonnenschutz. Die Melaninproduktion passt sich in gewissem Maß auch an kurzzeitige Wechsel der Umweltbedingungen an. Wenn sich hellhäutige Menschen starker Sonneneinstrahlung aussetzen, können wir fast dabei zusehen, wie sich der Körper bräunt. Bei Lichtmangel dauert es hingegen nicht lange, bis das überschüssige Melanin wieder abgebaut wird.

Die Rezeptur der Melaninpigmente bestimmt nicht nur die Brauntöne der Tierwelt, sondern auch die Hautfarbe des Menschen. Die angeborene Braunfärbung von Haut, Haaren und Augen wirkt im Kontext der angestammten Lebenswelt natürlich und harmonisch. Wir leben zwar alle unter der gleichen Sonne, aber nicht in der gleichen Weltregion, weshalb die Palette unserer Haut-, Haar- und Augenfarben stark variiert. Das Maß der Bräunung ändert sich mit dem Abstand des angestammten Siedlungsraums zum Äquator. Wo die Strahlung am intensivsten ist, braucht der Körper einen hohen Sonnenschutzfaktor und erscheint hierdurch schwarzbraun. Im hohen Norden wirkt das Sonnenschutzpigment hingegen kontraproduktiv, da das lebenswichtige Vitamin D nur über die UV-B-Strahlung der Sonne gebildet werden kann. Wenn der Körper die Melaninproduktion reduziert, nimmt die Haut einen bleichen beigen Farbton an, die Haare erscheinen blond, die Augen grün oder blau. Die Natur hat alles zu unserem Besten eingerichtet. Doch warum sind viele Menschen dennoch so unzufrieden mit ihrer natürlichen Hautfarbe?

Hellhäutige Menschen bräunen ihre Körper in der Sonne, im Solarium oder verwenden künstliche Bräunungsmittel, um gesünder, fitter und schöner auszusehen.[1] Noch mehr hellhäutige

Menschen färben sich ihre brünetten Haare, weil sie unzufrieden mit dem mittleren Braunton sind. Dunkelhäutige Menschen fühlen sich häufig auch nicht wohler in ihrer Haut. Nicht nur Popstars und Influencer bleichen sich Haut und Haare, um einem globalen Schönheitsideal zu entsprechen. Hellbraune Haut gilt als Karrierebeschleuniger, weshalb viele Menschen selbst erhebliche Nebenwirkungen in Kauf nehmen, um ihre Melaninpigmente loszuwerden.[2] Der weltweite Verbrauch von Hautbleichmitteln übersteigt den Markt für Bräunungs- und Sonnenschutzmittel inzwischen deutlich. In vielen afrikanischen Ländern nutzt bereits die Mehrheit aller Erwachsenen Hautaufheller. Der höchste Absatz wird in Asien erzielt, allen voran Japan, China und Indien. Eine biologische Ursache für diese gesundheitsschädigende Obsession könnte die Tatsache sein, dass Frauen eine 10 bis 15 Prozent hellere Hautfarbe haben als Männer der gleichen Ethnie. Besonders hellhäutig zu sein ist daher ein Signal der Weiblichkeit. Doch noch stärker wirkt ein kultureller Effekt. Wer nicht auf dem Feld oder im Freien arbeiten muss, hat seit Jahrtausenden einen höheren Status in der sozialen Hierarchie. Die Oberschicht war und ist in vielen Gesellschaften noch heute stolz auf ihre vornehme Blässe, die mit kosmetischen Mitteln betont wird.

Noch dramatischer wirkte sich die Versklavung unzähliger Menschen aus, die aus weiten Teilen des afrikanischen Kontinents in entfernte Weltregionen verschleppt wurden. Sklaven waren nicht nur heimatlos, unfrei und rechtlos, sondern wurden in jeder denkbaren Weise diskriminiert. Doch selbst bei den Sklaven gab es Unterschiede. Dunkelhäutige Sklaven mussten meist schwere Feldarbeit verrichten, während hellhäutigere im Haus arbeiten durften. Ich werde häufig gefragt, ob sich Wirkungen von Farben messen lassen. Das funktioniert in der Tat, in diesem Fall jedoch mit deprimierenden Ergebnissen. Zahlreiche Studien haben für die USA gezeigt, dass Menschen mit dunkler Hautfarbe in den Bereichen Einkommen, Wohnung, Bildung und Heiratsmarkt quantifizierbare Nachteile haben.[3] Diskriminierung erfahren dunkelhäutige Menschen auch in vielen anderen Ländern. In der traditionellen Kastengesellschaft Indiens wurde dunkelhäutigen Menschen der geringste Sozialstatus zuerkannt, ein rassistisches Vorurteil, das bis in unsere Tage hineinwirkt. Das globale Problem wird daher auch als »Colorism« bezeichnet.

Doch helle Haut, blaue Augen und blonde Haare sind nicht für jeden Menschen ein Glücksfall. Traurige Zahlen gibt es für die Diskriminierung, die Menschen mit Albinismus entgegenschlägt. Bei den sogenannten Albinos wird die Melaninbildung im Körper durch einen Gendefekt gestört. Ein simpler Aberglaube trägt in einigen afrikanischen Ländern dazu bei, dass selbst heute noch regelrechte Jagden auf Albinos verübt werden, denen jedes Jahr Hunderte Menschen zum Opfer fallen. Viele werden gequält, grausam verstümmelt oder getötet, da ihre ungewöhnlich hellen Körper für abergläubische Menschen einen extrem hohen Wert besitzen. Medizinmänner verwenden Körperteile der Albinos für rituelle Zeremonien und verabreichen sie als Heilmittel zur Abwehr besonders gefährlicher Krankheiten wie Aids.[4]

Wo genetische Mutationen die Regel bilden, gibt es hingegen kein Problem. Auf den Salomonen, einer Inselgruppe östlich von Australien, lebt das Volk der Melanesier, die es zu einiger Berühmtheit gebracht haben, weil sie von der Natur mit einer schönen braunen Haut, tiefbraunen Augen und goldblonden Haaren ausgestattet sind. Verantwortlich für diesen einzigartigen Farbklang ist ein natives Gen TYRP1, das in der europäischen Genetik gar nicht existiert. Wir müssen aber gar nicht so weit schauen, um seltene Melaninrezepturen zu finden, die ungewöhnlich reizvoll sind. Zauberhaft schön wirkt der sogenannte »Schneewittchen-Look«, ein betörender Farbklang aus schneeweißer Haut, blauen Augen und ebenholzschwarzen Haaren. Wir können daher festhalten, dass die wunderbare Vielfalt unserer Körperfarben nur dann zum Problem wird, wenn Menschen ungebildet sind, rassistisch denken oder intolerant handeln.

Erdbraun

sicher, verlässlich und stabil

Die bewegte Topografie der Erdoberfläche wird von den mannigfaltigen Brauntönen der Erden, Sande, Schluffe, Lehme, Tone und Gesteine geprägt. Braun ist nicht nur das Symbol des Erdbodens, sondern auch die Farbe, die uns am meisten Standfestigkeit verleiht. Braun bürgt wie sonst nur noch das leblose Grau für Eigenschaften wie Sicherheit, Stabilität und Verlässlichkeit. Es ist daher auch kein Zufall, dass wir uns im Kulturraum sehr gerne auf naturbraunen Böden bewegen. Braun garantiert uns die notwendige Stabilität, da wir uns bei jedem unserer Schritte darauf verlassen müssen, dass der Boden unter unseren Füßen berechenbar bleibt. Die gegenteilige Farbwirkung können Sie spüren, wenn Sie über einen Glasboden laufen. In der Entwicklungspsychologie wird dieser angeborene Angstreflex als »Visual Cliff« bezeichnet. Schon Krabbelkinder zögern, schwitzen und haben einen beschleunigten Puls, wenn sie eine gläserne Brücke überqueren sollen.[5] Wenn uns der Farbton des Bodens verunsichert, kommt es zu Wahrnehmungsstörungen, sogenannten Dissoziationen, die unsere Handlungsroutinen ausbremsen und unsere Reaktionszeit verlängern.

Auf steingrauen Böden fühlen wir uns zwar ebenso sicher wie auf sand- oder erdbraunen, doch wenn es um unser Wohlbefinden geht, geben Tastassoziationen den Ausschlag. Braune Naturtöne wirken wärmer und haptisch angenehmer als graue. Das ist auch der Grund, warum traditionelle Baumaterialien wie Holz, Naturstein, Keramik, Ziegel oder Klinker zu den Klassikern der Raumgestaltung gehören. Für den Innenraum gibt es zudem eine Vielzahl künstlicher Bodenbeläge wie Linoleum, Vinyl oder Teppich, deren sandige, erdige und steinige Farbtöne ein Höchstmaß an Sicherheit, Kontrolle und Gehkomfort bieten. Im Prinzip können Sie jeden Farbton durch die Zugabe von Braun erden. Selbst die kleinste Brauntonnuance verleiht Ihrem Boden sofort mehr Sicherheit und Stabilität. Vertrauen schafft der Boden vor allem dann, wenn er uns dunkler als die angrenzenden Wandfarben erscheint. Wenn Sie mit atmosphärischen Mitteln Vertrauen, Sicherheit und Stabilität schaffen wollen, dann wählen Sie nicht Lichtweiß, sondern sandiges Pastellweiß, nicht Glutorange, sondern erdiges Terrakotta, nicht Signalrot, sondern lehmigen Ocker für die Wandfarben. Imitationen brauner Naturmaterialien wie Holz und Naturstein wirken problematisch, wenn sie als solche erkennbar sind. Wir lassen uns nicht gerne etwas vormachen und reagieren sehr sensibel, wo es um unsere Sicherheit geht!

Naturbraun

wohltuend, gemütlich und behaglich

Braune Naturtöne schaffen nicht nur Sicherheit und Vertrauen, sondern sie fördern auch unser seelisches Gleichgewicht. Dieser Assoziationsraum bildet sich durch Naturerlebnisse, wie sie selbst heute noch jeder kennt. Denken Sie an das nachgiebige Braun weicher Waldböden, die wir beim Laufen und Joggen als Wohltat empfinden. Und wer vergisst den warmen Dünensand, der unsere Zehen und Füße massiert, wenn wir barfuß am Meer spazieren gehen? Wer hat noch nie die Rinde eines Baumes liebkost, eine Hütte aus Hölzern gebaut, mit tonigen Materialien geformt oder sich beim Spielen im Matsch vergnügt? Viele Menschen nutzen den Aufenthalt an diesen Kraftzentren der Natur, um zu entspannen und aufzutanken. Wen wundert es, dass wir uns sehr gerne mit wohltuenden Brauntönen umgeben, wo wir nach Ruhe, Entspannung und innerer Balance suchen. In naturbraunen Wohlfühloasen kommen auch die regenerativen Effekte von Saunagängen, Massageanwendungen oder Meditationsübungen am besten zur Entfaltung.

Die Wirkungen von Brauntönen werden extrem stark von Geruchsempfindungen beeinflusst, was sich positiv wie negativ bemerkbar machen kann. Brauntöne, die wir mit dem Erscheinungsbild von Fäkalien verbinden, aktivieren Ekelgefühle und stoßen auf vehemente Ablehnung. Da unser Gehirn die allermeisten Farbassoziationen unbewusst verarbeitet, fällt es uns besonders bei Raum- und Objektfarben sehr schwer, den Grund für unseren Widerwillen zu benennen. Zwischen einem angenehmen Zimtbraun und einem abstoßenden »Kackbraun« liegt oft nur eine Nuance.

Vertrauen Sie Ihrem Bauchgefühl, denn wir haben keinen besseren Ratgeber! Wenn Sie einen Braunton hässlich finden, dann sollten Sie darauf verzichten. Doch lassen Sie sich davon nicht verunsichern, denn es gibt weit mehr Brauntöne, die wir mit angenehmen Gerüchen assoziieren. Wenn Sie den Geruch eines Materials mögen, ist auch der Braunton eine gute Option. Schon der Anblick eines tiefbraunen Zedernholztons kann aromatisch wirken. Hölzer und holzfarbene Brauntöne senken unseren Stresslevel, was interessant für Büros und Bildungseinrichtungen sein kann.[6] In Studien werden Deskriptoren wie »warm«, »komfortabel«, »entspannend«, »natürlich« und »einladend« am häufigsten genannt.[7]

Falls Sie jetzt noch immer keinen angenehmen Braunton gefunden haben, dann schauen Sie doch noch kurz in der Küche vorbei. Exotische Genussmittel wie Schokolade, Kaffee, Tee und Tabak oder Gewürze wie Zimt, Muskatnuss, Pfeffer, Nelken oder Anis besitzen neben ihren prägnanten tiefbraunen Farbtönen einen starken aromatischen Geruch und würzigen bis bittersüßen Geschmack. Den typisch braunen Nussgeschmack verbinden wir mit Haselnüssen, Walnüssen und Mandeln oder Edelkastanien. Aromatische Brauntöne machen geradezu süchtig. Mit solchen Brauntönen können Sie in jedem Raum sofort eine Wohlfühlatmosphäre kreieren, die behaglich, entspannend und stabilisierend wirkt. Dieser Wellnessfaktor ist auch der Grund, weshalb wir uns so gerne mit natürlichen Brauntönen umgeben, die in Kombination mit anregenden Farben wie Minzgrün, Petrolblau oder Orangerot zudem auch sehr belebend wirken. Gehen Sie sparsam mit kräftigen Brauntönen um, da ansonsten sehr schnell ein höhlenartiger Raumeindruck entsteht, der sich kontraproduktiv auf Ihre kognitive Leistungsfähigkeit auswirken kann. Am besten entspannt und arbeitet es sich in Räumen, in denen der Anteil brauner Oberflächen unter 45 Prozent bleibt.[8]

Unsere Farbpräferenzen werden zeitlebens von den Räumen unserer Kindheit geprägt.[9] Ich spreche in diesem Zusammenhang gerne von Farbheimat, die bei vielen Menschen ein Gefühl der Vertrautheit auslöst. Doch Gefühle wie Heimatlichkeit, Gemütlichkeit und Geborgenheit galten jahrzehntelang als altmodisch und reaktionär. Heimatliche Farbklänge, bei denen natürliche Brauntöne eine zentrale Stellung einnehmen, liegen heute wieder voll im Trend, etwa Kombinationen wie Erdbraun mit Enziangelb, Eichenbraun mit Moosgrün oder Laubbraun mit Veilchenviolett. Natürliche Brauntöne und ihre Kombinationen finden sich nicht nur bei uns, sondern in allen dicht besiedelten Weltregionen, denken sie nur an Braunocker mit Zitronengelb oder Sandbraun mit Azurblau.

Nostalgische Modetrends wie der Landhausstil, Heimatstil oder Vintage-Stil sind kulturelle Schöpfungen des städtischen Bürgertums, die kaum etwas mit der Realität des bäuerlichen Alltags gemein haben. Das allgegenwärtige Braun typisch ländlicher Bauten wirkt im warmen Schein brennender Kaminfeuer und Kerzen nicht nur schlicht, rustikal und gemütlich, sondern wird darüber hinaus durch frische Farben belebt. Am Tag sorgen großzügige Fenster dafür, dass die blühende Farbenpracht des Gartens auch im Innenraum wirksam werden kann. Wir komponieren all diese Naturfarben zu einem sehnsuchtsvollen Bild, das uns hilft, Gefühle der Entfremdung zu überwinden.

Sackbraun

arm, rückständig und intolerant

Im Jahre 1207 tauschte der wohlhabende Bürger Franziskus von Assisi seine Kleidung mit einem Bettler, um sein Leben nach dem Vorbild Jesu Christi in Armut und Demut zu verbringen. Seine schlichte braune Wollkutte, an der er in zahlreichen Gemälden zu erkennen ist, brachte den Reformcharakter der Bewegung zum Ausdruck und wurde zur Symbolfarbe des Franziskanerordens. Die sackbraune Farbe diente den Ordensmitgliedern als Mittel der Abgrenzung von der in Verruf geratenen städtischen Lebensweise. Mitte des 19. Jahrhunderts tauchte diese Zivilisationskritik erneut in der Malerei des Realismus auf.

In Gemälden Gustave Courbets verschmelzen die braunen Haut- und Kleidungstöne der Menschen mit den erdigen Brauntönen unbestellter Ackerflächen und den goldenen Brauntönen reifer Feldfrüchte. Die von den Folgen der Industrialisierung geplagte Stadtbevölkerung entdeckte zu dieser Zeit die Schönheit des einfachen Landlebens. Das zeigt sich auch in aufkommenden Volksliedern wie »Schwarzbraun ist die Haselnuss«, in dem die erotische Anziehungskraft einer armen, sonnengebräunten Bäuerin besungen wird.

Zur selben Zeit flüchteten große Teile der Landbevölkerung massenhaft in die modernen Städte. Als das urban-visionäre Weiß seinen Siegeszug in den modernen Städten Nordamerikas begann, wurde das ländlich-konservative Braun überall auf der Welt zum Merkmal einer rückständigen Vergangenheit. Historische Baumaterialien wie Ziegel, Natursteine, Holz, Lehmputze und Erdfarben behinderten deutlich sichtbar den Prozess der Modernisierung und wurden daher zunehmend aus dem Stadtbild verbannt. Wo Neubauten nicht möglich waren, machten sich Hauseigentümer und Bewohner daran, den braunen Muff der Vergangenheit mit frischer weißer Farbe zu vertreiben. Massive

Hartholzmöbel, die oft viele Generationen überdauert hatten, wurden in Trödelläden oder auf Flohmärkten zu Spottpreisen verramscht. Globale Einrichtungskonzerne wie Ikea brachten anschließend nicht nur den Bauhausstil, sondern auch die Bauhausfarben in unsere Lebenswelt. Braun rangierte bald am Ende der Werteskala und wurde in zahlreichen Umfragen zur unbeliebtesten Farbe erklärt.[10] Doch wie kam es überhaupt zu all dem Hass und der Verachtung, die der Farbe Braun hier entgegenschlägt?

Wie alle Farben hat auch das ländliche Braun eine Schattenseite, die sehr wirkmächtig werden kann. Von bodenständig zu rückständig, von schlicht zu engstirnig oder von traditionsbewusst zu spießig ist es oft nur ein kleiner Schritt. Braun symbolisiert die positiven Sichtweisen des Landlebens wie Heimat, Schlichtheit und Gemütlichkeit, aber auch die negativen wie Provinzialismus, Voreingenommenheit und Intoleranz. Dieser Konflikt zeigt sich nirgendwo so deutlich wie am Missbrauch der Symbolfarbe Braun durch den Nationalsozialismus. Die Scheinidylle eines zwar bescheidenen, doch sorgenfreien und sicheren Landlebens bot der völkischen Bewegung eine optimale Kulisse für ihre »Blut und Boden«-Ideologie. Entwurzelte, von Krieg, Inflation und Arbeitslosigkeit gebeutelte Industriearbeiter sollten ihre verlorene Heimat und Identität in einer revitalisierten bäuerlichen Volksgemeinschaft wiederfinden. Schlichte ländliche Lebensformen, wie sie schon Franziskus von Assisi idealisierte, wurden als Alternative zum Elend der Verstädterung und Industrialisierung propagiert. Mit den braunen Uniformen der neuen Heilsbringer breitete sich auch ihre Ideologie aus. Braun wurde zur Parteifarbe der NSDAP und Kennzeichen ihrer paramilitärischen Sturmabteilung (SA). Durch die Hitlerjugend trugen bald 98 Prozent aller deutschen Kinder und Jugendlichen das Braunhemd. Propagandistische Aufmärsche und Versammlungen waren ein effektvolles Mittel, um den eigenen Bürgern wie dem zuschauenden Ausland die wachsende Macht der »braunen Volksgemeinschaft« zu demonstrieren.

Die einheitliche Farbe der »Braunhemden« stammt ursprünglich von den Militäruniformen der »Kaiserlichen Schutztruppe für Deutsch-Ostafrika«, von denen der SA-Führer Gerhard Roßbach 1924 einen größeren Posten erwarb. Es war dennoch alles andere als ein Zufall, dass Braun zur Symbolfarbe des Nationalsozialismus wurde und nicht etwa die Farben der Hakenkreuzflagge, in der Rot für »soziale Gerechtigkeit«, Weiß für »heilige nationale Begeisterung« und Schwarz für »Arbeit« standen.[11] Diese Ikonografie ist austauschbar. Ganz anders hingegen wirkt das Braun, in dem sich die »Blut und Boden«-Ideologie des Faschismus wie bei keiner anderen Farbe zeigt. Schon die Parteizentrale der NSDAP in München wurde als das »Braune Haus« bezeichnet. Großbauten wie die »Neue Reichskanzlei« oder das »Reichsparteitagsgelände in Nürnberg« wurden auf Wunsch Hitlers mit fahlem braunem Travertin bekleidet. Die angestrebte »Welthauptstadt Germania« sollte ebenso eine braune Machtdemonstration werden wie das »Dritte Rom« Mussolinis. Das Nationalmonument des Heiligen Kreuzes, das bedeutendste Zeugnis und Grabstätte der Franco-Diktatur, wurde sogar komplett in das braune Felsgestein der Sierra de Guadarrama gebaut.

Dieser Symbolgebrauch von Braun hat sich tief im kollektiven Bewusstsein der Menschheit verankert. Rechtsradikalen Gruppierungen wird eine »braune Gesinnung« zugeschrieben, ihre Taten als »brauner Terror« gebrandmarkt. Wer heute öffentlich als »braun« bezeichnet wird, kann gegen diese Diffamierung klagen. Wenn der Nachweis nicht erbracht werden kann, dass die Person tatsächlich dem nationalsozialistischen Gedankengut nahesteht, liegt eine strafbare Ehrverletzung vor.[12] Doch Vorsicht, Braun ist selbst dann eine vorbelastete Farbe, wenn dieser Zusammenhang nicht hergestellt werden kann! Als der Moderator Jochen Breyer im »Morgenmagazin« des ZDF ein braunes Hemd trug, brach im Internet ein Shitstorm über den Sender herein, dem eine denkwürdige Entschuldigung der Redaktion folgte. Die braune Hemdfarbe wurde als optische Täuschung deklariert, die das olivgrüne Original verfälscht habe.[13]

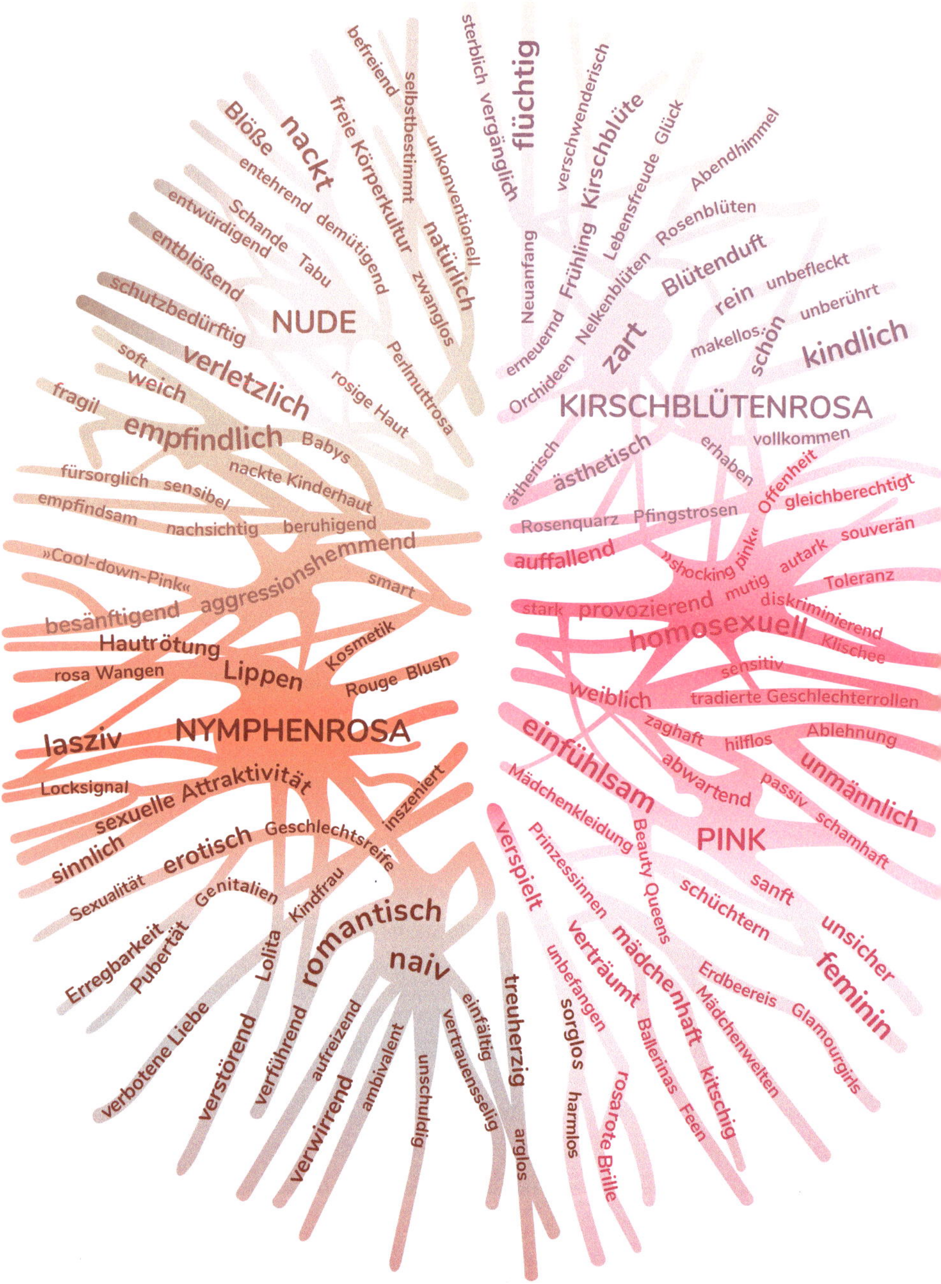

GEDÄCHTNISLANDKARTE ROSA

Symbolbedeutung und Wirkungsspektrum

Rosa

zart, verletzlich, feminin und lasziv

Kirschblütenrosa

zart, flüchtig und kindlich

»Mono no aware« ist ein japanischer Ausdruck für die Vergänglichkeit der Schönheit, die zu Beginn der »rosafarbenen Jahreszeit« mit dem Kirschblütenfest (Hanami) gefeiert wird. Vorhersagen der Kirschblütenzeit sind in Japan mediale Großereignisse. Die magische Blütenpracht hält das Land für einige Tage in Bann, bis sich der Boden schlussendlich in welkem Rosa färbt. Das Werden und Vergehen bildet eine ästhetische Einheit. Der bloße Anblick verursacht ein euphorisches Gefühl, das von Empfindungen der Flüchtigkeit, Sterblichkeit und Vergänglichkeit begleitet wird. Rosa ist die Symbolfarbe vollkommener Schönheit. Die rosa blühenden japanischen Zierkirschen werden kunstvoll in Gärten und Parks, an Flussläufen, Alleen und Aussichtpunkten platziert, wodurch sich den Pilgern im Frühjahr immer neue malerische Perspektiven auftun. Poetische Farbklänge wie Kirschblütenrosa mit Himmelblau bereichern nicht nur das japanische Design, sondern sie werden auch in sozialen Netzwerken millionenfach geteilt.

Überall auf der Welt erfreuen sich Menschen am »blühenden Leben«. Rosa ist ein Bote des Frühlings. Schon der Anblick vermittelt uns ein Glücksgefühl. Wer seine Lebensfreude zum Ausdruck bringen will, kleidet sich in diese Frühlingsfarbe oder umgibt sich damit in seinem Lebensraum. Dieses freudige Lebensgefühl symbolisiert Rosa auch in den Weltreligionen. Rosa blühende

Pflanzen wie Lotusblumen, Pfingstrosen und Orchideen werden im Buddhismus als Symbol für Reinheit, Schönheit und Glück verehrt. Gläubige gestalten damit kunstvolle Gaben, um sich und ihre Götter zu erfreuen. In der christlichen Liturgie weist Rosa allen Gläubigen den Weg zu einem glücklichen Leben. Am dritten Adventssonntag (Gaudete) kurz vor dem Weihnachtsfest erfolgt die Aufforderung: »Freut euch im Herrn allezeit!« Kurz vor dem Osterfest am Rosensonntag (Laetare) folgt der Aufruf: »Freut euch mit Jerusalem!« Um die Wahrhaftigkeit ihrer Worte zu bekräftigen, tragen Kleriker ein rosafarbenes Messgewand.

»Rosa« ist die lateinische Bezeichnung einer Edelrose. Der Farbname verbreitete sich in den romanischen Sprachen und wurde Mitte des 18. Jahrhunderts ins Deutsche importiert. Den Aufstieg von »Rosa« zu einem der meistverwendeten Farbwörter haben wir jedoch nicht allein den reizvollen Blütenfarben zu verdanken. Der Begriff verbreitete sich rasend schnell, als rosafarbene Textilien in Mode kamen. Das Farbwort tauchte zuerst in substantivischen Zusammensetzungen wie »Rosakleid, Rosaband und Rosatuch« auf.[1] Im Rokoko war das textile Rosa allgegenwärtig, nicht nur bei Kleidungsstücken, sondern ebenso bei Möbelbezügen und Wandbespannungen. Wer sich die Textilprodukte nicht leisten konnte, malte sich die Modefarbe an die Wand. Auf Rokoko-Gemälden können Sie entdecken, dass Rosa zu dieser Zeit auch Jungen kleidete. Sie wirken auf uns heute sehr mädchenhaft, da sie zudem auch lange Haare und Kleider trugen.[2]

Neugeborene Mädchen wurden in dieser Zeit häufig mit einem hellen Blau gekennzeichnet, in Referenz zur Symbolfarbe der Jungfrau Maria.[3] Hellblau war das »kleine Blau«, Rosa hingegen das »kleine Rot«, das dem Nachwuchs Kraft und Stärke verleihen sollte. Wenn Babys und Kleinkinder selbst wählen dürfen, bevorzugen sie warme rötliche Farben. Blaue lassen sie meist links liegen.[4]

Zuletzt noch ein paar Worte zum englischen Farbwort »pink«, das auch von einer Pflanzenfarbe abstammt. Die rosavioletten

Blüten der Federnelke werden auch als »common pink« oder »wild pink« bezeichnet. Wie das deutsche Rosa, so definiert auch das englische Pink einen weiten Farbraum, der zahlreiche reine, gebrochene, getrübte und gemischte Tönungen umfasst. Der Anglizismus »Pink« verengt den Farbraum auf einen besonders grellen Ausschnitt, der einem gelblichen Magenta nahekommt. Dieser Signalton stellt im Englischen einen Sonderfall dar und wird dort treffend als »shocking pink« bezeichnet. Die Designerin Elsa Schiaparelli führte diese schockierende Farbe bereits in den 1930er-Jahren in die Modewelt ein und wurde zur größten Konkurrentin von Coco Chanel. Seit dieser Zeit gehört Pink zu den Lieblingsfarben der Avantgarde.

Nude

verletzlich, empfindlich und nackt

»Rosa ist immer schockierend. Nackt.« Diese Feststellung stammt vom Filmregisseur Derek Jarman, der sich selbst als »Color Junkie« und Farbe als »Adrenalin« bezeichnete.[5] Der Grundfarbton der menschlichen Haut ist Rosa. In der Evolutionsbiologie geht man heute davon aus, dass die Haut unserer Vorfahren mit dem Rückgang des schützenden Fells dunkler wurde. Dafür spricht auch die rosafarbene Haut der Schimpansen, unserer nächsten Verwandten, die sich unter ihrem braunen Fell verbirgt. Unbehaarte Körperteile wie Gesicht, Hände und Füße sehen bei jungen Schimpansen noch rosa aus.[6] Der nackte Mensch braucht das braune Sonnenschutzpigment Melanin, um in Regionen mit hoher Lichteinstrahlung zu überleben.

In den frostigen Weltregionen legen wir uns eine Art Ersatzfell zu, mit dem wir unsere nackte Haut bekleiden, die aufgrund der geringen Sonneneinstrahlung nahezu unpigmentiert ist. Die rosige Haut von Neugeborenen wirkt in diesem Kontext besonders zart, empfindlich und verletzlich. Da die Haut zu diesem Zeitpunkt noch sehr dünn und völlig unpigmentiert ist, sind nackte Kleinkinder der Kälte wie dem gesundheitsschädlichen UV-Licht der Sonne schutzlos ausgeliefert. Erwachsene reagieren auf diesen biologischen Farbcode sehr emotional und verhalten sich instinktiv sanftmütiger, nachsichtiger und fürsorglicher. Dieses instinktive Verhalten zeigt sich auch bei unseren nächsten Verwandten im Tierreich. Rosa ist ein extrem wirksames Farbsymbol, das uns Eigenschaften wie Nacktheit, Verletzlichkeit und Schutzbedürftigkeit signalisiert. Diese Botschaft beeinflusst unser Verhalten und hat erhebliche Konsequenzen für den Gebrauch der Farbe im Alltag. Menschen erscheinen uns empfindsamer, zarter und verletzlicher, wenn sie Rosa tragen. Achten Sie einmal ganz bewusst auf die Wirkungen der Körpersprache, Mimik und Gestik! Nicht nur der Mensch, sondern alles, was wir tun und sagen, wirkt in diesem Kontext smarter, weicher und vorsichtiger.

Männer wie Frauen können sich diese entwaffnende Wirkung zunutze machen, wenn sie andere Menschen freundlich stimmen und für sich oder eine Sache einnehmen wollen. Um in der Geschäftswelt dennoch nicht unseriös zu erscheinen, sollten Sie Rosa sparsam dosieren! Als Akzentfarben von Krawatten, Socken oder Taschen lockert Rosa das förmliche und reservierte Erscheinungsbild von Anzügen und Kostümen spürbar auf. Erheblich smarter wirken Sie mit einem deutlicheren Statement wie rosa Hemden, Blusen oder Röcken. Komplett rosa Outfits wirken entwaffnend, können jedoch auch als Provokation aufgefasst werden, denn sie spielen mit Assoziationen von Nacktheit!

Die verblüffende Wesensänderung tritt auch dann ein, wenn Sie sich vor einem rosafarbenen Hintergrund aufhalten. Damit sind wir beim legendären »Baker-Miller-Pink«, das 1979 in mehreren Gefängniszellen des »Naval Correctional Facility« in Seattle verstrichen wurde, um das Verhalten der Häftlinge positiv zu beeinflussen. Erste Studien hatten gezeigt, dass dieser grelle Pinkton sowohl die Muskelkraft als auch die Herzfrequenz, den Puls und die Atmung senkt. Der Beruhigungseffekt tritt tatsächlich sehr häufig nach wenigen Minuten ein, ist jedoch leider nicht von Dauer.[7] Auch in Deutschland und der Schweiz konnten keine signifikanten Wirkungen festgestellt werden, als Gefängniszellen kürzlich mit »Cool-down-Pink« gefärbt wurden. Nach meiner Ansicht gibt es einen einfachen Grund für das Scheitern dieses Experiments. Eine pinke Gefängniszelle löst einen Moment der Verblüffung aus, der dann jedoch sehr schnell nachlässt und anschließend als lästige Zwangsmaßnahme empfunden wird. Sie würden sich vermutlich auch nicht lange in einem Raum aufhalten wollen, in dem Tag für Tag liebliche Musik erschallt.

Wenn Sie Farben für Räume suchen, in denen Sie sich behütet, geschützt und geborgen fühlen möchten, dann meiden Sie Pink. Blütenfarben entwickeln auf großen Flächen eine Präsenz, die auf Dauer kaum zu ertragen ist. Orientieren Sie sich besser am ausgeblichenen Spektrum welker Blüten. Probieren Sie es mit vergrauten Mischungen wie »Altrosa« oder »Pastellrosa«, gelblichen wie »Lachsrosa« und »Champagnerrosa« oder transparenten wie »Rosenquarz« und »Perlmuttrosa«. Haben Sie keine Angst davor, wenn das reine Rosa dadurch verschmutzt aussieht, denn das ändert sich schlagartig, wenn sich die wunderbare Zartheit der Farbe im Raum entfaltet. Ähnliche Erfahrungen machen Maler bei der Mischung von Hauttönen, die auf der Palette hässlich und falsch wirken müssen, um auf der Leinwand schön und glaubwürdig auszusehen. Diesem Effekt sollten Sie auch Beachtung schenken, wenn Sie sich ein rosa Kleidungsstück oder Einrichtungsobjekt anschaffen wollen.

Pink

feminin, einfühlsam und homosexuell

Im Rokoko erlebte Pink einen ersten kulturellen Höhenflug. Da die Preise reiner Farben wie Rot durch Importe aus den Kolonien sanken, musste sich die Hautevolee etwas Neues ausdenken. Niemand prägte Mode und den Lifestyle dieser Zeit mehr als die Marquise de Pompadour, Mätresse des französischen Königs Ludwig XV. Sie kreierte nicht nur die »Frisur à la Pompadour«, die kunstvoll aufgetürmten Haarbauten, sondern auch den Farbton »Rosé Pompadour«, der seinerzeit bei Männern wie Frauen in Mode kam. Die erotische Macht der Farbe Rosa zeigt sich auch an den vielen fantasiereichen Farbbezeichnungen dieser Zeit wie »Nonnenbauch«, »Fick mich« und »Sünde«.[8]

Sündig wirkte auch das Sexsymbol der 1950er-Jahre, Marilyn Monroe, die in der »knallbunten Technicolor-Produktion« »Blondinen bevorzugt« als blondes Pin-up-Girl zu sehen war.[9] Als Monroe ihren berühmten Song »Diamonds Are a Girl's Best Friend« singt, steht sie in einem pinken Kleid auf der Bühne und wird von Männern in schwarzen Smokings gerahmt. Die Szene wirkte noch skandalöser, da kurz zuvor Nacktfotos von ihr in einem Kalender entdeckt wurden. Doch auch ihr weibliches Gegenstück, die perfekte »Sauberfrau« Doris Day, trug in ihren Filmen auffällig häufig Rosa, natürlich kein Pink, sondern einen pastelligen Ton. Das feminine Rosa stand plötzlich für ein neues Frauenbild. Denn beide Charaktere hatten eins gemeinsam, sie waren nicht nur weiblich, sondern auch selbstbewusst, erfolgreich und berühmt.

In den 1960er-Jahren hieß es dann »Think pink«. Die einflussreiche Chefredakteurin des Vogue-Modemagazins, Diana Vreeland, wollte damit nicht weniger als die gesamte weibliche Welt einfärben. Pink sollte zur Symbolfarbe der Frauen des 20. Jahrhunderts werden, die von der Gesellschaft gesehen und gehört werden wollten.[10] Von ihr stammt auch der programmatische Satz »Pink is the navy blue of India«, aus dem später »Pink is the new black« wurde. Unzählige Frauen, unter ihnen auch Popikonen wie Madonna, Cher, Kylie Minogue und Taylor Swift oder weltbekannte Schauspielerinnen wie Uma Thurman, Nicole Kidman und Cate Blanchett folgten dieser Aufforderung. Doch wie kam es eigentlich zur vehementen Ablehnung der Farbe Rosa durch den Feminismus, und warum sind moderne »Rosa-Hasserinnen« von Natur aus zum Scheitern verurteilt?

»Traditionelle Geschlechterrollen machen krank«, behauptet die Protest- und Bildungsorganisation »pinkstinks« ganz im Geiste des weltweiten Feminismus.[11] Das mag sein, doch ist die Festlegung von Rosa auf eine stereotype Geschlechterrolle tatsächlich traditionell zu begründen? Die *Financial Times*, eine der erfolgreichsten Wirtschaftszeitungen der Welt, wird bis heute auf rosa Papier gedruckt, weil die Gründung dieses Traditionsunternehmens auf das Jahr 1893 zurückgeht, wo es diese Konvention noch nicht gab. Der Schriftsteller F. Scott Fitzgerald lässt seinen Romanhelden Tom in *The Great Gatsby* sagen: »Ein Mann aus Oxford! Zur Hölle, er ist es. Er trägt einen rosa Anzug.« Frauen und Männer der Oberschicht trugen rosafarbene Kleidung bis in die 1920er-Jahre. Das Vorurteil gegenüber Rosa etablierte sich erst nach dem Zweiten Weltkrieg.[12]

Die geschlechtsspezifische Codierung der Kinderwelt in Rosa und Hellblau nimmt in der Tat seit vielen Jahren kontinuierlich zu.[13] Die Mädchenwelt versinkt in Rosa! Das gilt längst nicht nur für klassische Mädchenspielzeuge, sondern auch für Mädchenkleidung und Mädchenzimmer. Selbst Gebrauchsgegenstände wie Rucksäcke, Trinkflaschen und Fahrräder werden inzwischen geschlechtsspezifisch codiert, was der Industrie enorme Umsatzzuwächse beschert. Doch gegen die Natur der Farben kommen wir nicht an! Ein totales Rosa-Verbot würden die meisten Mädchen als Strafe empfinden! Das braucht es auch nicht, denn der Gebrauch von Rosa pendelt sich spätestens in der Pubertät auf das jeweils richtige Maß ein. Manche Mädchen gehen dann ganz offensiv mit ihrer Weiblichkeit um, andere verstecken diese lieber hinter Schwarz und Grau. Ein Rosa-Verbot wäre zudem kontraproduktiv für die gesellschaftliche Gleichstellung. Frauen und Mädchen können heute selbstbestimmter als jemals zuvor leben, ohne ihr Geschlecht zu leugnen.

Wenn erwachsene Menschen in der Öffentlichkeit Rosa tragen, ist das ein Zeichen von Offenheit und Selbstbewusstsein, bei Männern wie Frauen. Mächtige Politikerinnen wie Hillary Clinton oder Angela Merkel zeigen sich heute gerne öffentlich in Rosa. Sie müssen nicht mehr »ihren Mann« stehen, sondern dürfen Frauen bleiben, wenn menschliche Tugenden wie Verantwortung und Durchsetzungskraft verlangt werden. Männer, die sich in Rosa kleiden, haben es nicht mehr nötig, sich vom Verdacht der Homosexualität zu distanzieren. Auch bei vielen Feministinnen setzt daher bereits ein Umdenken ein. Als sich im Jahr 2017 Hunderttausende Amerikanerinnen auf den »Women's March on Washington« machten, um ihrem Protest gegen den Amtsantritt von Donald Trump als US-Präsident Ausdruck zu verleihen, zogen sie sich allesamt rosa Strickmützen über die Köpfe. Die pinkfarbenen »Pussyhats« stehen für eine offene, friedliche und tolerante Weltanschauung und setzen ein Zeichen gegen jedweden Hass. Rosa wurde 2017 prompt als »Millennial Pink« zur Modefarbe des Jahres gekürt.[14]

Stereotypische Rollenbilder müssen an ganz anderer Stelle bekämpft werden, und zwar dort, wo Rosa zu Anfeindungen, Diskriminierungen oder gar Mordgelüsten führt. Viele Männer lehnen Rosa kategorisch ab, da die Farbe ihre femininen Eigenschaften betont und als Ausdruck von Homosexualität gedeutet werden kann. Während der Zeit des Nationalsozialismus mussten KZ-Häftlinge, die wegen ihrer Homosexualität eingesperrt, gedemütigt und ermordet wurden, einen »rosa Winkel« als Erkennungszeichen tragen. Die Identifikation von Schwulen und Lesben war so einfach, weil es seit dem Ende des 19. Jahrhunderts

»Rosa Listen« gibt, in denen die Homosexualität von Menschen behördlich erfasst wird. Trotz Verbots ist diese Praxis noch nicht vorbei.[15] In den 1970er-Jahren entwickelte sich Rosa zum Symbol der Schwulen- und Lesbenbewegung. Zu den Wegbereitern dieser Bewegung zählt auch der Autor und Filmregisseur Holger Mischwitzky, der unter seinem programmatischen Künstlernamen »Rosa von Praunheim« weltbekannt wurde. Am Christopher Street Day, an dem Lesben, Schwule, Bisexuelle und Transgender weltweit für ihre Rechte demonstrieren, sind Straßen und Plätze in Rosa getaucht. Steht es hingegen schlecht um die Rechte von Frauen und Homosexuellen, fehlt das Rosa im öffentlichen Raum. Rosa ist ein guter Gradmesser für gesellschaftliche Tugenden wie Offenheit, Gleichberechtigung und Toleranz.

Nymphenrosa

lasziv, romantisch und naiv

Rosa ist das »kleine Rot«. Die enge Beziehung zwischen beiden Farben zeigt sich nicht allein beim Mischen, denn dort ist Rosa lediglich ein helles Rot. Viel wichtiger sind jedoch die biologischen und symbolischen Verwandtschaften, denn beide Farben dominieren die Partnerwerbung und sind die wichtigsten Kennzeichen sexueller Attraktivität. Unsere Lippen, die zu den sekundären Geschlechtsmerkmalen gehören, sind von Natur aus rosa. Das gilt auch für unsere primären Geschlechtsmerkmale wie die weibliche Vagina und die männliche Eichel, die wir jedoch anders als unsere nächsten Verwandten im Tierreich schamhaft unter der Kleidung verstecken. Im pornografischen Zusammenhang werden diese Körperteile daher auch als »pink parts« bezeichnet. Darstellungen oder das Vorzeigen der Vagina gelten als »showing pink«.[16]

Da Sexualität lange Zeit ein Tabuthema in der Gesellschaft war und in vielen Kulturen noch immer ist, sprechen wir oft nur in

Andeutungen über die Erfüllung der Liebe. Das griechische Wort »Nymphe« bezeichnet sowohl die Rosenknospe als auch die Braut. Auch die Priesterinnen der Liebesgöttin Venus trugen Rosenblüten im Haar. Im Christentum wurde der Rosen- zum Paradiesgarten, die Rose hingegen zum Symbol der Jungfrau Maria. In der Kulturgeschichte sind Rosen nicht nur ein Symbol der Liebe, sondern auch eine Metapher für den sexualisierten Körper der Frau. Klassische Dichter wie Johann Gottfried von Herder und Johann Wolfgang von Goethe lassen das Röslein gar mit Gewalt brechen, das sich mit seinen Stacheln erfolglos gegen die Zudringlichkeiten der Knaben wehrt.[17] Gedichte wie »Die Blüte« oder »Heidenröslein« beklagen das schnelle Welken der gewaltsam gebrochenen Schönheit. Doch klagen allein reicht vielen Frauen heute nicht mehr aus. Sie nehmen ihr Schicksal selbst in die Hand und zeigen, dass Rosa auch ganz anders wirken kann.

Ein Bollywoodfilm zeigt die Lebensgeschichte der indischen Frauenrechtlerin Sampat Pal Devi, die sich mit vielen Mitstreiterinnen in pinkfarbene Saris kleidete, um gemeinsam gegen sexualisierte Gewalt vorzugehen. Wo Ansprachen nicht helfen, werden auch Drohungen oder gar körperliche Züchtigungsmaßnahmen eingesetzt. Pink heißt auf Hindi »gulabi«, ein Farbwort, das mit »süßer Weiblichkeit« verbunden wird.

Die Symbolik der Farbe Rosa verändert sich grundlegend, sobald Mädchen und Jungen ihrem kindlichen Alter entwachsen sind. Das Merkmal kindlicher Schutzbedürftigkeit wandelt sich zum Kennzeichen sexueller Attraktivität. Das häufige Erröten empfindlicher Hautpartien wie Hals, Wangen und Lippen gehört zu den Signalen, mit denen uns der Körper die Geschlechtsreife signalisiert. Die Errötung sorgt nicht nur für Schamgefühle, sondern sie ist vor allem hilfreich beim Flirten. Hier ist Rosa wieder das kleine Rot, das sexuelle Attraktivität nicht offen signalisiert, sondern lediglich andeutet. Aus den Reizen erwachender Sexualität kann sich ein provokantes, aufreizendes und gefährliches Spiel aus Begierde und Eifersucht entwickeln. Diese Dramatik repräsentiert sich in literarischen Figuren wie der Lolita von Vladimir Nabokov, der damit ein Sinnbild der zerstörerischen Kraft pädophiler Liebesbeziehungen entworfen hat. Rosa wird hier zur Symbolfarbe einer verbotenen Liebe, die am Ende zur Katastrophe führt. Es kennzeichnet den gesellschaftlichen Status der Kindfrau und wird zum Sinnbild ambivalenter sexueller Verhaltensweisen. Das Rosa der Lolita wirkt zugleich kindlich und erwachsen, spielerisch und verführerisch, unschuldig und provokativ, naiv und lasziv. Rosa sorgt für Verwirrung, was die Farbe für uns noch reizvoller macht!

In patriarchalischen Gesellschaften werden Mädchen daher unmittelbar nach der Geschlechtsreife verschleiert, verlobt und verheiratet. Sexuelle Codes wie rosafarbene Kleidung oder die Nutzung von Rouge sind häufig mit Tabus belegt. Das gilt nicht nur für Mädchen, sondern auch für Jungen, bei denen Rosa als Zeichen von Homosexualität gedeutet wird. Wo Mädchen und Jungen ihre sexuellen Neigungen frei entdecken dürfen, ist die Symbolfarbe der romantischen Liebe von größter Bedeutung. Obwohl der ganze rosa »Kram« auf den ersten Blick sentimental, trivial oder kitschig wirkt, erfüllt er dennoch seinen Zweck. Viele Mädchen entdecken die Wirkungen von Rosa heute für sich und können ihre Gefühle offen ausleben. Sorgen machen müssen wir uns um die Jungen, die noch immer von tradierten Moralvorstellungen gehindert werden, ihrer weiblichen Seite Ausdruck zu geben. Rosa fördert hier die Angst vor Unmännlichkeit oder Homosexualität. In Zeitschriften und Internetportalen finden sich daher Fragen wie diese, die Mädchen so nie stellen würden: »Hallo, ich mag sehr gerne Rosa und Pink und habe auch einige Klamotten in dieser Farbe. Ich würde sie gerne in der Schule tragen, habe aber Angst, dass ich dann gemobbt werde. Was würdet ihr denken, wenn ihr einen 18-jährigen Jungen in diesen Klamotten seht?«[18] Wir hindern Jungen wie Mädchen an der Entdeckung ihrer Sexualität, wenn wir den Gebrauch von Rosa verbieten oder stigmatisieren.

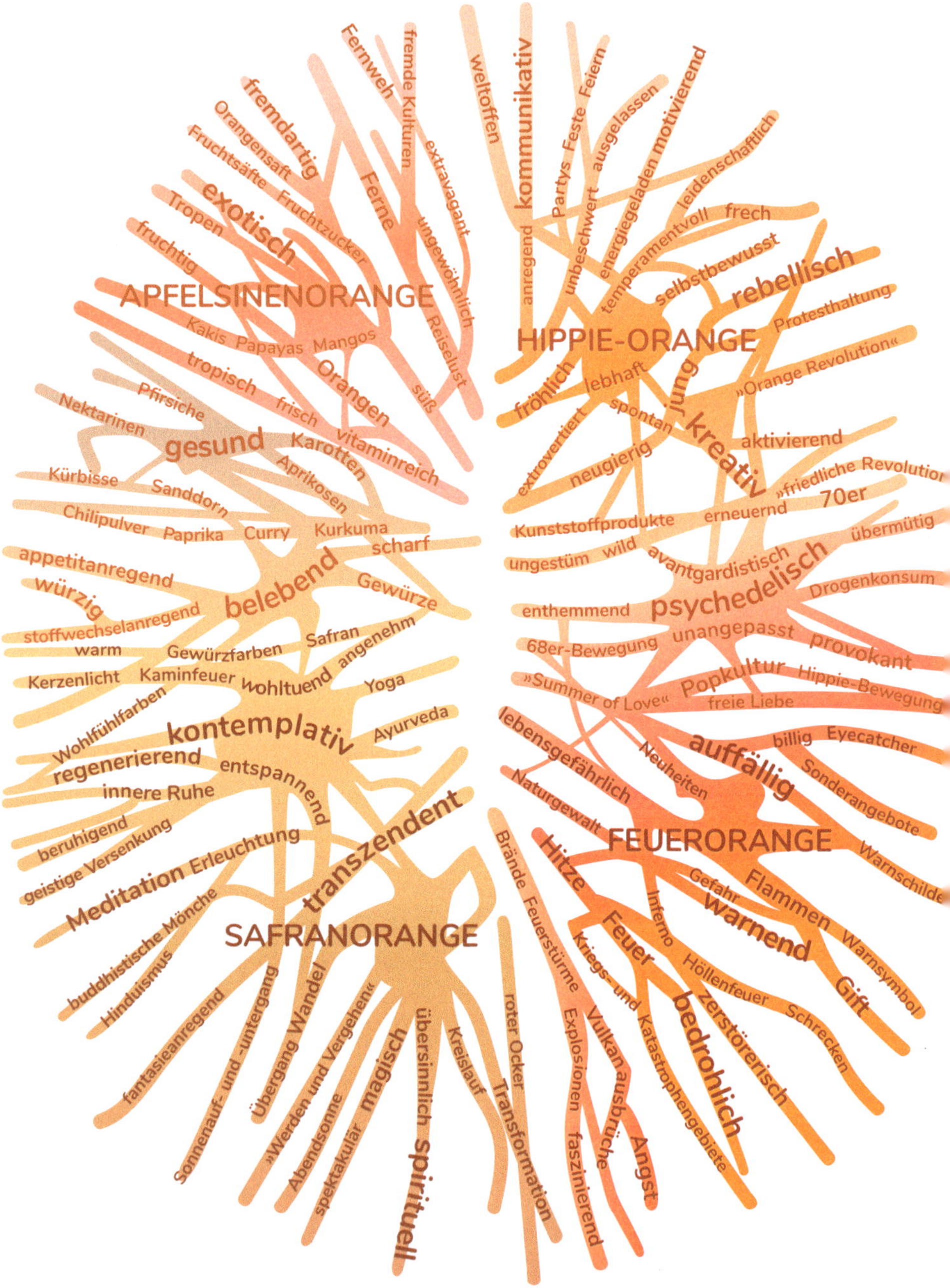

GEDÄCHTNISLANDKARTE ORANGE

Symbolbedeutung und Wirkungsspektrum

Orange

exotisch, spirituell, rebellisch und warnend

Apfelsinenorange

exotisch, belebend und gesund

Das Geheimnis der wunderbar duftenden orangefarbenen Früchte verbreitete sich in Europa zum ersten Mal durch Gelehrte, die Alexander von Makedonien auf seinen Feldzügen begleiteten. Theophrastus, Schüler des griechischen Philosophen Aristoteles, erzählte seinen staunenden Lesern Geschichten von goldenen Äpfeln, die im fernen Persien an »Wunderbäumen« hängen. Die orangen Zitrusfrüchte, die der Farbe ihren Namen gaben, stammen ursprünglich aus China, wo sie seit mehr als 4000 Jahren wegen ihres anregenden Geruchs und ihrer belebenden Säfte kultiviert werden. Auf ihrer weiten Reise um die Welt gelangten sie zuerst nach Persien, wo sie unter dem Namen »nāranğ« bekannt wurden. Mit zunehmender Verbreitung wandelte sich der Name zum arabischen »naranji« und indischen »nāranğ(a)«, aus dem später das maurische »naranja« wurde.

Orangen werden seit dem Mittelalter im Mittelmeerraum angebaut, vor allem in Andalusien und Sizilien, die lange Zeit noch zum arabischen Kulturraum gehörten. Der Farbname »Orange« verbreitete sich erst im 17. Jahrhundert in den Sprachen Europas und der Neuen Welt, als niederländische Handelsgesellschaften große Mengen der Zitrusfrüchte aus China importierten. Der Massenkonsum begann mit der Einführung neuer Sorten, die plötzlich nicht mehr nur bitter und würzig, sondern auch noch süß und saftig schmeckten. Inhaltsstoffe der exotischen Früchte wie Vitamine und Fruchtzucker wirken sich sehr positiv auf das Wohlbefinden und die Gesundheit aus. Kurz gesagt, fruchtige Orangetöne wirken selbst heute noch exotisch, belebend und gesund. Die Assoziationskraft fruchtiger Orangetöne wirkt sich zudem appetitanregend aus. Orangenscheiben am Longdrink oder am Essen sind nicht nur hübsche Dekoration, sondern sie steigern auch den Konsum. Suchtgefahr gilt auch bei orangefarbenen Säften und Fruchtsaftgetränken, die nicht immer gesund sind, aber fast immer einen extrem hohen Zuckeranteil aufweisen.

Fruchtige Orangetöne wirken ebenso belebend auf unser Erscheinungsbild wie auf unseren Lebensraum. Die Wirkungen der leuchtstarken Farbe sind selbst in geringer Konzentration sehr stark, also gehen Sie sparsam damit um oder greifen Sie auf getrübte und gebrochene Orangetöne zurück. Das Farbspektrum von Gewürzen wie Safran, Kurkuma, Curry, Chili oder Paprika wirkt viel dezenter als ein Apfelsinenorange und dennoch anregend und exotisch. Durch die Auswirkungen von Migration und Globalisierung haben sich die Wirkungen exotischer Farbtöne heute ein gutes Stück weit relativiert. Orange ist heute eine vertraute Farbe in der Jugendkultur oder im Freizeitbereich. Im Geschäftsleben hingegen sind Sie mit Orange meist noch immer ein Exot. Besonders in repräsentativen Umgebungen, die stark von konservativen Traditionen geprägt sind, wirkt Orange sofort auffällig, ausgefallen und provokativ. Wenn Sie sich dennoch für Orange entscheiden, ob bei Ihrer Kleidung oder in Ihrer Wohn- und Arbeitswelt, signalisieren Sie Ihren Mitmenschen eine temperamentvolle, leidenschaftliche und weltoffene Einstellung. Obwohl Orange heute längst zu unserem Alltag gehört, weckt der Anblick der Farbe noch immer ein Gefühl der Sehnsucht nach fernen Ländern und unbekannten Kulturen. Schauen Sie in Ihre Reiseprospekte! Orange ist die Symbolfarbe für Fernweh, Fernreisen und Reiselust. Wir verbinden die Zitrusfarbe Orange zum

Glück noch nicht mit den gigantischen Plantagen der Gegenwart, sondern mit einem unbeschwerten Lebensgefühl, fröhlichen Menschen, anregender Wärme und einer paradiesischen Natur.

Als in der ersten Hälfte des 19. Jahrhunderts zum ersten Mal synthetische Orangepigmente wie Chromorange und Kobaltorange hergestellt werden konnten, hielt das exotische Orange seinen Einzug in die europäische Kultur. Die Kunst der Präraffaeliten markierte den Beginn einer ästhetischen Revolution. Die einflussreiche Künstlervereinigung aus Großbritannien wandte sich gegen die akademische Tradition ihrer Zeit. Ihre Mitglieder schufen Neues, indem sie die Vergangenheit anders interpretierten.[1] Die aufreizend orangefarbigen Haare der Frauen auf den Porträts des Malers Dante Gabriel Rossetti wie auch die fast poppig leuchtenden antiken Gewänder auf den Bildern von Albert Joseph Moore wurden zum Symbol einer avantgardistischen Bewegung. Sie lösten einen internationalen Trend aus und wirken auch heute noch modern. Zur prägenden Modefarbe einer ganzen Stilepoche wurde Orange jedoch erst durch das atmosphärische Gemälde »Impression, Sonnenaufgang« von Claude Monet. Impressionistische Maler wie Auguste Renoir trugen Chromorange in dicken Schichten pastos aus der Tube auf, um ja nichts von dieser neuartigen Wirkung zu verlieren. Vincent van Gogh verwendete Orange, um seine Bilder mit Licht zu füllen. Er überraschte die Welt mit der verblüffenden Erkenntnis: »Es gibt kein Blau ohne Gelb und Orange.«[2]

Auch Henri de Toulouse-Lautrec gehörte zu dieser Avantgarde-Bewegung. Er verwendete Orange nicht nur für seine Bilder, sondern auch für die Schriften und Grafiken seiner Plakate, um den neuen »Wind des Impressionismus« zu verbreiten. Paul Gauguin führt uns hingegen die exotischen Wirkungen von Orange in seinen Südsee-Gemälden ganz direkt vor Augen, mit denen er einem neuen Stil, dem Expressionismus, seinen Weg bahnte.

Safranorange

spirituell, transzendent und kontemplativ

In der Natur begegnet uns Orange am häufigsten in den Farben des Lichts, das den Übergang von Tag und Nacht kennzeichnet. Wenn die tief stehende Sonne wie ein gewaltiger Feuerball am Horizont steht, färbt sich die gesamte Atmosphäre in einem atemberaubenden Spektrum, das zwischen lichtem Gelborange und feurigem Rotorange changiert. Das spektakuläre Naturschauspiel der Sonnenauf- und -untergänge wirkt poetisch, immersiv und hypnotisch. Mit gebanntem Blick starren wir auf den glühenden Himmel und nehmen kaum mehr wahr, was um uns herum passiert. Die unbeschreibliche Schönheit des Übergangs zwischen Licht und Dunkelheit berührt unsere Seele und entzündet unsere Fantasie. Das feurige Orange kennzeichnet den ewigen Kreislauf von Licht und Dunkel, Erwachen und Schlafen, Werden und Vergehen.

Viele Mythen und Religionen sprechen der Symbolfarbe des Wandels auch eine seelenreinigende Wirkung zu. In der alten vedischen Religion, die auch den Buddhismus und Hinduismus stark beeinflusste, diente das Feuer als Mittler zwischen Gott und den Menschen. Um die Götter positiv zu stimmen, wurden die Opfer dem reinigenden Feuer übergeben. Durch das Ritual der Feuerbestattung fanden auch die Toten Eingang in die Welt der Götter. Im Konfuzianismus, der sich im 5. Jahrhundert vor Christus in China entwickelte, war Orange die Symbolfarbe der Transformation. Orange stand als vermittelndes Element zwischen Gelb und Rot und konnte hierdurch so gegensätzliche Qualitäten wie Kaiser und Volk, Licht und Feuer oder Spiritualität und Sinnlichkeit vereinen.

In China und Indien stammt der Farbname nicht von der Zitrusfrucht, sondern vom orangegelben Safran, der die vermittelnde und reinigende Kraft des Feuers symbolisiert. Safran ist in Asien nicht nur ein wichtiges Heil- und Gewürzmittel, sondern auch ein kulturell bedeutsames Farbpigment, das seit mehr als 3500 Jahren zur Färbung von Textilien verwendet wird. Alexander der Große soll das Pigment aus Persien nach Europa eingeführt haben, das nicht nur als wohlriechender Badezusatz verwendet wurde, sondern auch die Wundheilung beschleunigte.[3] Weltweit bekannt wurde Safran als Kleidungsfarbe buddhistischer Mönche und Heiliger. Die Empfehlung zu Schnitt und Farbe der religiösen Gewänder stammt der Überlieferung nach direkt von Buddha. Der indische Religionsstifter forderte seine Anhänger auf, alte Stoffreste vom Abfall aufzusammeln oder auf Friedhöfen danach zu suchen, wo häufig verunreinigte Textilien übrig blieben, die zum Einwickeln der Toten verwendet wurden. Die Stoffe der traditionellen »Safran-Gewänder« wurden einem ritualisierten Reinigungsritual unterzogen. Nach der Waschung und dem Zuschnitt wurden die brauchbaren Reste zu einem neuen Gewand vernäht und mit kostbarem Safran gefärbt. Die Wandlung des Kleidungsstücks macht sich nicht nur an der safranorangen Farbe bemerkbar, sondern auch am Wohlgeruch, den das duftende Pigment verbreitet. Nach der Unabhängigkeit Indiens wählte Gandhi ganz bewusst »baghwa«, die Farbe des Safrans, für die neue Nationalflagge.

Heute sieht man orange Gewänder vor allem noch bei Mönchen, die nach der Theravāda-Tradition leben, der ältesten Schule des Buddhismus, die in Südostasien sehr stark verbreitet ist. Aufgrund der hohen Kosten des Safrans, der noch heute als teuerstes Gewürz der Welt gilt und nach wie vor in mühsamer Handarbeit aus dem Blütenstaub von Krokussen gewonnen wird, greifen Mönche vermehrt auf synthetische Farbstoffe zurück. Sehr beliebt ist ein grelles Signalorange, das kaum noch etwas mit dem natürlichen Safranton gemein hat. Wesentlich harmonischer wirken Naturfarbstoffe wie Kurkuma, ebenfalls ein Gewürz- und Färberpigment, das aus den Wurzeln eines Ingwergewächses gewonnen wird und auch als Safranersatz in der Küche taugt.

Wir verwenden die harmonische Farbpalette der Safrantöne heute sehr gerne, um spirituelle Inhalte zu kennzeichnen und kontemplative Praktiken zu fördern. Safranfarbene Wände, Möbel und Textilien schaffen eine perfekte Atmosphäre für entspannende Momente bei Yoga, Ayurveda und Meditation. Für die Gestaltung solcher »Wohlfühloasen« brauchen Sie nicht das teure Originalpigment. Sie können auch auf natürliche Pigmente zurückgreifen wie die Färberdistel oder die Gardenie, die seit Jahrtausenden als Safranersatz in Gebrauch sind. Für entspannende Momente brauchen Sie auch eine wirksame Beleuchtung. Am effektivsten wirkt das warme orangefarbene Licht der Morgen- oder Abendsonne. Wenn Sie die Übungen nicht gleich ganz nach draußen verlagern können, dann tun es auch Fenster auf der Ost- oder Südseite des Hauses. Mit dem orangefarbenen Licht brennender Kerzen und offener Feuerstätten schaffen Sie sich zu jedem Zeitpunkt eine kontemplative Atmosphäre, in der Sie entspannen, regenerieren und zur Ruhe kommen können.

Hippie-Orange

rebellisch, psychedelisch und kreativ

In der Tradition fernöstlicher Religionen wurde Orange auch zur spirituellen Farbe der 68er-Bewegung, in der sich Menschen vieler Ländern für eine friedvolle, offene und gerechte Welt engagierten. Auslöser war der Vietnamkrieg, dessen Brutalität die Weltöffentlichkeit schockierte. In ihren Wohnzimmern sahen Menschen dabei zu, wie das dioxinhaltige Herbizid »Agent Orange«, das seinen Namen den Markierungen der Fässer verdankt, über tropischen Wäldern und fruchtbaren Feldern versprüht wurde. Einen Höhepunkt der friedlichen Proteste bildete im Jahr 1967 der »Summer of Love«, in dem mehr als 100 000 Amerikaner nach San Francisco pilgerten, um die Vision einer besseren

Welt zu teilen. Vorbild wurde die vom Hinduismus wie Buddhismus beeinflusste Philosophie Mahatma Gandhis, die sich zwei Jahrzehnte zuvor im friedvollen Kampf gegen die überlegene britische Kolonialmacht bewährt hatte. Orange wurde die Symbolfarbe der Hippie-Bewegung.

Das spirituelle Orange findet sich bereits bei der Beat-Generation der 50er-Jahre, deren Vordenker Allen Ginsberg sich nicht nur für Zen, Yoga und Drogen aussprach, sondern auch selbst zum Buddhismus konvertierte. Die Lebensphilosophie einer friedfertigen Gesellschaft wurde zum Leitbild der »Flower-Power-Bewegung« und Orange zum Vorboten einer friedlichen Revolution. Spiritualität, Meditation und Drogenkonsum, Kriegsdienstverweigerung, psychedelische Musik und freie Liebe verliehen diesem neuen Lebensgefühl Ausdruck. Die bewusstseinserweiternde Droge LSD verursachte Halluzinationen auf allen Sinnesebenen und inspirierte Motive in Mode und Musik. Orange war auch die Symbolfarbe des New Age, einer esoterischen Lebensphilosophie, deren Anhänger kosmisches Bewusstsein und Mut zur Transformation forderten.

Zur Modefarbe einer ganzen Generation wurde Orange jedoch erst mit der Popkultur, die den Reformbestrebungen der 68er-Bewegung einen unverwechselbaren Ausdruck verlieh. Unzählige Alltagsobjekte erhielten eine neue Farb- und Formensprache. Avantgardistische Designer wagten kühne Experimente mit dem synthetischen Material Kunststoff, woraus Klassiker wie der »Phantom Chair« von Verner Panton oder die aerodynamische »Ufo-Lampe« von Luigi Colani hervorgegangen sind. Daraus entwickelte sich ein Trend, dem unzählige Massenprodukte folgten. Knallige Orangetöne und prägnante Farbklänge wie Orange-Gelb, Orange-Braun oder Orange-Weiß stehen heute symbolisch für die Kreativität und das Lebensgefühl der 1970er.

2004 wurde Orange erneut zum Zeichen einer friedlichen Revolution, als Hunderttausende Ukrainer für einen Machtwechsel demonstrierten. Ein Meer orangefarbener Fahnen, Tücher und

Mützen vereinte die Protestbewegung und erzwang einen Regierungswechsel durch Neuwahlen. Frühere »Orange Revolutionen« verliefen hingegen weit weniger friedlich. Man denke nur an den Freiheitskampf der protestantischen »Oranjer« gegen die katholischen Spanier im 16. Jahrhundert, der die Niederlande zu weiten Teilen verwüstete. Gewaltsam verlief auch der Widerstand nordirischer Protestanten, die sich vor wenigen Jahrzehnten unter dem Banner der »Oranjer« gegen die Herrschaft der irischen Katholiken und ihre britischen Unterstützer auflehnten. Diese gewaltsamen Rebellionen hatten nichts mit einer fernöstlichen Lebensphilosophie gemein. Das Banner der »Oranjer« bezieht sich auf das niederländische Königshaus, dessen Stammvater Wilhelm von Nassau die Farbe im 16. Jahrhundert übernahm, als er das südfranzösische Fürstentum Orange erbte. Die gleichnamige Stadt führt noch heute drei goldene Orangen im Wappen.

Revolutionen sind nicht von Dauer, weshalb wir Orange heute sehr gerne einsetzen, um auf etwas Neues hinzuweisen oder Veränderungsprozesse anzustoßen. Im Marketing wird gerne von Revolution gesprochen, um junge erlebnishungrige Zielgruppen zu erreichen. Orange ist zu einem Kennzeichnen für Unternehmen und Produkte geworden, die jung, frech und kreativ, trendig und unkonventionell wirken wollen. Aus diesem Grund haftet Orange auch das Image des Austauschbaren, Kurzlebigen und Modischen an, weshalb die Farbe bei hochwertigen Produkten nur selten zu finden ist.

Feuerorange

warnend, auffällig und bedrohlich

Welche Farbe würden Sie wählen, wenn Sie sich in einem Jagdgebiet bewegen? Treiber bevorzugen orangefarbene Kappen und Westen, um ja nicht mit der Beute verwechselt zu werden. Sie kennen dieses Signalorange sicher auch von den Warnwesten, die Sie im Auto, unter dem Flugzeugsitz oder auf Passagierschiffen vorfinden. Mit Orange sind Sie vor jedem natürlichen Hintergrund am deutlichsten zu sehen, im Wald, auf dem offenen Meer wie auch im Straßenverkehr. Die internationale Bezeichnung dieses Warntons lautet daher schlicht und einfach »Safety Orange«. Die Wirkung dieses Signaltons beweist sich vor allem dann, wenn es bei Reaktionszeiten auf Sekundenbruchteile ankommt und eine falsche Entscheidung uns das Leben kosten kann. Aus diesem Grund weist uns Signalorange weltweit auf unvorhersehbare Gefahrenquellen hin. Sie kennen diesen Warneffekt sicher auch von Einrichtungen wie dem Katastrophenschutz und Winterdienst oder der Straßenreinigung und Müllabfuhr.

Diesen Warneffekt verdanken wir dem Feuer, das schon seit Urzeiten eine tödliche Bedrohung für unsere Spezies darstellt. Der Orangeton lodernder Flamen und glühender Materialien warnt uns eindringlich vor dem Verletzungs- und Vernichtungspotenzial dieser Naturgewalt. Unsere Angst vor dem Feuer ist nicht angeboren, sondern speist sich aus persönlichen wie kollektiven Erfahrungen. Wir können die Hitze des Naturphänomens schmerzhaft am eigenen Körper spüren, wenn wir glühende Objekte berühren, in lodernde Flammen fassen oder einer Feuersbrunst zu nahe kommen. Der Schmerz »brennt« sich anschaulich in unser Gedächtnis ein und sensibilisiert uns zeitlebens für die Gefahr. Die Medienpräsenz von Unglücken, Katastrophen und Kriegsereignissen sorgt dafür, dass sich unsere Angst stetig weiter verstärkt. Durch moderne Übertragungstechniken sind wir hautnah dabei, wenn Menschen vor Tod und Zerstörung flüchten oder mit ihrem Besitz in flammenden Infernos untergehen. Wem reale Katastrophenszenarios nicht reichen, der kann sich diese auch in Action- und Katastrophenfilmen ansehen oder sie mithilfe von Computerspielen simulieren.

Die Macht des Feuers findet ihre Verkörperung in uralten Schöpfergottheiten wie der altägyptischen Göttin Tefnut oder dem hinduistischen Gott Agni. In vielen Darstellungen sind sie an orangefarbenen Symbolen wie Gewändern, Kreisflächen oder Flammen zu erkennen. Der Titan Prometheus zog den Zorn der Götter auf sich, als er den Menschen die Macht des himmlischen Feuers überbrachte. Prometheus wie auch der griechische Feuer- und Schmiedegott Hephaistos, den die Römer zu ihrem Gott Vulcanus machten, sind in historischen Darstellungen häufig mit orangefarbenen Gewändern und Tüchern markiert. Orange gekennzeichnet wurde häufig auch der Phönix, ein mythischer Vogel, der am Ende seines Lebens verbrennen musste, um anschließend aus seiner Asche wiederaufzuerstehen. Die zu allen Zeiten und in vielen Kulturen verbreitete Feuerbestattung ist in ihrem Wesen ein schöpferisches Ritual, das der Reinigung der Seele und ihrer Wiederauferstehung dienen soll.

Das Christentum lehnte diesen Glauben kategorisch ab. Um sich davon abzugrenzen, wurde die zerstörerische Kraft des Feuers herausgestellt, was sich an den Schrecken der Apokalypse zeigt. Orange glühten die Höllenfeuer, in denen die Sünder nach dem Jüngsten Gericht bis in alle Ewigkeit brennen sollten. Auch Satan, dem in der christlichen Ikonografie Schwarz oder Rot zukommt, wurde Orange gekennzeichnet, um die Betrachter auf seine bedrohliche Rolle als Höllenfürst hinzuweisen.

Durch die Hölle gingen auch die politischen Häftlinge im Gefangenenlager der Guantanamo Bay Naval Base, das nach der US-amerikanischen Invasion in Afghanistan im Jahr 2002 auf Kuba eingerichtet wurde. Die Häftlinge wurden in zwei Gruppen unterteilt, die fügsamen in Weiß und die rebellischen in Orange. Das berüchtigte Camp X-Ray bestand aus Käfigen, in denen die rechtlosen Häftlinge jeglicher Privatsphäre beraubt wurden. Bilder, in denen die Häftlinge in ihren orangen Overalls vor ihren Bewachern knien mussten, gingen um die Welt und bewirkten einen öffentlichen Aufschrei. Dabei blieb es nicht, denn die Terrorgruppen al-Qaida und IS präsentierten ihre todgeweihten Gefangenen fortan in orangen Overalls, um sie vor laufender Kamera auf brutale Weise zu enthaupten. Ihre Propagandavideos verbreiteten sich in rasender Geschwindigkeit im Internet und zogen Sympathisanten und Kämpfer vieler Länder an. Entscheidend für die Wirkung einer Farbe ist vor allem das, was in unserem Kopf passiert.

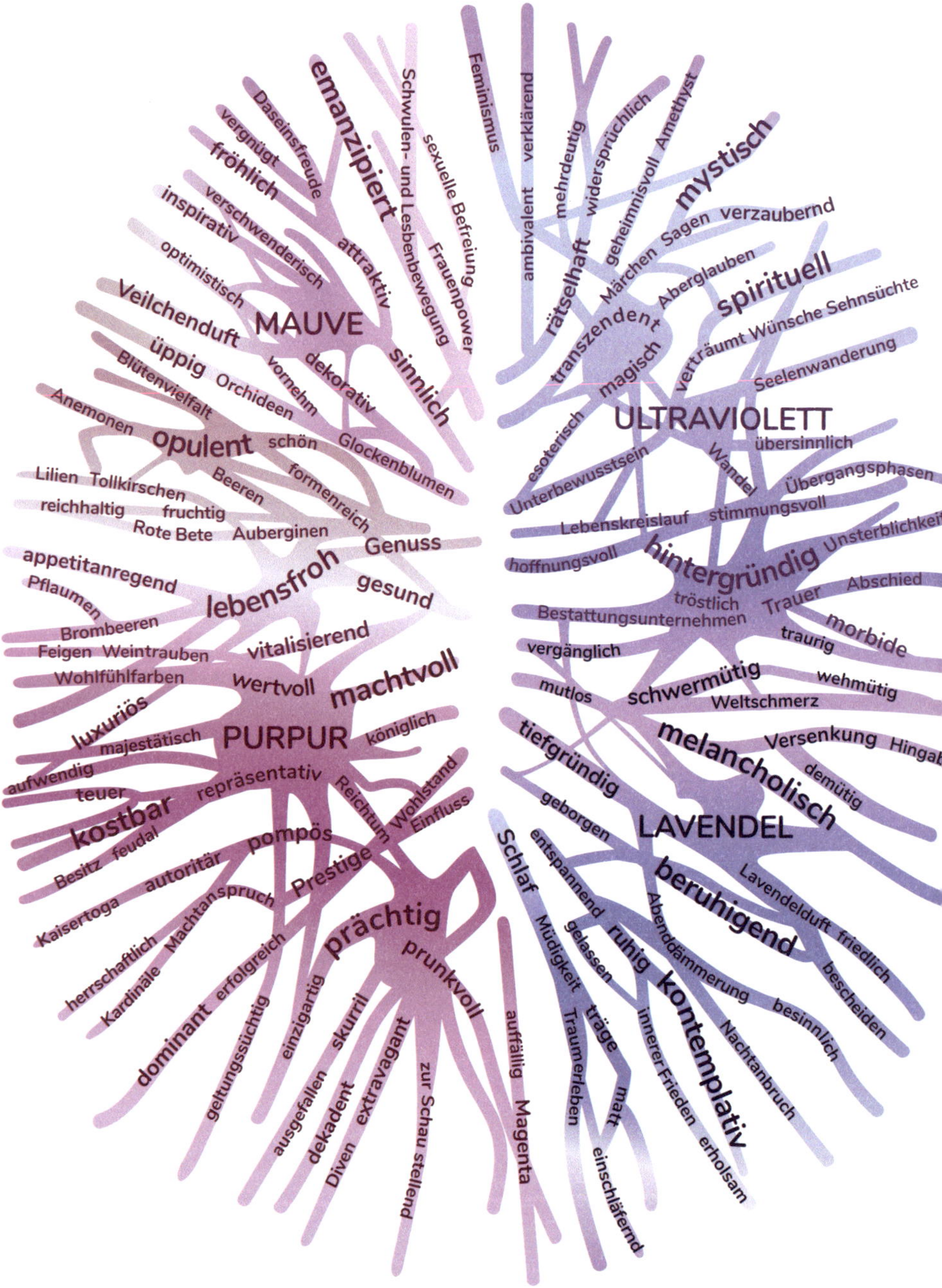

GEDÄCHTNISLANDKARTE VIOLETT

Symbolbedeutung und Wirkungsspektrum

Violett
opulent, machtvoll, mystisch und kontemplativ

Mauve
opulent, lebensfroh und emanzipiert

Der deutsche Farbname »Violett« bezieht sich ebenso wie das englische und französische »violet« auf die Blütenfarbe der Veilchen, die im Lateinischen mit »viola« bezeichnet werden. Der Farbname hielt in die europäischen Sprachen Einzug, als der Veilchenduft in Mode kam. Ein Liter des ätherischen Öls wurde aus den Aromen von 5000 Kilogramm Veilchen extrahiert.

Stellen Sie sich den Anblick der gigantischen veilchenfarbenen Felder vor, denn nicht nur Körper, sondern auch Kleidung, Perücken und Räume wurden im Barock des 17. Jahrhunderts mit Veilchenduft parfümiert. Ausgedehnte violette Veilchen-Kulturen finden Sie heute in Tourrettes-sur-Loup, ganz in der Nähe von Grasse, der Welthauptstadt des Parfüms. Die Gemeinde wird heute liebevoll als »La cité des violettes«, Stadt der Veilchen, bezeichnet.

Noch mehr Violett finden Sie in der Provence, wenn die Lavendelblüte im Frühling ganze Landschaften einfärbt. Violett lässt sich nur schwerlich ohne einen Duft vorstellen. Als Farbstoff für Textilien sowie Möbel- und Wandbespannungen taugten die Farbstoffe von Veilchen und Lavendel jedoch kaum. Um die sehr beliebten Violetttöne herzustellen, mussten Textilien in einem aufwendigen Verfahren gefärbt werden, wobei nacheinander rote und blaue Farbstoffe wie Kermes und Färberwaid eingesetzt wurden.

Violett bezeichnet das Spektrum zwischen Rot und Blau. Für die hellen pastelligen Violetttöne hat sich ein eigenes Farbwort herausgebildet, das Lila. Zu einem europäischen Hype wurde Lila im 18. und 19. Jahrhundert, als pastellige Fliederfarben in Mode kamen. Das deutsche Farbwort »Lila« leitet sich vom französischen »lilas« ab, das sowohl die Pflanze als auch den Farbton des Flieders bezeichnet. Der Farbname »Lila« verbreitete sich mit dem Flieder von Indien (»nīla«) über Persien (»līlak«) nach Europa.

Die Erfolgsgeschichte der pastelligen Violetttöne setzte sich im 19. und 20. Jahrhundert mit dem Mauve fort, dem ersten aus Steinkohleteer hergestellten Anilinfarbstoff, der nach der Blütenpflanze »Wilde Malve« benannt wurde. Mauve war ein Zufallsprodukt, denn sein Erfinder, der britische Chemiker William Perkin, war eigentlich auf der Suche nach Chinin, das zur Behandlung von Malaria benötigt wurde. Das synthetisch hergestellte Mauve revolutionierte nicht nur die Farbherstellung, sondern markierte auch den Beginn der industriellen Farbstoffproduktion. Mauve wurde zur einflussreichsten Modefarbe der viktorianischen Epoche und durch den kulturellen Einfluss des British Empire zugleich auch weltweit populär.

Modefragen wurden zu dieser Zeit noch an den Höfen entschieden. Monarchinnen wie die britische Königin Victoria oder Frankreichs Kaiserin Eugénie de Montijo wirkten stilbildend. Als sie sich öffentlich im neuen Farbton Mauve zeigten, konnte auch das aufstrebende Bürgertum nicht zurückstehen. Die attraktive, extrem kleidsame und ungemein wohnliche Farbe fand bei vielen Gelegenheiten Anwendung, als Alltags- und Geschäftskleidung, bei Taufen und Hochzeiten. Moden kommen und gehen, doch das Mauve blieb und entwickelte sich bald zum Synonym für alternde Damen. Oscar Wilde schrieb dazu den populären Satz: »Traue nie einer Frau, die Mauve trägt … Das bedeutet immer. dass sie eine Geschichte haben.«[1]

Das reiche Spektrum der violetten Pflanzenfarben, die zart und pastellig, aber auch kraftvoll und prächtig wirken können, sorgt für Vitalität und Lebenslust (siehe das Kapitel »Wohltuende Farben«). Denken Sie an die vielen schmackhaften und gesunden violetten Beerensorten, Früchte und Gemüse, von denen wir tagtäglich profitieren! Wenn Sie schöne und inspirierende Violetttöne suchen, dann schauen Sie sich auch die Blüten von Veilchen, Lavendel, Amaryllis, Anemone, Tulpen, Glockenblumen, Storchschnabel, Lilien, Tollkirschen, Eisenhut, Disteln und Orchideen an. Die bezaubernden Blütenpflanzen nutzen ihre prächtige Farbpalette ebenso als Lockmittel wie ihren unwiderstehlichen opulenten Duft. Nicht nur Insekten, sondern auch wir fühlen uns davon magisch angezogen. Mit der Kultivierung violetter Blütenpflanzen und dem Anbau von Früchten verbreiten wir nicht nur die Arten, sondern auch ihre Farben über die ganze Welt.

Pastellige Violetttöne eignen sich hervorragend für die Raumgestaltung, reine Beerentöne hingegen für die Akzentsetzung bei Einzelflächen, Möbeln und Accessoires. Über unsere Kleidungsfarben können wir auch ganz direkt von der Vitalität, Sinnlichkeit und Lebensfreude des violetten Spektrums profitieren. Violett steigert die Attraktivität. Das gilt nicht nur für Frauen, sondern auch für Männer, die in violetter Kleidung deutlich weicher, offener und smarter wirken. Violett wurde daher keineswegs zufällig zum Kennzeichen der Schwulen- und Lesbenbewegungen Europas und Amerikas, die sich mit dem Beginn des 20. Jahrhunderts immer stärker an die Öffentlichkeit wagten. In der Gruppensprache Polari, die in der Szene häufig genutzt wurde, um in der Öffentlichkeit ungestört zu kommunizieren, bezeichneten sich Homosexuelle selbst gerne als »mauve«. In der frühen Weimarer Republik wurde das selbstbewusste »lila Lied«, das eine breite Öffentlichkeit erreichte, zur ersten Hymne der Homosexuellen. Die besungene Liebe zu den schwülen »lila Nächten« erfüllte auch die ersten Schwulen- und Lesbenklubs der weltoffenen Metropole Berlin. Lila wurde zur Farbe der Femme fatale, die unverheiratet bleiben wollte und liebte, wen immer sie wollte.

Von da ab war Lila das Kennzeichen sexueller Befreiung und wurde später auch zur Symbolfarbe des Feminismus, von den »lila Latzhosen« der 70er-Jahre über Antibabypillen bis zu Frauenzeichen und Corporate Colors vieler Frauenrechtsbewegungen.

Purpur

machtvoll, kostbar und prächtig

Kennen Sie den teuersten Farbstoff der Welt? Es ist ein Violett, das etwa 70-mal so wertvoll wie Gold ist. Für ein paar Gramm Purpur könnten Sie sich heute ein Auto kaufen. Dabei würde diese Menge gerade ausreichen, um ein einziges Kleidungsstück zu färben. Für jedes Gramm dieses Luxusprodukts müssen Zehntausende Schnecken ihr Leben lassen. Der brillante blauviolette Farbstoff wird aus einem Drüsensekret der Purpurschnecke Murex gewonnen, die vor allem im Mittelmeerraum beheimatet ist. Noch seltener und damit kostbarer war der rotviolette Purpur des Brandhorns. Auch auf der anderen Seite der Welt ließen sich die Menschen von der Magie des violetten Farbstoffs anstecken, denn Purpurschnecken besiedeln auch einige Korallenriffe vor der Pazifikküste Mexikos. In dem Dorf Pinotepa de Don Luis leben Nachkommen der Mixteken, die ihre Purpurschnecken bis heute »melken« und anschließend dem Meer zurückgeben.[2] Dass die Meerestiere den Prozess lebendig überstehen können, war in Europa bis vor Kurzem völlig unbekannt. Purpurfarbene Kleidungsstücke dienten den Mixteken als Statussymbol und Werbemittel. Sie wurden überwiegend von Frauen getragen. Die Breite des Purpurstreifens auf dem Gewand gab Auskunft über das Ansehen und den Wohlstand der Familie. Schon der Färbeprozess gleicht einem Wunder. Traditionell wurden die Textilien für mehrere Tage in Urin gekocht und anschließend im Freien zum Trocknen aufgehängt. Durch Fermentierung färben sich die Stoffe erst grünlich, bis das Sonnenlicht den leuchtenden Purpur zum Vorschein bringt. Der Maler Sigmar Polke machte daraus ein modernes Kunstwerk.

Kaum eine Farbe kann auf eine so wirkmächtige Geschichte zurückblicken. Die Phönizier begannen mit dem Purpurfärben von Textilien vor mehr als 3500 Jahren auf dem Gebiet des heutigen Libanon. Von dort aus wurden die kostbaren Stoffe in alle Teile der damals bekannten Welt exportiert. Die Griechen verliehen der Gegend um die Stadt Tyrus deshalb den Namen Purpurland. Schon im Perserreich war Purpur das Kennzeichen der Herrschaftsgewalt, das die Amtstracht des Königs zierte. Nur wenige Personen erhielten von ihm das Privileg, sich öffentlich in Purpur zu zeigen. Durch die Perserkriege wurde Purpur im antiken Griechenland zum Symbol fremdländischer Herrschaft. Der Besitz von Purpurkleidung wurde in großen Stadtstaaten wie Sparta und Athen mit verbrecherischer Gewaltherrschaft, Willkür und verschwenderischem Luxus gleichgesetzt. Die Luxuskritik der Antike flaute erst ab, als sich Alexander der Große in der purpurnen Tunika des persischen Großkönigs verherrlichen ließ.[3] Das Alexandermosaik aus der »Casa del Fauno« in Pompeji, das im Nationalmuseum in Neapel zu besichtigen ist, gibt Auskunft über diese persische Tradition, die von den Herrschern der Griechen, Karthager, Etrusker und Römer übernommen wurde.

Im antiken Rom blieb es allein dem Kaiser vorbehalten, sich von der Toga bis zu den Schuhen in Purpur zu zeigen, denn diese Auftritte repräsentierten seine allmächtige Stellung im Staat. Das Ritual der kaiserlichen Verehrung wurde »adoratio purpurea« genannt. Ab der Spätantike bezeichnete man den Thronfolger als »Purpurgeburt«. Senatoren mussten mit einem Purpurstreifen auf ihrer Toga vorliebnehmen, der bei Mitgliedern des Ritterstandes deutlich schmaler ausfiel.

Der Purpur kennzeichnete die Hierarchie im Staatsapparat und war mit Rechten, Privilegien und Ansehen verknüpft. Verstöße gegen das Purpurverbot wurden streng geahndet oder gar mit dem Tode bestraft. Da Frauen in patriarchalischen Gesellschaften keine Bedrohung darstellten, wurden sie seit der Perserzeit von diesem Bann ausgenommen. Doch auch hier diente Purpur nicht allein der Schönheit, sondern war auch ein Statussymbol, das den Reichtum und das Prestige der Person signalisierte. Von der ägyptischen Königin Kleopatra wurde überliefert, dass sie ihr Schiff unter purpurnem Segel fahren ließ und ihren Geliebten Julius Cäsar auf purpurnen Polstern empfangen hat. Im Byzantinischen Reich war die Purpurproduktion ein Staatsmonopol. Ihr Geheimnis wurde mehr als ein Jahrtausend wie ein Schatz gehütet. Fürsten, Könige und Kaiser wie Karl der Große erhielten ihre kostbaren Purpurmäntel als Zeichen der höchsten weltlichen Macht aus Konstantinopel.

Mit dem Aufstieg der katholischen Kirche hielt auch der Purpur Einzug in die höchsten Zirkel der geistlichen Macht. Da der Papst für sich das Weiß auserwählt hat, wurde Purpur zum Kennzeichen der Kardinäle. Purpur findet mehrfach Erwähnung in der Bibel, angefangen bei den Vorhängen des Heiligtums der Israeliten bis hin zum Mantel, den Jesus als König der Juden bei seiner Kreuzigung trug. Die Vereinheitlichung von geistlicher und weltlicher Macht zeigt sich auf den Glasmosaiken der byzantinischen Kirche San Vitale in Ravenna, auf denen sowohl Christus wie auch das Kaiserpaar Theodora und Justinian Purpurmäntel tragen. Ab dem 5. Jahrhundert wurde purpur gefärbtes Pergament für wertvolle Handschriften wie päpstliche Vereinbarungen benutzt. Die Dokumente waren hierdurch nicht nur repräsentativ, sondern auch fälschungssicher. Mit dem Fall Konstantinopels im Jahr 1453 durch die Eroberung des osmanischen Sultans Mehmed II. fand die Purpurproduktion ein jähes Ende.

Nach dem Verlust der Purpurquelle wurden die Insignien der Macht scharlachrot gefärbt. Bischöfe durften fortan den »falschen« Purpur nutzen, der aus Rot und Blau gefärbt wurde. Der weitaus günstigere Farbstoff hielt bald darauf Einzug in weitere Kreise, die nach Prestige und Einfluss strebten. Dazu gehörten nicht nur Adlige, sondern auch immer mehr Bürger. Nicht nur die reich gewordene Bürgerschicht, sondern auch die Richter der aufkommenden weltlichen Gerichte wie auch die Professoren der neu gegründeten Universitäten Europas schmückten sich mit violetten Roben und Kappen oder ließen ihre schwarze Kleidung mit violetten Kennzeichen versehen. An den Universitäten ist der Purpur seit den Studentenbewegungen der 1960er-Jahre verschwunden, was das veränderte Verhältnis zur Professorenschaft belegt. An deutschen Gerichten ist das Autoritätsverhältnis hingegen sichtbar anders geregelt. Die Streifenbreite des violetten Samtkragens mit der Verbrämung aus weißem Kaninpelz ist bei Richterinnen und Richtern auf den Zentimeter genau geregelt. Je mehr Violett Sie an den Talaren und Baretten erkennen, desto höher ist der Rang.

Ultraviolett

mystisch, hintergründig und spirituell

Mit dem Licht der tief stehenden Sonne legt sich ein purpurner Schleier über die Welt, die uns in diesem kurzen Augenblick unendlich kostbar, mystisch und geheimnisvoll erscheint. Purpurne Meere, Seen und Flüsse spiegeln die Erscheinungsformen des Lichts und bieten uns hierdurch Raum für übersinnliche Traumvorstellungen, unerfüllbare Wünsche und spirituelle Fantasien. Violett steckt voller Gegensätze, da es scheinbar unauflösbare Widersprüche wie Wärme und Kälte, Nähe und Ferne, Helligkeit und Dunkelheit auf sich vereint. Violettes Licht ist die energiereichste Strahlung und liegt im Farbspektrum dennoch nicht beim warmen Rot, sondern weit davon entfernt noch vor dem kühlen Blau. Aus diesem Grund erscheint uns Violett häufig ambivalent, rätselhaft und hintergründig, was sich auf alles überträgt, das damit in Berührung kommt.

Auch in den Weltreligionen ist Violett ein Kennzeichen des Übergangs. Kurz vor Einbruch der Dunkelheit nährt es die ewige Sehnsucht des Menschen nach Unsterblichkeit. Violett ist die Symbolfarbe der Hoffnung, die den Gläubigen ein Leben nach dem Tode verheißt. Im Christentum ist Violett die liturgische Farbe des Glaubens und der Buße, verbunden mit der Hoffnung auf ewiges Leben im jenseitigen Paradies. Kleriker tragen Violett daher in den Bußzeiten vor Ostern und Weihnachten wie auch am Totengedenktag Allerseelen. Violett setzt ein tröstendes Zeichen, wo Hoffnung am meisten gebraucht wird, wie auf Beerdigungen und während der Trauerphasen. Auch Bestattungsinstitute machen heutzutage regen Gebrauch davon. Offiziell ist Violett ein Kennzeichen der Halbtrauer, die in religiös geprägten Regionen etwa sechs Monate nach der ganz in Schwarz abzuleistenden tiefen Trauer beginnen darf. Auch im Hinduismus und Buddhismus wie in den Religionen der Hochkulturen Mittelamerikas ist Violett ein Symbol für den ewigen Kreislauf des Lebens aus Tod und Wiedergeburt. In Indien gilt Violett als Symbol der Seelenwanderung. Gläubige schmücken nicht nur ihre Tempel mit Violett, sondern auch ihre alltägliche Bekleidung, ihre Häuser und Transportmittel.

Die spirituelle Kraft von Violett findet auch in zahlreichen esoterischen Lehren und Heilpraktiken Anwendung. Nach der indischen Chakrenlehre besitzt der menschliche Körper feinstoffliche Energiezentren, die durch Kanäle miteinander verbunden sind. Die sieben Hauptchakren werden den Blütenblättern einer Lotusblume und oftmals auch Farben zugeordnet. Techniken wie Yoga, Tai-Chi und Ayurveda, mit denen auch die Chakrenlehre in vielen Ländern der Erde bekannt wurde, werden heute von Gläubigen wie Atheisten angewendet, um körperliche und seelische Blockaden aufzulösen. Das oberste Chakra, auch Kronen-Chakra genannt, befindet sich am Scheitelpunkt des Kopfes und gilt als Tor zum höheren Selbst. Die Symbolfarbe des tausendblättrigen Lotus ist ein helles Violett, das die Verbundenheit mit dem Göttlichen, inneren Frieden und den Zustand der Erleuchtung kennzeichnen soll. Der Glaube an die spirituellen Kräfte von Violett ist keineswegs ein fernöstliches Phänomen. Als der Komponist Richard Wagner sein Musikdrama *Parsifal* komponierte, nutzte er violette Tinte und wahrscheinlich auch den »Lila Salon« seiner Frau Cosima, der heute wieder in der frisch restaurierten Bayreuther Villa Wahnfried zu besichtigen ist. Mit seiner mythisch verklärten Musik ging es Wagner um eine »entrückende Wirkung auf das Gemüt«. Violett wird heute sehr gerne als Erkennungs- oder »Aurafarbe« für Bilder, Bücher, Webseiten und Produkte gewählt, die einen spirituellen Inhalt transportieren.

Als Lichtfarbe grenzt Violett an die für uns unsichtbare ultraviolette Strahlung. »Jenseits von Violett« liegt ein ganzer Lebensraum, der vielen Insekten, Vögeln und Fischen nicht nur eine geheimnisvolle Welt offenbart, sondern auch andere Wege zur Kommunikation eröffnet. Technische Hilfsmittel ermöglichen uns heute erste Einblicke in diese Strukturen. Wir beginnen zu ahnen, dass Blüten, Federn und Schuppen weit farbenprächtiger und ornamentaler gestaltet sind, als wir uns das vorstellen können. Wir nutzen UV-Licht heute nicht nur, um fluoreszierende Stoffe auf wunderbare Weise zum Leuchten zu bringen, was Sie vielleicht aus Diskotheken kennen oder bei Banknoten bemerkt haben, die wir hierdurch gegen Fälschungen sichern. Techniker spüren damit Haarrisse an Brücken und Flugzeugen auf. Zahnärzte und Kosmetiker härten damit Kunststoffe aus. Chemiker machen Mikroorganismen sichtbar, die damit auch abgetötet werden können, wenn sie sich in keimfreien Räumen wie Laboren und Krankenhäusern oder in unserem Trink- und Badewasser befinden. Durch unser Wissen wirkt das Violett, der angrenzende Bereich des sichtbaren Lichts, noch geheimnisvoller.

Lavendel

kontemplativ, beruhigend und melancholisch

Im Film werden mentale Zustände wie Müdigkeit, Traumerleben und Schlaf häufig durch blauviolette Farbfilter charakterisiert. Doch warum lassen wir uns so einfach von dieser Technik, die auch als »Night Shot« bezeichnet wird, täuschen? Die Strahlung der tief stehenden Sonne taucht die gesamte Atmosphäre in ein rötliches Licht, das in den verschatteten Bereichen blau und in den Zwischenzonen violett wirkt. Die atmosphärischen Streuungen des Lichts sind auch für das Phänomen der lila Wolken verantwortlich. Wenn Sie in vollständig dunklen Räumen nicht gut zur Ruhe kommen und eine wirksame Farbe für einen Ruheraum oder Ihr Schlafzimmer suchen, dann probieren Sie es mit einem dunklen pastelligen Violett. Die Phase vor dem Schlafengehen ist entscheidend für den gesunden und erholsamen Schlaf. Ein dunkles tiefes Blauviolett ist weder zu kühl noch zu warm. Es wirkt wie ein Dimmer auf unsere Stoffwechselvorgänge und signalisiert unserem Gehirn den Beginn der nächtlichen Ruhezeit. Durch die Ausschüttung des Schlafhormons Melatonin entspannt sich der Körper, wir fühlen uns müde, träge und matt.

Wirksame »Beruhigungsmittel« und »Einschlafhilfen« finden Sie auch bei den Blütenfarben von Lilien, Veilchen und Lavendel. Wegen seines beruhigenden Effekts wird Lavendel im Volksmund auch als »Nervenkraut« bezeichnet. Der dunkelviolette Farbton wie auch die Duftstoffe, die heute als ätherische Öle und Lavendelkissen angeboten werden, fördern das Einschlafen. Das hochsensible Malergenie Vincent van Gogh orientierte sich an der Abendstimmung eines reifen Lavendelfeldes, um einen wirksamen Farbton für sein Schlafzimmer zu finden. Dass der Farbton auf seinem Bild »Schlafzimmer in Arles« blau aussieht, hat lange Zeit für Verwirrung gesorgt, da er den Violettton mehrfach in seinen Briefen erwähnt hat. Erst kürzlich entdeckte eine Mitarbeiterin vom »Art Institute of Chicago« durch Zufall, dass sich der originale Lavendelton auf der Rückseite des Bildes noch erhalten hat, wo die synthetische Farbe nicht dem Licht ausgesetzt war.

Dieses leicht morbide, schwindende Blauviolett hat jedoch noch eine andere Seite, die in gemischten Gefühlen wie Traurigkeit und Mutlosigkeit aufscheint. Mit dem Einsetzen der violetten Dämmerungsphase und der Ausschüttung des Schlafhormons Melatonin kommt es zeitgleich zur Hemmung des Glückshormons Serotonin, was verborgene Ängste wecken kann. Wie Blau ist auch das dunkle Blauviolett eine Symbolfarbe für Weltschmerz, Wehmut und Melancholie. In der christlichen Ikonografie finden Sie manchmal violette Veilchen ganz direkt neben dem Kreuz Christi. Violett ziert die Kleidungsfarbe der Madonna, wenn gezeigt werden soll, dass sie ihr Schicksal in Demut und Bescheidenheit annimmt.

Als der Farbfeldmaler Mark Rothko damit beauftragt wurde, einen Bilderzyklus für eine Kapelle in Houston zu gestalten, beschränkte er sich auf eine einzige Farbe, ein dunkles geheimnisvolles Violett. Rothko selbst wird mit den Worten zitiert: »Ich bin daran interessiert, die grundlegenden menschlichen Emotionen auszudrücken – Tragödie, Ekstase, Untergang und so weiter –, und die Tatsache, dass viele Menschen vor meinen Bildern zusammenbrechen und weinen, zeigt, dass ich mit diesen grundlegenden menschlichen Emotionen kommuniziere.«[4]

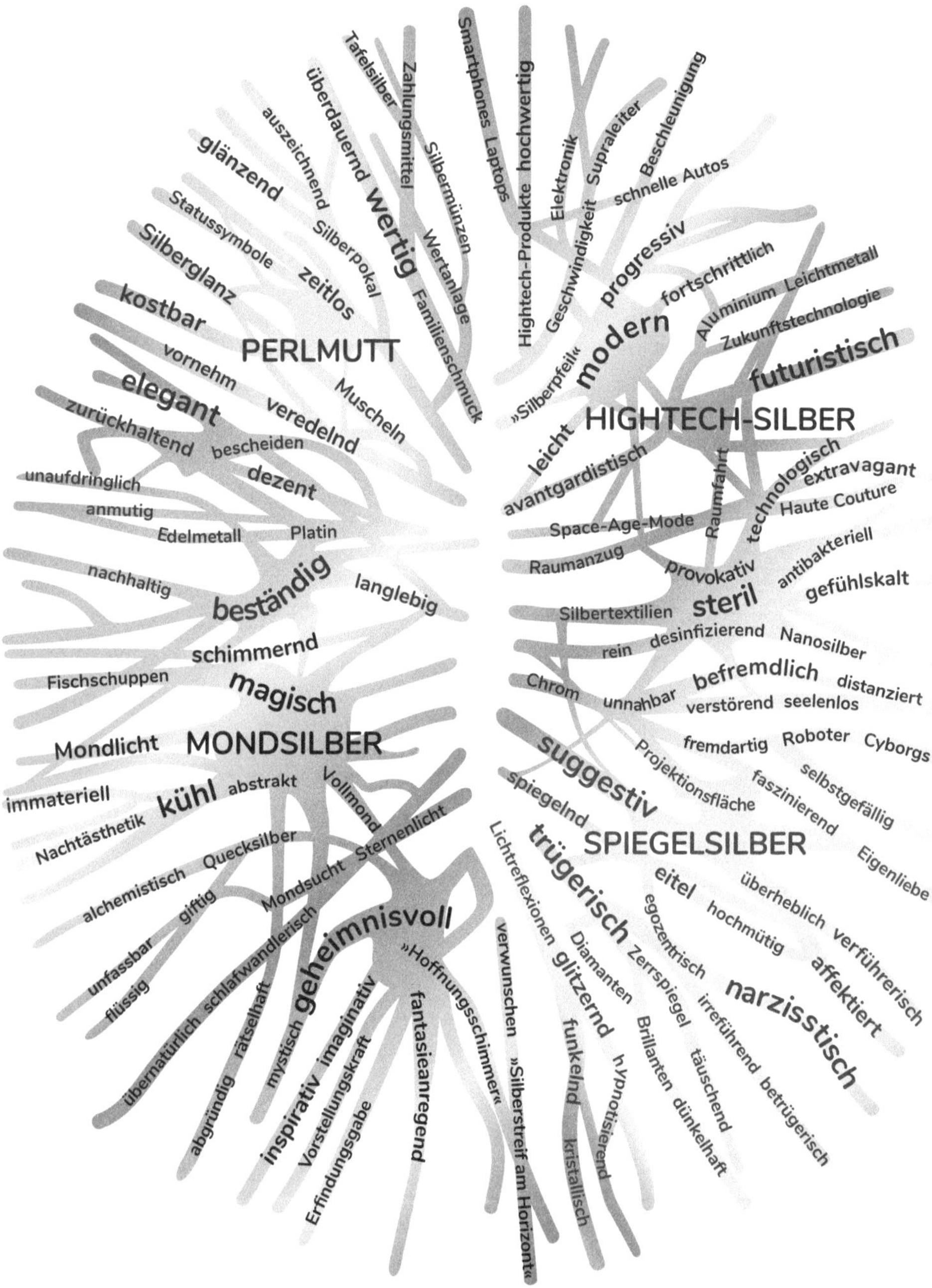

GEDÄCHTNISLANDKARTE SILBER

Symbolbedeutung und Wirkungsspektrum

Silber

elegant, narzisstisch, futuristisch und magisch

Perlmutt

elegant, wertig und beständig

Haben Sie schon einmal die Sammelleidenschaft kleiner Kinder beobachtet, wenn sie am Strand auf glitzernde Muschelschalen stoßen? Schon Säuglinge reagieren aufgeregt auf schimmernde Glanzlichter und spiegelnde Lichtreflexionen.[1] Der irisierende Silberglanz von Perlen, Muscheln und Schnecken wirkt von Natur aus kostbar. Muscheln aus Perlmutt, schimmernde Perlen und Schnecken wurden seit dem Neolithikum als Schmuckobjekte, Zahlungsmittel und Wertanlagen verwendet, lange bevor Menschen mit der Gewinnung und Verarbeitung von Edelmetallen begonnen haben. Die spiegelglänzende Kaurischnecke ist das erfolgreichste Zahlungsmittel der Kulturgeschichte, das in mehr Kontinenten, Ländern und Stammesgebieten akzeptiert wurde als jede Münze. Im Jahr 1624 betrug der Wert eines Menschen an der Küste Kameruns ganze 60 Kaurischnecken, wenn man die Maßstäbe des Sklavenhandels zugrunde legt.[2] In den meisten Sprachen der Welt bezieht sich das Farbwort »Silber« jedoch auf das gleichnamige Edelmetall, das über Jahrtausende ein Synonym für Geld war. Ohne einen Blick auf die Verwendung und Verbreitung des Edelmetalls lassen sich die Wirkungen der Farbe Silber nicht verstehen.

Silber wurde in allen Großreichen der Menschheitsgeschichte als Zahlungsmittel eingeführt und ersetzte allmählich den

Tauschhandel. In den alten Hochkulturen Mesopotamiens und Ägyptens war der Silberanteil von Münzen bereits rechtlich festgelegt. Münzfälschungen wurden streng geahndet. Legierungen wurden hingegen häufig gezielt eingesetzt, um das Maß der Inflation zu steigern. Das kostbare Edelmetall wurde auch bereits sehr früh mit Zinsen verliehen. Besonders wichtige Schriften, wie der Ägyptisch-Hethitische Friedensvertrag, wurden auf Silberplatten graviert. Silbervorkommen waren bald auch die Ursache von Kriegen und Eroberungen, die erheblichen Einfluss auf die Kulturgeschichte der Menschheit genommen haben. Schon die Ausdehnung der Phönizier im gesamten Mittelmeerraum wird auf die dort vorhandenen Silbervorkommen zurückgeführt.[3] Der Zugang zu dieser naturgegebenen Geldquelle ermöglichte den Aufstieg von Stadtstaaten wie Athen, dessen Reichtum und Macht auf den »Silberminen von Laurion« gründete. Silber förderte den Aufstieg und Fall großer Mächte wie der Han-Dynastie oder des Römischen Reichs, die immer weiter expandieren mussten, um ihre wachsenden Staatsausgaben zu finanzieren.

Silber war auch die treibende Kraft, als die Spanier im 16. Jahrhundert das größte Kolonialreich der Geschichte eroberten. Das sagenhafte Silberland beflügelte die Fantasie und weckte die Abenteuerlust der Europäer. Unermessliche Silbervorkommen fanden die Eroberer jedoch nicht in Argentinien, das sie erwartungsvoll nach dem Edelmetall benannten (lateinisch »argentum«), sondern im Reich der Inkas. Ihre silbernen Kunstschätze waren für die Invasoren bares Geld und besiegelten das schnelle Ende dieser Hochkultur. Doch erst die Silberminen auf den Territorien der heutigen Länder Mexiko, Peru und Bolivien, die noch immer an der Spitze der Silberproduzenten stehen, machten Spanien zur Weltmacht. In ihrer Blütezeit exportierten die Spanier mehr als 150 000 Tonnen Silber aus ihren Kolonien, rund 85 Prozent der weltweiten Produktion.

Diese Symbolik von Silber ist so stark im kollektiven Gedächtnis der Menschheit präsent, dass wir unsere Münzen bis heute aus Metallen prägen lassen, die dem Edelmetall besonders ähnlich sehen. Das müssten wir längst nicht mehr tun, denn seit etwa einem halben Jahrhundert enthalten unsere Münzen weder Silber noch Gold. Es sind die Farbwirkungen der Edelmetalle, die Vertrauen schaffen, wenn es um den Wert unseres Geldes geht. Der Materialwert der silbrigen Nickel- und goldenen Kupferlegierungen ist dagegen vernachlässigbar. Weiße, schwarze oder gar bunte Münzen gelten allenfalls als Spielgeld und würden kaum als Zahlungsmittel akzeptiert.

Doch zurück zum Silber, das für uns auch ein Statussymbol ist, mit dem wir uns bei vielen Gelegenheiten schmücken. Als Tafelsilber oder Familienschmuck war Silber eine inflationssichere Wertanlage, die über Generationen akkumuliert und vererbt wurde. In vielen Ländern der Welt dient Silberschmuck bis heute als Indikator für den Wohlstand der Familie und wird bei Hochzeitsritualen demonstrativ am Körper der Braut gezeigt. Das kostbare Silber kennzeichnet Eigenschaften wie Stärke, Leistung und Erfolg. Da Silber auch heute noch 20-mal mehr als Gold auf den Markt kommt, erreicht es im Wertvergleich meist nur den zweiten Platz. Der Symbolwert einer Farbe wird zur Statusfrage, sobald wir den Wert einer Person oder einer persönlichen Leistung durch farbliche Kennzeichnungen hervorheben. Das gilt nicht nur für kulturelle Praktiken wie die Vergabe von Medaillen, Pokalen und Abzeichen und Urkunden, sondern auch für die Ikonografie von Bildern und Sammlungen, wo Silber stets den wichtigen, Gold jedoch den noch wichtigeren Personen, Objekten und Funktionen vorbehalten bleibt.

Bei einem Vergleich belegt Silber jedoch den ersten Platz. Silber bietet uns heute eine dezente Alternative zum Gold, das in vielen Situationen prunkvoll, angeberisch und prahlerisch wirkt. Silber wertet Inhalte auf elegante, vornehme und zurückhaltende Weise auf. Das gilt nicht nur für Silberschmuck wie Uhren, Ketten und Ringe, sondern auch für hochwertige Technik wie Smartphones, Laptops und Automobile, deren Oberflächen häufig aus silbrig glänzenden Leichtmetallen wie Titan und Aluminium gefertigt werden. Silber steht für Beständigkeit, Langlebigkeit und Nachhaltigkeit, da die Farbe allen schnelllebigen Moden und Trends widersteht. In einigen Sprachen leitet sich das Farbwort »Silber« von Techniken des Veredelns ab, denn Silber wirkt nicht nur als Edelmetall kostbar und beständig, sondern wertet alle anderen Farben wie auch die damit bezeichneten Inhalte sichtbar auf. Selbst der Himmel wirkt ungleich kostbarer und geheimnisvoller, wenn sich ein »Silberstreif« am Horizont zeigt. Viele Menschen empfinden diese Naturerscheinung daher auch als Hoffnungsschimmer, der ihrem Dasein in diesem Moment einen immateriellen Wert verleiht.

Spiegelsilber

narzisstisch, trügerisch und suggestiv

Reines Silber reflektiert nahezu 100 Prozent des einfallenden Lichts, was keine andere Farbe vermag. Silber ist die Farbe der Spiegel und des Spiegelnden. Die spiegelnde Farbe wirkt hypnotisierend, da wir uns darin auf einzigartige Weise selbst wahrnehmen. Begegnungen mit diesen Spiegelungen formen unser Selbstbild und wirken wie eine Projektionsfläche für unsere Gedanken, Träume und Emotionen. Der Silberglanz funkelnder Lichtreflexionen, glitzernder Wellenmuster und perlender Schaumkronen wirkt mysteriös, begehrenswert und verführerisch. Diese Glanzeffekte werden heute vielfach bei Kosmetika, Textilien und Lackfarben eingesetzt, um das Erscheinungsbild von Menschen, Produkten und Räumen aufzuwerten. Silbrig schimmernde Perlglanzpigmente wurden seit dem 17. Jahrhundert aus irisierenden Fischschuppen gewonnen und als »Fischsilber« bezeichnet. Heute werden Perlglanzpigmente meist aus Aluminiumplättchen hergestellt, die wie unzählige glitzernde Spiegel wirken und hochwertigen Oberflächen einen silbrigen Schimmer verleihen.

Wie jede Farbe, so hat auch Silber eine negative und bedrohliche Seite, die sich oft erst in der Wahrnehmungssituation offenbart. In vielen Mythen ist der Spiegel ein Abbild unserer Seele und Symbolfarbe der Einbildung, Eitelkeit und Selbstgefälligkeit. Jeder Spiegel kann zu einem Gefängnis der Seele werden. Schon die Seele des Dionysos, dem griechischen Gott der Freude, Fruchtbarkeit und des Weines, wurde von Titanen in einem Spiegel festgehalten. Noch schlimmer erging es Narziss, der von der Göttin Nemesis mit lebenslänglicher Selbstliebe gestraft wurde. Er verliebte sich in sein eigenes Spiegelbild, dem er an einer Quelle begegnete. Da er sich aufgrund des Zaubers selbst nicht darin erkennen konnte, verzehrte er sich in unerfüllbarer Sehnsucht. Wie der Spiegel, so ist auch Silber ein Symbol der Eitelkeit, was sich auch in volkstümlichen Geschichten wie dem Märchen »Schneewittchen« zeigt, die unfreiwillig zur Teilnehmerin an einem Schönheitswettbewerb wird. Der silberne Spiegel wird zum Symbol übersteigerter Eigenliebe und offenbart negative Persönlichkeitsmerkmale wie Dünkel, Überheblichkeit und Hochmut.

Hinter der silbernen Oberfläche jedes Spiegels lauert noch etwas anderes, das uns einen Weg in eine unbekannte Welt eröffnen kann. Mit dem beginnenden Subjektivismus entwickelte sich der Spiegel im 18. Jahrhundert zum Symbol der Selbstbegegnung und Selbsterkenntnis. Jeder Spiegel ist auch ein Tor zu unserem Unterbewusstsein. Das zeigt sich besonders eindrucksvoll in dem Buchklassiker *Alice hinter den Spiegeln* von Lewis Carroll, in dem die Heldin durch den Spiegel in eine Parallelwelt eintritt, in der sie eine Persönlichkeitswandlung durchmacht. Der von den Wachowski-Geschwistern geschriebene und verfilmte Science-Fiction-Klassiker *Matrix* thematisiert viele wichtige Gedanken der Erkenntnisphilosophie. Als der Held Neo zur Erkenntnis der Matrix schreitet, berührt er sein Spiegelbild, das sich daraufhin verflüssigt und ihn komplett mit einer silbrigen Masse umfängt. Der folgende Erkenntnisprozess verändert sein Selbst- und Weltbild unwiederbringlich.

Eine andere Form von Realität zeigen gekrümmte Spiegelflächen, in denen Körper und Räume als spukhafte Zerrbilder erscheinen. Silber wird zur Symbolfarbe von Täuschung, Irreführung und Betrug. Hieraus folgt auch der Brauch, die Spiegel zu verhängen, wenn jemand gestorben ist. Spiegel sind perfekte Projektionsflächen für Wahnvorstellungen und Halluzinationen. Sie waren lange Zeit wichtige Utensilien von Wahrsagern.

Im Film *Harry Potter* gaukelt der »Spiegel des Begehrens« dem Protagonisten seinen tiefsten Herzenswunsch vor, das Bild einer heilen Familie. Nicht anders funktionieren Wallfahrtsspiegel, mit denen gläubige Pilger den »Segensschein« der besuchten Reliquien einfangen, um das Objekt der Verehrung auf symbolische Weise zu duplizieren. Ein bekannter Hersteller von Wallfahrtsspiegeln war übrigens Johannes Gutenberg, der die beweglichen Lettern seiner Presse mit einer silbrigen Legierung aus Zinn, Blei und Antimon hergestellt hat, um zum ersten Mal auf europäischem Boden Bücher zu duplizieren.

Hightech-Silber

futuristisch, modern und steril

Silber finden Sie heute nicht mehr in Geldmünzen, sondern in Autos, Smartphones und Computern. Während es im Inneren elektronischer Bauteile den schnellen und verlustarmen Stromfluss gewährleistet, sorgt es an der Oberfläche dafür, dass wir diesen Wert auch sehen. Die ästhetische Revolution der bis dahin mausgrauen Computerwelt begann im Jahr 2007 mit der Einführung sichtbarer Aluminiumgehäuse beim Apple Macintosh. Der Erfolg dieser Maßnahme sorgte für einen anhaltenden Trend, weshalb Silber heute nach Schwarz zu den beliebtesten Farben bei hochwertigen Notebooks und Smartphones gehört. Silber ist die Symbolfarbe der technologischen Moderne und Kennzeichen vieler Hightech-Produkte und Zukunftstechnologien.

Bei den Automobilen begann der Siegeszug von Silber bereits

1934 beim Internationalen Eifelrennen auf dem Nürburgring. Ein überraschendes Gewichtsproblem mit dem Grand-Prix-Rennwagen W 25 des Automobilkonzerns Mercedes-Benz konnte erst durch einen vollständigen Abschliff der weißen Lackierung behoben werden. Bis zu diesem Zeitpunkt war es undenkbar, dass die Aluminiumkarosse dieser frühen Hightech-Produkte offen gezeigt wurde. Der legendäre »Silberpfeil« gewann diesen Wettkampf und danach noch viele weitere. Silber wurde zum Markenzeichen des technologischen Fortschritts. Die Farbe kennzeichnete fortan Gewinner, die ihren Vorsprung vor der Konkurrenz durch moderne Technik erreichen. Heute gehört Silber zu den weltweit beliebtesten Autofarben.[4] Von den Erfolgen der Raumfahrt angeregt, wurde Silber in den 1960er-Jahren zur Farbe der Avantgarde und prägte den Space-Look in Mode und Design. Den Trend befeuerte auch der Mercury IVA, ein besonders leichter Raumanzug, der vollständig mit Aluminium beschichtet war. Modedesigner wie André Courrèges, Pierre Cardin und Paco Rabanne machten Silber zur Trendfarbe der Haute Couture. Durch den Kontrast zu dem kalten silberglänzenden Material wirkt der menschliche Körper verstörend, extravagant und futuristisch.

Silberfarbene Oberflächen wirken nicht nur befremdlich, sondern auch makellos rein. Sie begegnen uns daher heute sehr häufig bei technischen Produkten und Oberflächen, die besondere Sauberkeit, Hygiene und Reinheit ausstrahlen sollen. Das Edelmetall Silber wirkt sogar antibakteriell, da es Keime, Viren und Pilze abtötet. Hier zeigt sich zugleich ein atmosphärisches Problem. Silberfarbene Oberflächen wirken unterkühlt, distanziert und abweisend. Das gilt für silberfarbene Kleidung, Objekte und Räume. Sie können den Effekt geringfügig verringern, indem Sie die Oberflächen nicht glatt, sondern möglichst rau erscheinen lassen. Wirkungsvoller sind farbliche Tönungen, die den abweisenden immateriellen Spiegeleffekt reduzieren. Das Technologieunternehmen Apple nutzt diese leichten Farbverschiebungen für Variationen bei den Aluminiumgehäusen seiner Smartphones.

Mondsilber

magisch, geheimnisvoll und kühl

Im alten Ägypten wurde Silber als Mondmetall bezeichnet. Auch das Quecksilber, welches die Alchemie des Mittelalters dem weiblichen Aspekt der Mondgöttin »Luna« zuordnete, verbreitet einen vergleichbar kühlen Glanz. Die Oberfläche des Mondes bildet einen gewaltigen Spiegel, der das Licht weit entfernter Sterne sammelt und zur Erde reflektiert. In sternenklaren Nächten wirkt das kühle Silberlicht des Mondes daher besonders magisch und geheimnisvoll. In Vollmondnächten erscheint uns die Umwelt nicht schwarz-weiß, sondern bläulich kühl gefärbt, da der höhere Lichteinfall auch die Blau-Zapfen der Netzhaut aktiviert. Monochrome Graustufenbilder können daher weder den besonderen silbrigen Schimmer noch die bläulich kühle Färbung des Mondlichts wiedergeben. Der US-amerikanische Künstler James Abbott McNeill Whistler malte seine beeindruckende Gemäldereihe »Nocturnes« daher auch nicht schwarz-weiß, sondern mit Silber und Blau. Spiegelnde Glanzlichter und Blaufilter sorgen auch für den »Moonlight-Effekt« beim Film, der nächtlichen Szenen eine magische Atmosphäre und zugleich auch mehr Glaubwürdigkeit verleiht. Dieser Mondlicht-Effekt zeigt sich auch bei den Silbergelatine-Prints der Schwarz-Weiß-Fotografie. Die Aufnahmen der Künstlergruppe »Group f/64«, der namhafte Fotografen wie Ansel Adams, Imogen Cunningham und Edward Weston angehörten, sind noch heute für ihre zauberhafte Ästhetik berühmt. Die Arbeit dieser modernen Alchemisten begann bei der Aufnahme und endete in der Dunkelkammer, wo sie bei künstlichem Rotlicht mit lichtempfindlichen Silbersalzen experimentierten, um überraschende Lichteffekte, artifizielle Kontraste und ungewohnte Körnungen hervorzuzaubern.

Alle Kulturen der Welt kennen mythische Geschichten über

den Mond, dessen geheimnisvolle Aura unsere Fantasie beflügelt. Seit dem Altertum wissen wir, dass der Mond eine gewaltige Anziehungskraft auf die Oberfläche der Erde ausübt, die beeindruckende Naturphänomene wie den Gezeitenwechsel der Weltmeere erklärt. Bei Voll- und Neumond summieren sich die Anziehungskräfte von Mond und Sonne sogar zu einer Springflut. Bis zur Entdeckung der Gravitation wurden diese Naturphänomene auf die Wirkung des Mondlichts zurückgeführt. Die silbrig schimmernden Oberflächen von Meeren, Flüssen und Seen wirken im Vollmondlicht besonders anziehend und geheimnisvoll.

Die magische Anziehungskraft des Silberlichts zeigt sich auch im Phänomen des Schlafwandelns, das auch als Mondsüchtigkeit oder Lunatismus bezeichnet wird. Die meisten der Betroffenen halten das Mondlicht für den entscheidenden Einflussfaktor, obgleich es dafür noch immer keine naturwissenschaftliche Erklärung gibt. Doch auf die Gravitationskraft des Mondes kommt es gar nicht an. Das silberne Licht des Mondes übt eine starke hypnotische Kraft auf jeden nächtlichen Betrachter aus, die das Erleben und Verhalten vieler Menschen spürbar beeinflusst. Knapp 40 Prozent aller Deutschen geben daher an, dass ihre Schlafqualität vom Mondlicht verändert wird. Der Vollmond scheint etwa zwölfmal so hell wie der Halbmond. Licht und Farben wirken sowohl über die Augen wie auch über unsere Vorstellungskraft auf das Gehirn. Doch es bleibt nicht bei der Einbildung. Die Absenkung des Melatoninspiegels führt dazu, dass viele Menschen bei starkem Mondlicht tatsächlich schlechter und weniger schlafen.[5] Auch dass wir bei Vollmond mehr und häufiger träumen, wird vor diesem Hintergrund verständlich. Atmosphären und Farboberflächen, die wir mit dem Silberlicht des Mondes assoziieren, fördern unsere Imagination, Erfindungsgabe und Vorstellungskraft.

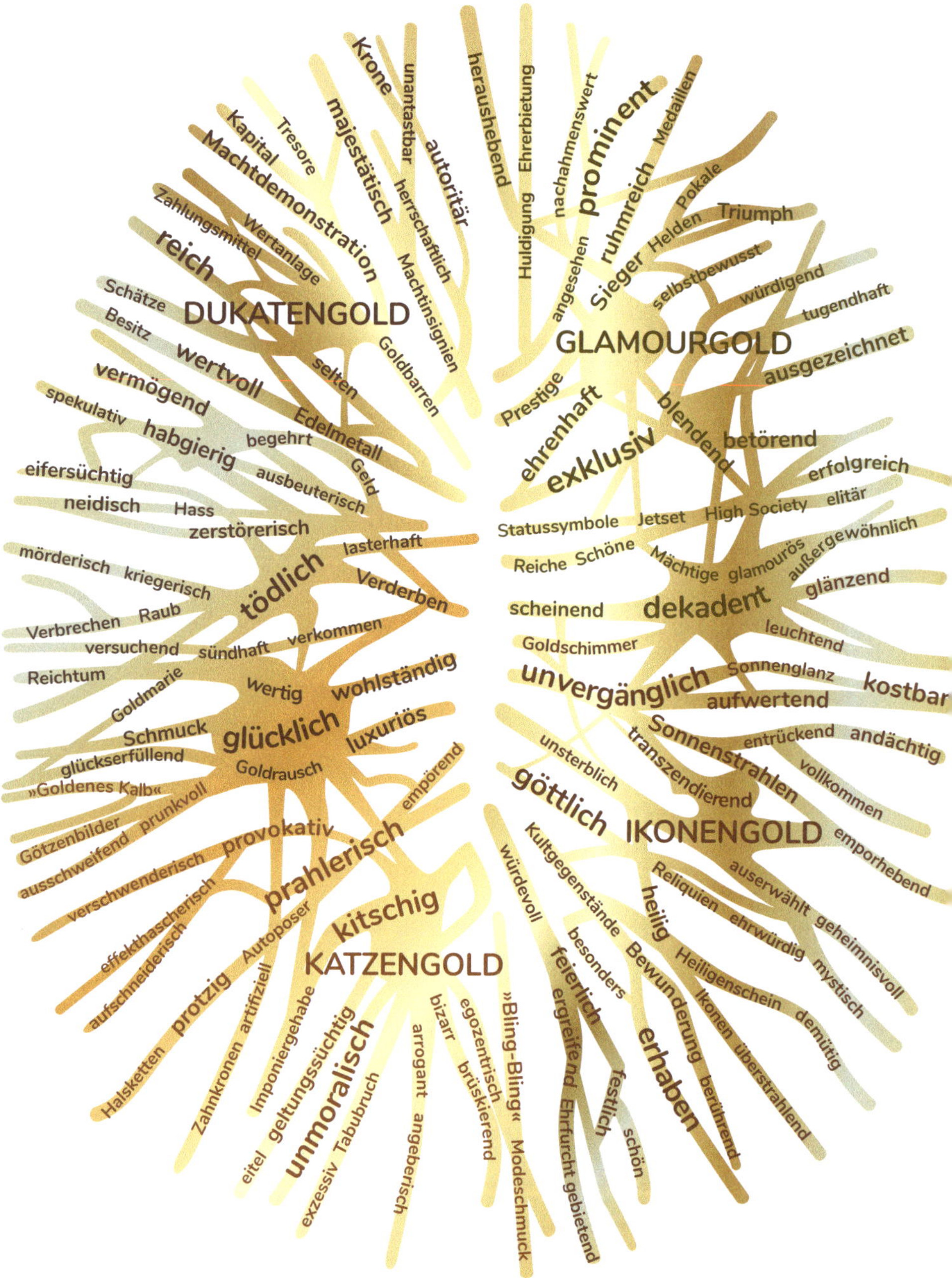

GEDÄCHTNISLANDKARTE GOLD

Symbolbedeutung und Wirkungsspektrum

Gold

erhaben, reich, erfolgreich und kitschig

Ikonengold

erhaben, unvergänglich und göttlich

Für die alten Ägypter war die kultisch verehrte Sonne eine »große Scheibe aus hellem Gold«. Um eine direkte Verbindung zur Quelle des Lebens herzustellen, vergoldeten sie die Spitzen ihrer Pyramiden und Obelisken in der Symbolfarbe ihrer höchsten Gottheit Re. Mit dem strahlenden Gold schufen sie einen Berührungspunkt zwischen Himmel und Erde, über den sie mit ihrem Sonnengott Kontakt aufnehmen konnten. Re war für sie nicht irgendeine abstrakte Vorstellung, sondern die Sonne selbst, deren Macht sich durch das goldene Licht offenbarte. Die Ägypter glaubten, dass die Seelen ihrer Pharaonen über diese steinernen »Antennen« auf direktem Weg zur Sonne wandern konnten. Ihr geheimnisvoller Transmitter war das Gold. Die goldenen Schlusssteine der gewaltigen Sakralbauten nannten sie daher auch »benben«, das »Glänzende, Leuchtende und Scheinende«.[1] Der lateinische Begriff »aurum«, von dem sich das Farbwort »Gold« in vielen Sprachen der Welt ableitet, wie auch die indogermanische Sprachwurzel »ghel«, die dem deutschen wie auch dem englischen Farbwort »Gold« zugrunde liegt, gehen auch auf dieses Phänomen zurück.

Gold verleiht den irdischen Dingen eine Aura des Göttlichen, Vollkommenen und Absoluten. Was immer auch das Gold berührt, erscheint transzendent und nicht von dieser Welt zu sein.

Wen wundert es da noch, dass die Darstellungen Erleuchteter, Heiliger und Götter in vielen Kulturen mit Gold gekennzeichnet sind. Auch für den Totenkult war Gold von zentraler Bedeutung, um den göttlichen Status des Herrschers für die Ewigkeit zu sichern. Das hat zumindest in einigen Fällen auch ganz hervorragend funktioniert. Als der britische Archäologe Howard Carter 1922 die letzte Wand zur Grabstätte des ägyptischen Pharaos Tutanchamun einriss, stockte ihm der Atem. In der mit Bildern und Schriftzeichen bedeckten goldenen Grabkammer stand ein goldener Schrein, in dem sich noch zwei weitere vergoldete Särge verbargen. Der innerste Sarkophag wie auch die Totenmaske der Mumie waren aus reinem Gold gefertigt. In goldenem Glanz erstrahlten auch die Statuen der Grabwächter, sein Streitwagen und der Thron. Sogar die Musikinstrumente, Schreibutensilien und Waffen waren mit einer Goldschicht überzogen.

Der Kult um das Gold war schon immer ein globales Phänomen. Auch bei den Sumerern, Hethitern, Persern, den alten Griechen, Kelten, Azteken und Inkas wurden zahlreiche goldene Grabbeigaben entdeckt. Wie schon bei den Ägyptern, so sollten sie auch hier den bestatteten geistlichen und weltlichen Würdenträgern im Jenseits dienen. Die ältesten Goldfunde machte man bisher in den »Grabanlagen von Warna« an der bulgarischen Schwarzmeerküste. Die kunstvoll gestalteten goldenen Tierfiguren, Schmuckstücke sowie die goldverzierten Keramiken und Gewänder sind über 6000 Jahre alt. Wo diese Schätze nicht Grabräubern in die Hände gefallen sind, haben sich die Hoffnungen ihrer Schöpfer auf Unvergänglichkeit erfüllt, wenn auch nicht auf die erwartete Weise. Den ältesten Goldschmuck der Menschheit können Sie im Archäologischen Museum Warna und im Nationalen Historischen Museum Sofia besichtigen.

Auch in der Farbsymbolik des Christentums kennzeichnet Gold das Göttliche und Heilige. Im Neuen Testament erstrahlt für uns das »himmlische Jerusalem« im göttlichen Licht. In dieser »goldenen Stadt« finden wir nach der Offenbarung ewige

Glückseligkeit. Wer das Glück schon auf Erden finden will, der schaue sich byzantinische Kirchen an. Goldfarbene Mosaiken sorgen in ihrer düsteren Atmosphäre für mystische Stimmung und göttlichen Glanz. In der Hagia Sophia von Istanbul wurden nach heutigen Schätzungen mehr als 145 Tonnen Gold verbaut.[2]

Im 5. Jahrhundert begann im Christentum die Zeit der Bilderverehrung. Anders als heute, wo wir die Identität einer Person fotografisch genau festhalten, waren Gesicht und Körper seinerzeit beliebig austauschbar. Sie wurden entweder frei erfunden oder lebenden Personen entlehnt. Um den Status wichtiger Persönlichkeiten auszuzeichnen, wurden ihre Darstellungen mit einer goldenen Umrandung versehen, die wir als Aureole bezeichnen. Ein goldener Nimbus, den Sie vermutlich besser als Heiligenschein kennen, rahmte hingegen nur den Kopf. Das Gold gab den Heiligen eine unverwechselbare Aura, die den Gläubigen nicht nur über den Verstand, sondern vor allem über ihre Sinne erfahrbar wurde.

Das ästhetische Erlebnis der Farben ist ein Erkenntnisvorgang, der jedem Menschen zugänglich ist. Gold überwältigt den Betrachter, der die Wahrheit des Bildgegenstandes nicht mehr in Abrede stellt. Schauen Sie auf die Ikonenbilder, auf denen Heilige in strenger Ordnung dargestellt wurden. Nach dem Bilderstreit im 10. Jahrhundert wurden Ikonenbilder zur Schaffung einer transzendentalen Lichtwirkung einheitlich auf Goldgrund gemalt. In der Lichtmetaphysik des Christentums symbolisierte Gold das Leuchten des Heiligen Geistes. Noch deutlicher ist die Strategie der Überwältigung an den Reliquien zu erkennen. Zweifelhafte Fundstücke wie Knochen, Holzstücke, Textilfetzen oder Metallreste wurden in ihrem Wesen transformiert und zu verehrungswürdigen Reliquien, sobald sie in einem goldenen Behältnis lagen. Auch Einbände der Heiligen Schrift sowie darin enthaltene Bilder und Schriftzeichen wurden in Gold ausgeführt, um den »Geist der Wahrheit« zu verbreiten.[3] Gold veranschaulicht das Unsagbare, Sakrale und Heilige.

Im Islam konzentriert sich der Einsatz von Gold auf Ornamente und Schriften, da die Darstellung von Menschen verboten ist. Hierdurch konnte sich die Kunst der Kalligrafie zu einem einzigartigen Schmuckelement entwickeln. Das zentrale Heiligtum des Islam, die Kaaba von Mekka, wird noch heute von einem schwarzen Brokattuch umhüllt. Die sogenannte Kiswa wird jedes Jahr erneuert und mit prächtigen Koransuren aus Gold- und Silberdrähten bestickt. Im Buddhismus und Hinduismus ist Gold hingegen omnipräsent. Buddhafiguren wie Tempelwände sind mit dicken Schichten aus Blattgold bedeckt, das Gläubige in einem Akt der Verehrung immer wieder erneuern. Wichtige Sakralbauten, wie die knapp 100 Meter hohe Shwedagon-Pagode von Myanmar, sind vollständig mit Gold umhüllt. Auch der Goldene Tempel »Harmandir Sahib«, das höchste Heiligtum der Sikhs im indischen Bundesstaat Punjab, erstrahlt bis heute in göttlichem Glanz. Der gewaltige Bau ist nicht nur außen komplett mit Gold überzogen. Auch im Innenraum sorgt das omnipräsente Gold für eine göttliche Aura und erzeugt bei jedem Betrachter ein andächtiges Gefühl.

Das goldene Licht der Sonne verleiht diesen Bauten eine Erhabenheit, Feierlichkeit und Würde, die uns im Innersten berührt. Viele Menschen werden bei diesem Anblick schweigsam und verharren andächtig davor. Das gilt nicht nur für Kulturbauten und Artefakte, sondern auch für die Natur. Wenn das Licht der tief stehenden Sonne ganze Landschaften mit einem immateriellen Goldschimmer überzieht, spüren wir Gefühle wie Ehrfurcht, Demut und Glück. Unser Leben wirkt in diesen Moment unendlich kostbar. Das goldene Licht der Sonne verleiht der materiellen Substanz unserer Erde einen geistigen Wert. Triviales wird hierdurch zum Besonderen, Niedriges zum Emporgehobenen, Übersehenes zum Auserwählten und Weltliches zu Göttlichem.

Dukatengold

reich, glücklich und tödlich

In Goethes Faust beklagt sich Gretchen über ihr Schicksal mit den Worten: »Nach Golde drängt, Am Golde hängt Doch alles. Ach wir Armen!«[4] Gold symbolisiert den ewigen Menschheitstraum von Reichtum, Ansehen und Glück. Doch Gold ist eine äußerst knappe Ressource, von der es noch nie genug gab. Fürsten, Könige und Päpste beauftragten daher immer wieder die besten Alchemisten mit der Suche nach dem »Stein der Weisen«, um damit unedle Stoffe in Gold zu verwandeln. Als Johann Friedrich Böttger 1708 am Hof des Kurfürsten Friedrich August von Sachsen dabei ganz zufällig das Rezept der Porzellanherstellung entdeckte, betrachtete man dies als erneuten Fehlschlag. Er starb verarmt und erlebte nicht mehr, wie das Meissner Porzellan für seinen Fürsten zum »weißen Gold« wurde. Der »Stein der Weisen« wurde schließlich doch noch gefunden, zumindest in der Theorie.

In einer 1960 in Wuppertal erfolgten Vorlesung mit dem humorvollen Titel »Moderne Alchemie« gab der Chemie-Nobelpreisträger Otto Hahn an, dass er die nukleare Goldproduktion durch Kernschmelze zwar für möglich hält, den wirtschaftlichen Aufwand jedoch für viel zu hoch.[5]

Woher also stammt all das Gold der Erde, das dem Symbolwert der Farbe zugrunde liegt? Die Goldvorkommen der Erde wurden lange vor der Entstehung unseres Planeten durch eine Supernova-Explosion erzeugt, bei der zwei Neutronensterne fusionierten. Als unser Gold entstand, erstrahlten die verschmelzenden Sterne so hell wie eine ganze Galaxie.[6] Unser Wissen hat großen Einfluss darauf, wie eine Farbe wirkt! Doch unsere Begeisterung für glänzende, glitzernde und schimmernde Lichteffekte ist angeboren, worauf ich auch schon zu Beginn des Kapitels zum Silber hingewiesen habe.

Gold fasziniert uns mehr als jede andere Farbe, weil es dem Licht der Sonne gleicht. Menschen reinigen, schleifen und polieren das »Sonnenmetall« schon seit Jahrtausenden, damit es seinen goldenen Glanz verbreiten kann. Wenn wir Menschen, Dinge oder Räume mit Gold schmücken, erwarten wir, dass etwas von der magischen Aura des Sonnenlichts darauf übergeht.

Der Symbolwert des Goldes wird ganz maßgeblich durch das Verhältnis von Angebot und Nachfrage bestimmt. Alles Gold der Welt würde in einen Würfel mit 20 Meter Kantenlänge passen. In unserer Gier nach dem knappen Edelmetall sind wir unersättlich. Wir fördern es aus Tiefen von bis zu 5000 Metern, nur um den größten Teil davon gleich wieder in dunklen Tresoren zu verstecken. Die weltgrößte Lagerstätte befindet sich daher auch nicht in einer Goldmine, sondern in den Bunkern der US-Notenbank Fed unter der Südspitze Manhattans. Die Vorstellung von Banken, Tresoren und Hochsicherheitszonen hat einen spürbaren Einfluss auf die Farbwirkung. Am wirkmächtigsten ist Gold im Halbdunkel. Bilder, Stickereien, Drucke und Verzierungen von Bauten und Artefakten wurden aus diesem Grund immer wieder auf schwarzem Grund ausgeführt. In diesem lichtlosen Umfeld erstrahlt Gold besonders mystisch und wertvoll. Die Nutzung dieser Kontrastwirkung reicht bis ins Chalkolithikum zurück, wovon eine kostbare schwarze Keramikschale zeugt, die vor über 6000 Jahren mit geometrischen Mustern aus Goldstaub verziert wurde.[7] Es ist daher auch kein Zufall, dass uns museale Artefakte wie teure Luxusartikel aus Gold meist im Dämmerlicht vor einem schwarzen Hintergrund präsentiert werden. Am kostbarsten wirkt Goldschmuck daher auch auf schwarzer Haut. Wenn Sie damit nicht aufwarten können, tun es auch edle schwarze Textilien wie Samt, Seide oder Merinowolle.

Der Besitz von Gold verspricht uns die Erfüllung aller Wünsche, Träume und Sehnsüchte. Die Goldsuche steht auch ganz allgemein für das menschliche Streben nach Glück. Wer vom Goldrausch »infiziert« wurde, der sich oft wie eine Epidemie ausbreitete, setzte oft alles auf eine Karte, um sein Glück in der Ferne zu finden. Besonders bekannt ist der Mythos von Eldorado. Gerüchte von einem sagenhaften Goldland, die sich auf vage Erzählungen Eingeborener bezogen, lösten im 16. Jahrhundert eine Massenhysterie unter spanischen Konquistadoren aus. In Scharen machten sich Menschen auf, um in den Urwäldern Südamerikas nach versunkenen Goldschätzen, Tempeln oder goldenen Städten zu suchen, was der Eroberung des Kontinents enormen Vorschub leistete. Auch die Urbanisierung Kaliforniens, das die US-Amerikaner kurz zuvor für einen Spottpreis von Mexiko erworben hatten, begann mit dem größten Goldrausch der Geschichte. Hunderttausende von Glücksrittern strebten deshalb nach Sacramento. Der letzte große Goldrausch am Klondike River in Alaska war bereits ein weltweites Medienereignis. Schriftsteller wie Jack London und Filmgrößen wie Charlie Chaplin verliehen diesem Ereignis Legendenstatus. Die Suche nach verborgenen Goldschätzen hat ein ganzes Genre von Abenteuergeschichten geprägt und sich damit tief im kollektiven Gedächtnis der Menschheit verankert.

Doch auch Gold hat seine dunkle Seite, die bei der Wahrnehmung dieser Farbe dominieren kann. Gold hat die unheimliche Macht, Völkerwanderungen auszulösen, Weltreiche zu begründen und ganze Kulturen zu vernichten. Als die Spanier um Hernán Cortés im 15. Jahrhundert den Völkern Mittelamerikas zum ersten Mal begegneten, waren sie völlig überrascht, wie einfach sie das vorhandene Gold gegen billige Glasperlen und anderen glitzernden Tand eintauschen konnten. Sie wussten sofort, die Azteken hatten mehr als genug davon. Gold und Silber machten Spanien zum größten, reichsten und mächtigsten Königreich der Welt. Die Völker Amerikas und ihre Kulturen wurden hingegen weitgehend ausgelöscht. In der gesamten Kulturgeschichte war Gold immer wieder das Tatmotiv schlimmster Verbrechen. Um Gold werden Kriege geführt, für Gold wird betrogen, gemordet und geraubt. Sein Anblick weckt unsere niedersten Begierden wie Eifersucht, Habgier und Neid. Wenn wir den vielen wahren Geschichten des Goldes lauschen, tun sich alle Abgründe der menschlichen Seele auf. Gold ist das universale Symbol für Versuchung, Laster und Sünde. In der Konsequenz bedeutet das bis heute, dass man Gold nicht leichtfertig zur Schau stellt.

Das Berliner Bode-Museum, aus dem 2017 die 100 Kilogramm schwere Goldmünze »Big Maple Leaf« gestohlen wurde, hat zu spüren bekommen, wie stark die suggestive Macht des Goldes noch immer ist.

Glamourgold

prominent, exklusiv und dekadent

Die meisten Ehrenauszeichnungen wie die Goldmedaillen des Internationalen Olympischen Komitees oder die »Goldenen Schallplatten« der Musikindustrie sind nahezu wertlos, nimmt man allein den Materialwert in den Blick. Die Feinheit von Blattgold beträgt heute nur etwa 100 Nanometer, weshalb man mit zwei Gramm einen ganzen Quadratmeter vergolden kann. Dafür muss ein Mensch mit mittlerem Durchschnittseinkommen heute etwa zwei Stunden arbeiten.

Warum also ist uns das Gold eigentlich so teuer? Dem Sieger kommt es vor allem auf den Symbolwert der Farbe an. Mit Gold verleihen wir einem Menschen den höchsten Status, den eine Gesellschaft vergeben kann. Der Symbolwert des Goldes hebt die ausgezeichnete Person aus ihrem Umfeld empor und stellt sie auf eine Stufe mit den Ruhmreichen, Erfolgreichen und Mächtigen der Gesellschaft. Das Siegerpodest kann diese symbolische Praxis lediglich unterstützen, oder können Sie sich einen Sieger vorstellen, der dort oben ohne Medaille bleibt? Die Verweigerung des Goldes kommt einer Aberkennung des Sieges gleich, ein symbolischer Akt der Entehrung. Wer Gold gewinnt, erhält alles, die höchste Aufmerksamkeit, das meiste Geld und den größten Ruhm. Die Farbe Gold verleiht dem Sieger die Prominenz, aus der sich das eigentliche Kapital schlagen lässt. Natürlich verfolgen auch die Stifter einen Zweck, wenn sie Einzelne aus der Masse herausheben. Gold wirkt wie ein moralischer Kompass, der beispielgebende, mustergültige und nachahmenswerte Taten bezeichnet, damit andere diesem Beispiel folgen.

Gold kennzeichnet den gesellschaftlichen Erfolg. Ein glamouröser Auftritt zeigt der Welt, dass man es ganz nach oben geschafft hat und zur Elite der Reichen, Schönen und Mächtigen gehört. Glamour steht nicht nur für exklusiven Luxus, sondern genauso auch für Blendung und betörenden Glanz. In der schillernden Welt des Geldes sind goldene Statussymbole identitätsbildend. Wer dort noch auffallen will, muss die Farbe schon mächtig dick auftragen. Die japanische Designerin Ginza Tanaka verarbeitet handgewebte Stoffe aus echtem, 24-karätigem Gold zu kostbaren Tapeten, Kleidern und Accessoires. Ihr Goldmünzenkleid verschlingt die Kosten eines Einfamilienhauses, ihre goldene Textiltapete kann schnell in die Millionen gehen. Dagegen ist der goldgewebte Badeanzug, für den ein Durchschnittsverdiener immerhin sein ganzes Jahresgehalt hinlegen muss, fast noch ein Schnäppchen. Wer es etwas praktischer mag, kann seinen Status auch durch eine goldene Luxusuhr oder ein Goldcollier demonstrieren. Auch beim Champagner gilt, je goldener die Flasche, desto teurer das Getränk. Wen wundert es, dass so manche Hersteller ihre Flaschen gleich ganz mit einem Goldüberzug versehen. Weitaus wichtiger als der Inhalt ist, wer den Damen und Herren so alles beim Trinken zuschaut. Die High Society ist ein Milieu, das sich gerne über die Zurschaustellung goldener Symbole definiert. Wer die Botschaft des Goldes nicht mitbekommt, für den gibt es die Regenbogenpresse, welche zuverlässig an der Legendenbildung mitwirkt.

Die protzige Zurschaustellung von Gold ist dennoch keine Verschwendung, sondern ein wirksames Mittel der Machtdemonstration. Der als Camp du Drap d'Or in die Geschichte eingegangene Schauplatz des Treffens zwischen Franz I., König von Frankreich, und Heinrich VIII., König von England, liefert Anschauungsunterricht für diese »Diplomatie des Goldes«. Das Treffen im Jahr 1520, zu dem über 5000 Adlige, Geistliche und Höflinge mit Transportmitteln und Hausstand eingeladen waren, diente nur einem einzigen Zweck. Es sollte den Habsburger Kaiser Karl V. beeindrucken, der zu dieser Zeit große Teile Europas beherrschte. Dafür wurde auf freiem Feld ein ganzer Palast aufgebaut, der vollständig mit Goldbrokat ausgekleidet wurde und zudem goldverzierte Fenster erhielt. Die Brunnen, in denen roter Wein sprudelte, sorgten für einen prächtigen Farbkontrast. Vor dem Palast zählte man 2800 Zelte, in denen sich die zahlreichen Gäste rund um die Uhr vergnügten.[8] Das Schauspiel folgte der politischen Theorie des Staatsphilosophen Niccolò Machiavelli, nach dem Frieden auch durch ein machtvolles Auftreten gewahrt werden kann.

Gold legitimiert den Anspruch auf Herrschaft. Kronen und Zepter waren keine reinen Statussymbole. Die goldenen Herrschaftsinsignien garantierten über Generationen hinweg Recht und Ordnung im Staat. Nicht nur Kaiser, Könige und Fürsten legitimierten ihren Machtanspruch mit der Symbolkraft des Goldes, sondern auch die Theokratie. Zu den Herrschaftszeichen der christlichen Welt gehören die goldene Papstkrone (Tiara), der päpstliche Hirtenstab (Ferula) und der päpstliche Fischerring wie auch die golddurchwirkte Mitra der Bischöfe. Nach dem Tod eines Papstes zerschlug der Kardinalkämmerer seinen goldenen Fischerring mit einem silbernen Hammer. Durch den symbolischen Akt lag die Macht nunmehr beim Kardinalskollegium, das die Bruchstücke erhielt, um einen neuen Papst zu wählen. Gläubige knien bis heute vor dem Papst nieder, um seinen goldenen Fischerring zu küssen. Das Zeichen der Ehrerbietung beinhaltet zugleich auch die Anerkenntnis seiner Macht. Dass Papst Franziskus bei seiner Amtseinführung 2013 lediglich einen vergoldeten Silberring wählte, beweist einmal mehr, dass es nicht um den Materialwert geht. Mit diesem symbolischen Akt der Bescheidenheit schloss er sich Papst Paul VI. an, der seine goldene Tiara während des Zweiten Vatikanischen Konzils den bedürftigen Menschen Roms stiftete.

In den griechischen Stadtstaaten des 8. Jahrhunderts v. Chr. kennzeichnete Gold zum ersten Mal die Herrschaft des Bürgertums. Nicht nur der Adel, sondern auch die reichen Kaufleute trugen kostbaren Goldschmuck und goldbestickte Textilien oder nutzten goldgeschmückte Artefakte, um ihr soziales Ansehen sowie ihre politische Macht zu demonstrieren. Da die Elite der Polis häufig mit ihren goldenen Insignien bestattet wurde, haben sich viele Zeugnisse bis heute erhalten. Eine solche Blütezeit erlebte das Bürgertum erst wieder in der Renaissance. Reiche Bürger ließen sich nicht nur ihre Hausfassaden, Kutschen und Schiffe mit goldenen Ornamenten verzieren. Selbst das Innere ihrer luxuriös eingerichteten Bauten wurde mit golddurchwirkten Textilien, vergoldeten Möbeln und Zierrat dekoriert. Als sich immer mehr reiche venezianische Kaufleute ihre Gondeln vergolden ließen, reichte es dem Dogen. 1562 wurde Schwarz als Einheitsfarbe aller Gondeln vorgeschrieben, um der öffentlichen Machtdemonstration Einhalt zu gebieten, die mit der Dekadenz und dem Prunk einherging.

Zur selben Zeit verschwand das Gold aus der Malerei. Die Darstellungen der Renaissancekünstler wurden immer realistischer. Die ikonografische Verwendung von Gold wirkte im selben Maße altmodisch und hatte plötzlich ausgedient.[9] Daran hat sich im Prinzip bis heute kaum etwas geändert. Der Jugendstil, in dem alte Traditionen der Bildcodierung wiederauflebten, bildet in der Kulturgeschichte lediglich ein kurzes Intermezzo. Einer seiner populärsten Vertreter war Gustav Klimt. In seiner »Goldenen Periode« orientierte er sich stark an der byzantinischen Kunst, die er in Büchern und auf Reisen studierte. Sein wohl bekanntestes Werk ist das Bildwerk »Der Kuss (Liebespaar)«. Klimt nutzt hier die magische Aura des Goldes ganz bewusst in der ikonografischen Tradition, um unsere sinnlich-emotionale Auffassungsgabe anzurühren. Durch den Symbolwert des Goldes wird die Liebe zum höchsten Gut auf Erden stilisiert.

Katzengold

kitschig, prahlerisch und unmoralisch

In der Thora wie auch im Alten Testament wird der »Tanz um das Goldene Kalb« geschildert, das die Israeliten nach ihrem Auszug aus Ägypten verehrten. Der heidnische Stiergott wurde in einem symbolischen Akt aus dem Goldschmuck des Volkes hergestellt. Moses, der zur gleichen Zeit auf dem Berg Sinai die zehn Gebote erhielt, verurteilt die Verehrung des Götzenbilds und lässt die vom »wahren Glauben« abgefallenen Anhänger hart bestrafen. Sein Aufruf an die Leviten, ihre Brüder, Freunde und Nachbarn zu erschlagen, kostete der Überlieferung nach 3000 Menschen das Leben.[10] Die moralische Lehre der Parabel ist eindeutig. Wenn die Symbolkraft des Goldes der Unmoral dient, bringt sie nichts als Tod und Verderben.

Gold ist auch heute noch eine heilige Farbe. Jeder Missbrauch löst heftige emotionale Reaktionen wie Empörung, Neid und Hass aus. Schauen wir uns dazu kurz ein aktuelles Beispiel an. Zum Programm eines Staatsbesuchs bei der britischen Königin gehört die traditionelle Fahrt in einer goldenen Kutsche über Londons Prachtboulevard The Mall. Auf ihrem Weg zum Buckinghampalast ist die Straße immer wieder von jubelnden Schaulustigen gesäumt. Als der amerikanische Präsident Trump erklärte, dass er bei seinem Staatsbesuch anders als sein Vorgänger Barack Obama auf diese Ehrung bestehe, löste das bereits im Vorfeld große mediale Empörung aus. Millionen Briten unterzeichneten eine Petition, um den »Tanz um das Goldene Kalb« zu verhindern.

Die britische Königin fährt sonst nur noch selten in ihrer goldenen Kutsche. Als Staatskarosse nutzt sie eine weinrot-schwarze Bentley State Limousine von Rolls-Royce. Die vergleichsweise unauffällige Lackierung soll nicht nur über den Preis der Limousine hinwegtäuschen, deren Wert auf elf Millionen Euro geschätzt wird. Die Farbe verbirgt auf charmante Weise, dass die Königin noch immer zu den reichsten Frauen der Welt zählt. Stellen Sie sich vor, sie würde bei jedem Staatsbesuch in einem goldfarbenen Rolls-Royce vorfahren! Damit würde sie mit Gewissheit all die schwarzen Limousinen der demokratisch legitimierten Volksvertreter in den Schatten stellen. Solch ein königlicher Auftritt wäre für viele Menschen eine Provokation. Wenn es um Herrschaft geht, ist jede Farbe politisch.

Die meisten Menschen haben ein ausgezeichnetes Gespür für Farbsymbole, denn genau das ist ihre gesellschaftliche Funktion. Der Symbolgebrauch von Farben wirkt normativ und verhaltensregulierend. Die Reichen und Mächtigen spüren heute, dass die Mehrheit der Bürger ihr Verhalten kritisch beobachtet und jede Ausschweifung moralisch verurteilt. Das Medienecho dient abwählbaren Politikern als ständiger Seismograf. Kaum jemand polarisiert in unserer Zeit daher auch so heftig wie Donald Trump. Und nichts macht den Konflikt so anschaulich wie sein Verhältnis zum Gold. Für seine Bewunderer lebt und verkörpert Trump den amerikanischen Traum. Sein Geschäftsmodell basiert auf Immobilienspekulation, wo der Erfolg von den Gewinnerwartungen der Investoren bestimmt wird. Statussymbole wie der goldverspiegelte Trump Tower in Las Vegas sind nicht nur dekadenter Luxus, sondern fördern seine Kreditwürdigkeit.

Auch der Trump Tower in New York hat es in sich, obwohl seine silberverspiegelte Fassade bei Weitem nicht so protzig wirkt. Beim Betreten des Atriums entfaltet sich eine goldene

Märchenwelt, in der ein Wasserfall über 18 Meter zu Boden rauscht. Über goldene Fahrstühle führt der Weg ganz nach oben in ein mehrstöckiges Penthouse, in dessen neobarockem Interieur Trump wie ein aus der Zeit gefallener Sonnenkönig lebt. Überall Gold, antike Möbel und teure Kunst, wohin man auch sieht. Für seine Gegner begeht Trump damit einen Tabubruch. Seine unverhohlene Angeberei, all der Prunk und Protz sind nach ihrer Ansicht ebenso unwürdig für das Präsidentenamt wie sein beschämendes Frauenbild oder sein zweifelhaftes Geschäftsgebaren. Der oberste Repräsentant des Staates soll der Bevölkerung ein moralisches Vorbild sein.[11]

Diese Ansicht trifft in einer Bevölkerung nicht mehr auf ungeteilte Zustimmung, wo sich Erfolg häufig über Statussymbole definiert. Die Konsumwelt des Kapitalismus wird vom »Tanz ums Goldene Kalb« geprägt. Die Sehnsucht nach Geltung zeigt sich heute besonders deutlich in der populären Hip-Hop-Kultur. Egozentrische Musik-Ikonen motzen ihr Erscheinungsbild mit aufgesetzten Statussymbolen wie goldenen Zahnkronen, Ringen, Ketten und Autos auf. Dieses sogenannte »Bling-Bling« ist heute längst kein Schimpfwort mehr. Durch den exzessiven Einsatz von Gold werden menschliche Schwächen wie Eitelkeit, Protz, Prahlerei, Imponiergehabe und Effekthascherei zum Bestandteil der Massenkultur. Auch die bildende Kunst hat das Thema für sich entdeckt. Bis dahin verachtete und bekämpfte Praktiken wie Kitsch und Kopie wurden moralisch aufgewertet und für den Gebrauch im Alltag rehabilitiert. Im Zuge der Banality-Serie von Jeff Koons entsteht 1988 die goldglänzende Porzellanfigur »Michael Jackson and Bubbles«, die den US-amerikanischen Popstar zeigt, wie er mit seinem Schimpansen auf einem Blumenbett sitzt. Der Künstler wird mit den Worten zitiert: »Ich wollte ihn in einer gottähnlichen Ikonenhaftigkeit erschaffen.«[12]

Nicht nur Politik, Musik und Kunst, sondern auch der Sport gerät zum Spielfeld der Konsumkultur. Aufgestiegene Multimillionäre im Trainingsanzug überbieten sich beim »Tanz ums Goldene

Kalb«. Die »Goldsteak-Affäre« um den Starfußballer Franck Ribéry, der ein mit Blattgold umwickeltes Stück Fleisch medienwirksam konsumierte, löste eine Empörungswelle aus. Nicht anders wirkte die Aktion seines Sportskollegen Aubameyang, der seine Luxussportwagen vergolden ließ, um das Ergebnis anschließend voller Stolz auf seinem Instagram-Profil zu präsentieren. Autoposer folgen seinem Beispiel, wenn sie mit ihren vergoldeten PS-Boliden Runde um Runde durch die Szeneviertel ihrer Heimatstädte drehen. Empört reagiert jedoch nur der, für den Sportler moralisch perfekte Ikonen sind. Wo wir die Symbolkraft von Gold öffentlichkeitswirksam missbrauchen, wird Heiligkeit zu Provokation oder Narretei.

Gold hat eine gesellschaftliche Vorbildfunktion, von den Anfängen der Kulturgeschichte bis in die Gegenwart. Würden Sie sich ein goldenes Auto kaufen oder Ihre Gedanken auf einem goldenen Laptop präsentieren? Vermutlich nicht, denn damit würden Sie viele andere Menschen brüskieren oder sich öffentlich zum Gespött machen. Der kreativen Avantgarde würden wir das vielleicht durchgehen lassen, doch diese Narrenfreiheit genießen nur wenige. Die meisten Menschen spüren intuitiv, wie Farben wirken, und richten ihr Verhalten unwillkürlich danach aus. Denn wie wir es auch drehen: Jede Farbe sagt etwas über uns, unsere Mitmenschen und unsere Umwelt aus. Wenn Sie die Natur der Farben verstehen, können Sie in der Kultur der Farben lesen wie in einem Buch. Die assoziative Kraft der Farben wirkt auf unsere Gedanken und Emotionen. Sie prägt unsere Wertvorstellungen und verrät unsere Handlungsabsichten. Seien Sie sicher, Sie werden Ihr Verhalten daran ausrichten, denn das liegt sowohl in der Natur der Farben als auch in ihrer kulturellen Funktion.

Wenn ich über die Macht der Farben spreche, treffe ich anfangs immer wieder auf Skepsis, die ich für sehr berechtigt halte. Besonders stark ist der Widerspruch beim Gold. Vielen Menschen ist es kaum vorstellbar, dass sich der Materialwert maßgeblich auf den Symbolwert zurückführen lässt, wodurch wir sofort wieder bei der Farbwirkung sind. Doch ich garantiere Ihnen, dass dieses Edelmetall sofort unverkäuflich und damit wertlos wäre, wenn ans Licht käme, dass es seine Farbe dauerhaft verändert hat und fortan weiß, grün oder violett erscheint.

Farbpsychologie und Farbgestaltung. Wie Sie die richtigen Farben finden

In den zurückliegenden Kapiteln haben Sie erfahren, welchen Einfluss Farben auf unser Erleben, unsere Emotionen und unser Verhalten besitzen. Ich habe Ihnen gezeigt, dass die Ursachen dieser Wirkungen in unserer Farbwahrnehmung zu finden sind, die sowohl auf biologischen als auch auf kulturellen Faktoren basiert. Denn unsere Wahrnehmung bestimmt nicht nur, wie wir uns und unsere Umwelt sehen, sondern sie beeinflusst auch maßgeblich, was wir dabei empfinden, denken und tun. Die Erforschung unserer Wahrnehmung steht im Zentrum der Farbpsychologie.

Die Psychologie der Farben ist nicht nur etwas für Experten, denn sie begleitet uns auch im Alltag. Denken Sie nur an den morgendlichen Blick in den Kleiderschrank, der uns mit Erwartungen, Selbsteinschätzungen und Vorurteilen konfrontiert. Wenn wir intuitiv zu Farben greifen, geht die Auswahl meist sehr schnell, da wir gelernt haben, wie andere Menschen darauf reagieren. Diese oftmals eingeschränkte persönliche Farbpalette entspricht den Konventionen unserer Lebenswelt und hat sich in den meisten Alltagssituationen bewährt. Doch Achtung, die Farben unserer Kleidung tun etwas mit uns und dem Gegenüber! Sie können damit ganz gezielt beeinflussen, wie Sie von anderen Menschen wahrgenommen werden, was erheblichen Einfluss auf das Verhalten Ihrer Mitmenschen haben kann. Wie wir etwas wahrnehmen, spiegelt sich in unseren Gefühlen, Gedanken, Handlungen und sozialen Interaktionen.

Haben Sie daher Mut zur Farbe und probieren Sie ihre Wirkungen in verschiedenen Lebenssituationen aus! Spielen Sie Begegnungen mit anderen Menschen durch und versetzen Sie sich in bevorstehende Situationen. Nur so können Sie die jeweils wirksamsten Farben finden. Unsere Kleidungsfarben gehören zu unserer Körpersprache. Sie dienen primär der Verhaltenssteuerung und Kommunikation. Die Farben unserer Kleidung und Lebensräume legen fest, welche Charaktereigenschaften und Handlungsabsichten wir anderen Menschen signalisieren. Ich habe dazu selbst über viele Jahre Experimente mit Hunderten Probanden durchgeführt, in denen sich dieses kausale Wirkungsprinzip immer wieder bestätigt hat. Dieses Buch bietet Ihnen viele Informationen und Kriterien für die Farbauswahl, doch keine Standards, denn Farbpsychologie gibt es nicht auf Rezept. Im Mittelpunkt jeder Farbentscheidung steht allein der wahrnehmende Mensch!

Erlauben Sie mir an dieser Stelle einen Exkurs zum Thema Lieblingsfarben, denn es ist interessant, was dabei herauskommt, wenn wir mit Menschen über ihre Farbvorlieben diskutieren. Auf die Frage nach ihrer Lieblingsfarbe antworten in Deutschland etwa 40 Prozent aller Menschen mit Blau, dann folgen Rot mit 20 Prozent, Grün mit 18 Prozent, Schwarz mit 16 Prozent, Gelb mit 11 Prozent und Weiß mit 8 Prozent. 7 Prozent wählen Grau oder Braun, 6 Prozent Orange oder Violett.[1] Ähnliche Umfrageergebnisse zeigen sich weltweit, wobei auch festgestellt wurde, dass Männer häufiger kühle, Frauen hingegen warme Farben angeben.[2] Fragen Sie Menschen jedoch nach ihren Farbvorlieben bei konkreten Dingen, dann erhalten Sie ganz andere Antworten. Was also sagt die Lieblingsfarbe tatsächlich über uns aus?

Ohne einen bestimmten Kontext wird die Angabe unserer Lieblingsfarbe zu einer Frage der Persönlichkeit. Blau liegt in den Umfragen weltweit vorne, da charakterliche Eigenschaften wie Offenheit, Wahrhaftigkeit und Vertrauen für uns alle von größter Bedeutung sind. Wir erhoffen uns mit der Angabe dieser Farbe ein positives »Framing« unserer Persönlichkeit, Aussagen und

Handlungen, auch wenn wir uns dessen meist gar nicht bewusst sind. Denken Sie an das Kapitel Blau zurück, dann wird sofort klar, warum diese Angabe völlig unbewusst funktioniert. Menschen verbinden die Farbe unwillkürlich mit den prägnanten Eigenschaften von Naturphänomenen wie dem Blau von Himmel und Meer. Dieses Prinzip können Sie jetzt auch ganz einfach selbst nachvollziehen.

Die Angabe der Lieblingsfarbe offenbart allerdings nicht nur, wie wir von anderen Menschen gesehen werden möchten: Manchmal kommen hierüber auch unterdrückte Wünsche und Charaktereigenschaften zum Vorschein. Kurz vor Abschluss dieses Buches haben wir einen Wissensfilm zur Macht der Farben für eine Kinder- und Jugendsendung gedreht. Im Mittelpunkt stand ein Experiment, für das etwa zwölfjährige Kinder gebeten wurden, ihre Lieblingsfarbe anzugeben. Dann mussten sie den kompletten Inhalt ihres Kleiderschranks mitbringen und die Kleidungsstücke aller Kinder zu Farbkreisen auslegen, die keinen Rückschluss auf die Form der einzelnen Kleidungsstücke ermöglichten. Anschließend sollten die Kinder Charaktereigenschaften ihrer Klassenkameraden benennen und ihre Mitschüler in die zugehörigen Farbkreise stellen, was zu unserer Überraschung allen problemlos gelang. Interessant war nun, dass die zuvor angegebene Lieblingsfarbe bei etwa der Hälfte aller Kinder selten oder gar nicht in ihrem zugewiesenen Farbkreis vertreten war. Besonders auffällig war der Widerspruch bei Jungen, die Rosa, Gelb und Violett als Lieblingsfarbe angegeben hatten. Es wurde deutlich, dass der Einfluss der Peergroup wie bei uns allen zuverlässig dafür sorgt, dass gewünschtes Verhalten gestärkt wird, während unkonventionelle Charaktereigenschaften und Verhaltensweisen aus dem Sichtfeld verschwinden. Was lernen wir daraus? Wir sollten unsere Farbvorlieben ebenso wenig unterdrücken wie unsere Wünsche, Neigungen und Träume. Farben sind in jeder Lebensphase von Bedeutung, da sie auch ein Mittel der Selbstfindung sind.

Wer mit Farben gestalten und beispielsweise Räume streichen möchte, kann dieses Buch ganz konkret zurate ziehen. Zu diesem Zweck zeigen die Gedächtnislandkarten die häufigsten Assoziationen und Wirkungen der Farben, die oftmals auch sehr gegensätzlich sind. Ich werde häufig von Journalisten gefragt, wie eine Farbe wirkt, was ich nicht pauschal beantworten kann. Sie wissen jetzt auch, warum: Entscheidend dafür, wie eine Farbe auf Gefühle, Gedanken und Verhalten wirkt, ist der Kontext der Verwendungssituation. Wenn Sie sich für eine oder mehrere der in diesem Buch genannten Farben entschieden haben, ist die Arbeit noch nicht getan, denn wir können Millionen von Farbnuancen wahrnehmen. Wer den richtigen Ton treffen und Farbtöne harmonisch oder auf andere Weise reizvoll kombinieren möchte, braucht entweder sehr viel Erfahrung oder professionelle Hilfe bei der Farbgestaltung. Und wieder gilt: Um Erfahrung zu sammeln und die eigene Wahrnehmung zu schulen, müssen wir mit Farben experimentieren.

Ich möchte Sie ermutigen. Gehen Sie mit offenen Augen durch die Welt der Farben und halten Sie Ihre Beobachtungen mithilfe von Farbskizzen, Fotos oder textlichen Beschreibungen fest, denn hierdurch werden unbewusste zu bewussten Farbwahrnehmungen. Lassen Sie sich von der Farbenvielfalt der Natur wie auch von den Farben in Medien, Kunst, Design und Architektur inspirieren. Ich selbst nutze auf Reisen häufig auch das Smartphone und schaue dabei gezielt nach besonderen Farbklängen, Lichteffekten und Details. Das »Farbensammeln« schult nicht nur den Blick, sondern erzeugt zugleich auch eine persönliche Farbbibliothek, aus der man zu vielen Anlässen schöpfen kann. Wir brauchen Wissen, um die Macht der Farben zu verstehen. Die Sensibilisierung unserer Farbwahrnehmung sorgt dafür, dass wir dieses Wissen auch für die Gestaltung unserer Lebenswelt anwenden können.

Dank

Beim Schreiben dieses Buches konnte ich auf die Unterstützung vieler Menschen zurückgreifen, die mich in den letzten Jahrzehnten in Forschung, Lehre und Praxis begleitet haben. An erster Stelle steht Heike Krauss, die mir als Farbexpertin und Ehefrau mit Rat und Tat beiseitestand. Danken möchte ich auch den vielen Freunden und Experten aus allen Wissenschafts- und Praxisfeldern der Farbe, mit denen ich als Vorsitzender des Deutschen Farbenzentrums seit über einem Jahrzehnt in regem Kontakt stehe. Dieser interdisziplinäre Austausch hat es mir überhaupt erst ermöglicht, die Natur und Kultur der Farben als Ganzes zu sehen. Danken möchte ich ferner den Studierenden der Burg Giebichenstein Kunsthochschule Halle, mit denen ich in meiner Zeit als Professor im Lehrgebiet »Farbe Licht Raum« ganz im Sinne der Bauhausmeister Johannes Itten und Josef Albers gemeinsam geforscht und experimentiert habe.

Dank gilt meinen Mitarbeitern im Lehrgebiet »Didaktik der visuellen Kommunikation« an der Bergischen Universität Wuppertal wie den Kolleginnen und Kollegen vieler wissenschaftlicher Disziplinen, von denen ich den Physikdidaktiker Johannes Grebe-Ellis, den Kunsthistoriker Karl Schawelka und den Wahrnehmungspsychologen Karl Gegenfurtner herausgreifen möchte. Ich bedanke mich bei den Grafikerinnen Rahel Brochhagen und Dinah Kübeck sowie bei der Buchgestalterin Julia Heiserholt. Alle Grafiken wurden speziell für dieses Buch erarbeitet und waren bisher noch an keiner anderen Stelle zu sehen. Ein ganz besonderer Dank geht an Gila Keplin von der Literarischen Agentur Simon, mit der ich das Konzept für dieses Buch erarbeitet habe, wie auch an Dr. Iris Forster, die das Werden dieses Buches für den Verlag mit viel Leidenschaft und Sachverstand begleitet hat. Danken möchte ich meiner Lektorin Nadine Lipp und nicht zuletzt meiner Tochter Hannah Krauss, die mit ihrer Kritik dafür gesorgt hat, dass dieses Buch auch jüngeren Lesern zugänglich ist. Meinem Sohn Neo danke ich zuletzt noch für seine Geduld.

Anmerkungen

Einleitung

1 Karl R. Gegenfurtner: *Gehirn und Wahrnehmung,* Fischer, Frankfurt am Main 2005.

2 Das Originalzitat von Paul Watzlawick lautet: »Man kann nicht nicht kommunizieren!«, in: Paul Watzlawick, Janet H. Beavin, Don D. Jackson: *Menschliche Kommunikation. Formen, Störungen, Paradoxien,* Verlag Hans Huber, Bern u.a. 2007.

Die sieben biologischen Funktionen der Farben

1 Charles R. C. Sheppard et al.: *The Biology of Coral Reefs,* Oxford University Press, Oxford 2017.

2 Doris Freudig (Hrsg.): *Lexikon der Biologie. Buntbarsche,* Spektrum Akademischer Verlag, Heidelberg 2006.

3 O. M. Selz et al.: »Differences in male coloration are predicted by divergent sexual selection between populations of a cichlid fish«, 2016, DOI: 10.1098/rspb.2016.0172.

4 R. A. Fisher: »The evolution of sexual preference«, in: *The Eugenics Review,* Vol. 7(3), Oktober 1915, S. 184-192.

5 C. Twohig-Bennett, A. Jones: »The health benefits of the great outdoors. A systematic review and meta-analysis of greenspace exposure and health outcomes«, in: *Environmental Research,* Vol. 166, Oktober 2018, S. 628-637, Epub 5. Juli 2018, DOI: 10.1016/j.envres.2018.06.030.

6 Roger S. Ulrich et al.: »Stress recovery during exposure to natural and urban environments«, in: *Journal of Environmental Psychology,* Vol. 11(3), September 1991, S. 201-230.

7 Auf die Wirkungen von Lebensmittelfarben industriell produzierter Nahrung gehe ich im Kapitel zur Gesundheit noch einmal gesondert ein.

8 F. Foroni et al.: »Food color is in the eye of the beholder: the role of human trichromatic vision in food evaluation«, in: *Scientific Reports,* Vol. 6 (37034), 2016, DOI: 10.1038/srep37034.

9 Siehe Kapitel zur Farbwahrnehmung.

10 C. Jared et al.: »Venomous Frogs Use Heads as Weapons«, in: *Current Biology,* DOI: 10.1016/j.cub.2015.06.061.

11 Joachim Bauer: *Warum ich fühle, was du fühlst. Intuitive Kommunikation und das Geheimnis der Spiegelneurone,* Hoffmann und Campe, Hamburg 2005.

12 Ádám Egri, Miklós Blahó, György Kriska, Róbert Farkas, Mónika Gyurkovszky, Susanne Åkesson, Gábor Horváth: »Polarotactic tabanids find striped patterns with brightness and/or polarization modulation least attractive: an advantage of zebra stripes«, in: *The Journal of Experimental Biology,* Vol. 215(5), 2012.

13 Marion Petrie, Tim Halliday, Carolyn Sanders: »Peahens prefer peacocks with elaborate trains«, in: *Animal Behaviour,* Vol. 41(2), Februar 1991, S. 323-331, DOI: 10.1016/S0003-3472(05)80484-1.
14 R. L. Trivers: »Parental investment and sexual selection«, in: B. Campbell (Hrsg.): *Sexual Selection and the descent of man,* Aldine-Atherton, Chicago 1972.
15 Gerald Borgia: »Complex male display and female choice in the spotted bowerbird: specialized functions for different bower decorations«, in: *Animal Behaviour,* Vol. 49(5), Mai 1995, S. 1291-1301, DOI: 10.1006/anbe.1995.0161.
16 Janine M. Wojcieszek et al.: »Theft of bower decorations among male Satin Bowerbirds *(Ptilonorhynchus violaceus)*: why are some decorations more popular than others?«, in: *Emu,* Vol. 106(3), 2006, S. 175-180, DOI: 10.1071/MU05047.
17 C. B. Frith: »Bowerbirds«, in: *Encyclopedia of Animal Behavior,* 2010, S. 233-239, DOI: 10.1016/B978-0-08-045337-8.00051-6.
18 A. Zahavi: »The cost of honesty (further remarks on the handicap principle)«, 1977.
19 Marie A. Pointer, Peter W. Harrison, Alison E. Wright, Judith E. Mank: »Masculinization of Gene Expression Is Associated with Exaggeration of Male Sexual Dimorphism«, August 2013, DOI: 10.1371/journal.pgen.1003697.
20 Felice Cimatti: *A Biosemiotic Ontology,* Springer, Berlin 2018; Dario Martinelli: *A Critical Companion to Zoosemiotics. People, Paths, Ideas,* Springer 2012.
21 Jérémie Teyssier, Suzanne V. Saenko, Dirk van der Marel, Michel C. Milinkovitch: »Photonic crystals cause active colour change in chameleons«, in: Nature Communications, Vol. 6(6368), 2015.

Das größte Kommunikationssystem der Erde

1 »A Letter of Mr. Isaac Newton, Professor of the Mathematicks in the University of Cambridge; Containing His New Theory about Light and Colors: Sent by the Author to the Publisher from Cambridge, Febr. 6. 1671/72; In Order to be Communicated to the R. Society«, in: *Philosophical Transactions,* Vol. 6(80), 19. Februar 1672, S. 3075–3087.
2 Isaac Newton: Opticks: Or, a Treatise of the Reflexions, Refractions, Inflexions and Colours of Light.
3 Marc André Meyers, Po-Yu Chen: *Biological Materials Science,* Cambridge University Press, Cambridge 2017.
4 Brief an Hans Mühsam, 1954.
5 Charles Darwin: *The descent of man, and selection in relation to sex,* Princeton University Press, Princeton 1981.
6 Eva Jablonka, Marion Lamb: *Evolution in Four Dimensions. Genetic, Epigenetic, Behavioral, and Symbolic Variation in the History of Life,* MIT Press, Cambridge 2005.
7 »Empfehlung zum Schutz von Badenden vor Cyanobakterien-Toxinen. Bekanntmachungen – Amtliche Mitteilungen«, in: *Bundesgesundheitsblatt,* Vol. 58, 2015, S. 908–920, DOI: 10.1007/s00103-015-2192-8.

8 Austa Somvichian-Clausen: »Das unsichtbare Leuchten der Blumen«, Bilder: Craig P. Burrows, in: *National Geographic,* www.nationalgeographic.de/fotografie/das-unsichtbare-leuchten-der-blumen.
9 F. Gary Stiles: »Geographical Aspects of Bird-Flower Coevolution, with Particular Reference to Central America«, in: *Annals of the Missouri Botanical Garden,* Vol. 68(2), 1981, S. 323-351, DOI: 10.2307/2398801.
10 Hanne H. Thoen et al.: »A Different Form of Color Vision in Mantis Shrimp«, in: *Science,* Vol. 343(6169), 24. Januar 2014, S. 411-413, DOI: 10.1126/science.1245824.
11 S. Heermann, L. Schütz, S. Lemke, K. Krieglstein, J. Wittbrodt: »Eye morphogenesis driven by epithelial flow into the optic cup facilitated by modulation of bone morphogenetic protein«, in: *eLIFE,* 24. Februar 2015, DOI: 10.7554/eLife.05216.
12 E. Gianoli, F. Carrasco-Urra: »Leaf Mimicry in a Climbing Plant Protects against Herbivory«, in: *Current Biology,* Vol. 24(9), Epub 24. April 2014, DOI: 10.1016/j.cub.2014.03.010.

Die Reise des Lichts von den Augen zum Gehirn

1 Robert Saltonstall Mattison, Robert Rauschenberg: *Robert Rauschenberg. Breaking Boundaries,* Yale University Press, New Haven 2003.
2 Andreas Schwarz: *Die Lehren von der Farbenharmonie,* Muster-Schmidt Verlag, Northeim 1999.
3 Olaf L. Müller: *Mehr Licht. Goethe mit Newton im Streit um die Farben,* Fischer, Frankfurt am Main 2015.
4 Esther Bisset, Martin Palmer: *Die Regenbogenschlange. Geschichten vom Anfang der Welt und von der Kostbarkeit der Erde,* Zytglogge, Bern 1998.
5 Wolf Singer: *Der Beobachter im Gehirn,* Suhrkamp, Frankfurt am Main 2002.
6 Philip Steadman: *Vermeer's Camera. Uncovering the Truth Behind the Masterpieces,* Oxford University Press, Oxford 2002.
7 Karl R. Gegenfurtner: *Gehirn und Wahrnehmung,* Fischer, Frankfurt am Main 2011.
8 PRO RETINA Deutschland e.V., Selbsthilfevereinigung von Menschen mit Netzhautdegenerationen, www.pro-retina.de/netzhauterkrankungen/zapfendystrophie/krankheitsbild/alltagsbewaeltigung.
9 Ralf Brandes, Florian Lang, Robert F. Schmidt (Hrsg.): *Physiologie des Menschen,* Springer, Berlin 2019.
10 Johann Wolfgang von Goethe: *Faust I. Der Tragödie erster Teil,* Reclam, Stuttgart 1992.
11 Olaf L. Müller: *Mehr Licht. Goethe mit Newton im Streit um die Farben,* Fischer, Frankfurt am Main 2015.
12 Jakob Steinbrenner, Stefan Glasauer: *Farben - Betrachtungen aus Philosophie und Naturwissenschaften,* Suhrkamp, Frankfurt am Main 2007.
13 George Wald: »The Molecular Basis of Visual Excitation«, in: *Nature,* Vol. 219, 1968, S. 800–807.
14 Robert F. Schmidt et al. (Hrsg.): *Physiologie des Menschen,* Springer, Heidelberg 2010.

15 Jeremy Nathans: »The Genes for Color Vision«, in: *Scientific American,* Vol. 260(2), Februar 1989, S. 42–49.
16 Axel Buether: *Wege zur kreativen Gestaltung,* Seemann Henschel, Leipzig 2013.
17 Josef Albers: *Interaction of Color,* Yale University Press, New Haven 2009.
18 David Hubel, Torsten Wiesel: *Brain and Visual Perception,* Oxford University Press, Oxford 2004.
19 Andreas Schwarz: *Die Lehren von der Farbenharmonie,* Muster-Schmidt Verlag, Bern 1999.
20 Oliver Sacks: *Eine Anthropologin auf dem Mars,* Rowohlt, Reinbek bei Hamburg 1998, S. 19 ff.
21 David H. Hubel, Torsten Wiesel: *Brain and Visual Perception. The Story of a 25-Year Collaboration,* Oxford University Press, Oxford 2004.
22 A. D. Milner, M. A. Goodale: »Two visual systems re-viewed«, in: *Neuropsychologia,* Vol. 46, 2008, S. 774–785.
23 Siehe Teil 2, Kapitel »Rot«.
24 Zitiert nach Dorothy Seiberling: »Abstract Expressionism, Part II«, in: *Life,* 16. November 1959, S. 82.
25 Gerhard Roth: *Aus Sicht des Gehirns,* Suhrkamp 2003; Wolf Singer: *Der Beobachter im Gehirn,* Suhrkamp, Frankfurt am Main 2002.

Sinnlichkeit der Farben

1 Reid et al.: »The Human Fetus Preferentially Engages with Face-like Visual Stimuli«, in: *Current Biology,* Vol. 27, 19. Juni 2017, S. 1825–1828.
2 M. von Senden: *Raum- und Gestaltauffassung bei operierten Blindgeborenen vor und nach der Operation,* Verlag J. A. Barth, Leipzig 1932, S. 113.
3 Studien von Neugeborenen vom »Surrey Baby Lab«, University of Surrey, publiziert unter www.surrey.ac.uk/surrey-baby-lab/research.
4 Richard G. Coss, Saralyn Ruff, Tara Simms: »All That Glistens: II. The Effects of Reflective Surface Finishes on the Mouthing Activity of Infants and Toddlers«, in: *Ecological Psychology,* Vol. 15(3), 2003, S. 197–213, DOI: 10.1207/S15326969ECO1503_1.
5 Siehe dazu auch das Kapitel zur »Biologischen Funktion der Farben«.
6 Viele Studien und Informationen zur Arbeit der »Project Prakash Foundation« sind publiziert unter: www.projectprakash.org/.
7 Maria Montessori: *Grundlagen meiner Pädagogik und weitere Aufsätze zur Anthropologie und Didaktik,* Quelle & Meyer Verlag 2014.
8 Hinderk M. Emrich, Udo Schneider, Markus Zedler: *Welche Farbe hat der Montag? Synästhesie: das Leben mit verknüpften Sinnen,* Hirzel, Stuttgart 2016.
9 Michael J. Scotter: *Colour Additives for Foods and Beverages,* Woodhead Publishing 2015; David Julian McClements: *Future Foods. How Modern Science Is Transforming the Way We Eat,* Copernicus 2019.
10 Armand Cardello, Cynthia N. DuBose: »Effects of Colorants and Flavorants on Identification, Perceived Flavor Intensity, and Hedonic Quality of Fruit-Flavored Beverages and Cake«, in: *Journal of Food Science,* Vol. 45(5), August 1980, S. 1393–1399.

11 F. Foroni et al.: »Food color is in the eye of the beholder: the role of human trichromatic vision in food evaluation«, in: *Scientific Reports,* Vol. 6(37034), 2016, DOI: 10.1038/srep37034.
12 Zu den Problemen von Lebensmittel- und Verpackungsfarben siehe das Kapitel »Wohltuende Farben«.
13 Arbeitsgemeinschaft der Wissenschaftlichen Medizinischen Fachgesellschaften, 16.10.2009 – NPO, 44. Jahrestagung Deutsche Gesellschaft für Neuroradiologie (DGNR), 8.-10.10.2009 Köln.
14 D. Oberfeld et al.: »Ambient lighting modifies the flavor of wine«, in: *Journal of Sensory Studies,* Vol. 24(6), 26. Juni 2009, S. 797-832.
15 M. von Senden: *Raum- und Gestaltauffassung bei operierten Blindgeborenen vor und nach der Operation,* Verlag J. A. Barth, Leipzig 1932, S. 50.
16 Siehe das Kapitel »Sinnlichkeit der Farben«.
17 Karl R. Gegenfurtner, Michael J. Hawken: »Interaction of motion and color in the visual pathways«, in: *Trends in Neurosciences,* Vol. 19(9), 1996, S. 394-401; Karl R. Gegenfurtner, Daniel C. Kiper, Suzanne B. Fenstemaker: »Processing of color, form, and motion in macaque area V2«, in: *Visual Neuroscience,* Vol. 13, 1996, S. 161-172.
18 Matthias Koddenberg: Yves Klein. *In/Out Studio,* Kettler, Dortmund 2016.
19 C. Warden, E. Flynn: »The effect of color on apparent size and weight«, in: *American Journal of Psychology,* Vol. 37, 1926, S. 398–401.
20 K. R. Alexander, M. S. Shansky: »Influence of hue, value, and chroma on the perceived heaviness of colors«, in: *Perception & Psychophysics,* Vol. 19 (1), 1976, S. 72-74, DOI: 10.3758/BF03199388.
21 Nattha Savavibool, Chumporn Moorapun: »Effects of Colour, Area, and Height on Space Perception«, in: *Environment-Behaviour Proceedings Journal,* Vol. 2, 2017, S. 351-359, DOI: 10.21834/e-bpj.v2i6.978.
22 Wassily Kandinsky: *Über das Geistige in der Kunst* (Originalausgabe 1911), Revidierte Neuauflage, Benteli Verlag, Salenstein 2004.
23 Ebd.
24 Christian Wiest: »Biomedizinische Bildgebung der nächsten Generation: multispektrale optoakustische Tomographie (MSOT): Schlussbericht; Vorhabenbezeichnung: GO-BIO 3: verbesserte biomedizinische Bildgebung durch multispektrale optoakustische Tomographie (MSOT); Laufzeit des Vorhabens: 01.06.2010-30.09.2011«, DOI: 10.2314/GBV:776145347.
25 Prof. Dr. Ferdinand Dudenhöffer, Henrike Koczwara (beide CAR – Center Automotive Research Universität Duisburg-Essen): »Klingt weiß leise? Von Farben und Geräuschen«, https://www.uni-due.de/~hk0378/publikationen/2013/2013_03_Internationales_Verkehrswesen.pdf (aktualisiert am 24.07.2019).
26 Bettina Zeller, Ingo Begall, Nikolaus Nessler: *Paul Klee und die Musik,* Nicolaische Verlagsbuchhandlung, Berlin 1986.

Wohltuende Farben

1 T. Bohn, T. Walczyk, S. Leisibach, R. F. Hurrell: »Chlorophyll-bound Magnesium in Commonly Consumed Vegetables and Fruits: Relevance to Magnesium Nutrition«, DOI 10.1111/j.1365-2621.2004.tb09947.x.

2 Martha Clare Morris, Yamin Wang, Lisa L. Barnes, David A. Bennett, Bess Dawson-Hughes, Sarah L. Booth: »Nutrients and bioactives in green leafy vegetables and cognitive decline«, in: *Neurology,* Vol. 90(3), Januar 2018, Epub 20. Dezember 2017, DOI: 10.1212/WNL.0000000000004815.

3 Zitat aus: »Sekundäre Pflanzenstoffe und ihre Wirkung auf die Gesundheit«, Deutsche Gesellschaft für Ernährung e. V. (gefördert durch das Bundesministerium für Ernährung und Landwirtschaft).

4 Institut für Ernährungs- und Lebensmittelwissenschaften, Fachbereich Ernährungsphysiologie, Universität Bonn: »Tomaten, Tomatenprodukte und Lykopin in der Prävention und Therapie des Prostatakarzinoms – Was ist gesichert?«, in: *Ernährungsumschau,* Bd. 54(6), S. 318–323.

5 Dachun Yang et al.: »Activation of TRPV1 by Dietary Capsaicin Improves Endothelium-Dependent Vasorelaxation and Prevents Hypertension«, in: *Cell Metabolism,* Vol. 12(2), 4. August 2010, S. 130–141, DOI: 10.1016/j.cmet.2010.05.015.

6 Ratgeber der Verbraucherzentrale Hamburg: »Was bedeuten die E-Nummern? Lebensmittel Zusatzstoffliste«, https://shop.vzhh.de/ernaehrung/29901/was-bedeuten-die-e-nummern.aspx.

7 European Food Safety Authority (EFSA), Neubewertung aller bereits zugelassenen Lebensmittelfarbstoffe: www.efsa.europa.eu/de/topics/topic/food-colours.

8 D. McCann et al.: »Food additives and hyperactive behaviour in 3-year-old and 8/9-year-old children in the community: a randomised, double-blinded, placebo-controlled trial«, in: *The Lancet,* Vol. 370(9598), 2007, S. 1560–1567, DOI: 10.1016/S0140-6736(07)61306-3.

9 Bundesverband der Verbraucherzentralen und Verbraucherverbände: »Azofarbstoffe – Warnhinweis für bunte Lebensmittel«, 27. Januar 2016, www.lebensmittelklarheit.de/informationen/azofarbstoffe-warnhinweis-fuer-bunte-lebensmittel.

10 Julia Merlot: »Bunt und gefährlich. Farbstoffe in Lebensmitteln«, *Spiegel Online,* 14.07.2013, www.spiegel.de/gesundheit/ernaehrung/aromen-und-farbstoffen-300-chemikalien-sind-in-der-eu-zugelassen-a-906851.html.

11 F. Huber, K. Vollhardt, F. Meyer, V. Vetter, M. Choi: *Nicht alles ist Gold, was glänzt. Die Bedeutung des Verpackungsdesigns am Beispiel von Lippenstiften,* Center of Market-Oriented Product and Production Management, Mainz 2008..

12 »Fragen und Antworten zu Druckfarben und primären aromatischen Aminen in Lebensmittelbedarfsgegenständen«, FAQ des BfR vom 22. Juni 2017, www.bfr.bund.de/de/fragen_und_antworten_zu_druckfarben_und_primaeren_aromatischen_aminen_in_lebensmittelbedarfsgegenstaenden-191493.html.

13 Abschlussbericht zur wissenschaftlichen Studie »Ausmaß der Migration

unerwünschter Stoffe aus Verpackungsmaterialien aus Altpapier in Lebensmitteln« (2.3.2010–31.5.2012) Chemisches und Veterinäruntersuchungsamt Stuttgart, Landesuntersuchungsanstalt für das Gesundheits- und Veterinärwesen Sachsen, TU Dresden, Kantonales Labor Zürich im Auftrag des Bundesministeriums für Ernährung, Landwirtschaft und Verbraucherschutz;
Nicole Concin et al.: »Mineral oil paraffins in human body fat and milk«, in: *Food and Chemical Toxicology,* Vol. 46(2), Februar 2008, S. 544–552

14 foodwatch e. v.: »Verpackungen im Test: Mineralöl in Reis, Nudeln & Co.«, www.foodwatch.org/de/aktuelle-nachrichten/2015/verpackungen-im-test-mineraloel-in-reis-nudeln-co/.

15 Alfred J. Lewy et al.: »Winter Depression. Integrating Mood, Circadian Rhythms, and the Sleep/Wake and Light/Dark Cycles into a Bio-Psycho-Social-Environmental Model«, in: *Sleep Medicine Clinics,* Vol. 4(2), Juni 2009, S. 285–299.

16 C. Barkmann, N. Wessolowski, M. Schulte-Markwort: »Applicability and efficacy of variable light in schools«, in: *Physiology & Behavior,* Vol. 105(3), 2012, S. 621–627; N. Wessolowski et al.: »The Effect of Variable Light on the Fidgetiness and Social Behavior of Pupils in School«, in: *Journal of Environmental Psychology,* Vol. 39(SI), 2014, S. 101–108.

17 D.-J. Dijk, S. N. Archer: »Light, Sleep, and Circadian Rhythms: Together Again«, in: *PLoS Biology,* Vol. 7(6), e1000145, 2009, DOI: 10.1371/journal.pbio.1000145.

18 Johannes Kister (Hrsg.), Ernst Neufert: *Bauentwurfslehre. Grundlagen, Normen, Vorschriften,* Springer Vieweg, Wiesbaden 2018.

19 Vitruv: *Zehn Bücher über Architektur. De architectura libri decem* (Erstauflage 33 und 22 v. Chr.), Marix Verlag 2015.

20 Arthur Rüegg (Hrsg.): *Polychromie architecturale. Le Corbusiers Farbenklaviaturen von 1931 und 1959,* Birkhäuser, Basel 2015.

21 Klaus Spechtenhauser, Arthur Rüegg, Association Maison Blanche (Hrsg.): *Maison Blanche – Charles-Edouard Jeanneret. Le Corbusier: History and Restoration of the Villa Jeanneret-Perret 1912–2005, Birkhäuser,* Basel 2019.

22 Richard Wilhelm: *I Ging. Das Buch der Wandlungen,* Nikol, Hamburg 2017; Alfred B. Hwangbo: »An alternative tradition in Architecture: Conceptions in Feng Shui and its continuous tradition«, in: *Journal of Architectural and Planning Research,* Vol. 19(2), Sommer 2002, S. 110–130; Michael Y., S. Thomas: »The art and science of Feng Shui – a study on architects' perception«, in: *Building and Environment,* Vol. 40(3), März 2005, S. 427–434.

23 Die farbliche Gestaltung von zwei Intensivstationen erfolgte mit meiner Partnerin Heike Krauss und in enger fachlicher Zusammenarbeit mit der Chefärztin Frau Dr. Wöbker der Klinik für Intensivmedizin im HELIOS Universitätsklinikum Wuppertal, mit der ich auch die wissenschaftliche Begleitforschung durchgeführt habe. Publikation der Studienergebnisse auf der Bildungsplattform colour.education: www.colour.education/farbe-im-gesundheitsbau/.

24 Ulrich Peter Andorfer: *Delir auf operativen Intensivstationen. Inzidenz*

und Bedeutung für das Behandlungsergebnis, Dissertation Hohe Medizinische Fakultät Friedrich-Wilhelms-Universität Bonn.

25 Dirk K. Wolter: »Risiken von Antipsychotika im Alter, speziell bei Demenzen. Eine Übersicht«, in: *Zeitschrift für Gerontopsychologie & -psychiatrie,* Bd. 22(1), 2009, S. 17–56.

Die Symbolkraft der Farben

1 K. B. Schloss, S. E. Palmer: »An ecological valence theory of human color preferences«, in: *Proceedings of the National Academy of Sciences,* Vol. 107, 2010, DOI: 10.1073/pnas.0906172107; dies.: »Aesthetic response to color combinations: Preference, harmony, and similarity«, in: *Attention, Perception & Psychophysics,* Vol. 73, 2010, DOI: 10.3758/s13414-010-0027-0.

2 Bertram Barth, Berthold B. Flaig, Norbert Schäuble, Manfred Tautscher: *Praxis der Sinus-Milieus®: Gegenwart und Zukunft eines modernen Gesellschafts- und Zielgruppenmodells,* Springer 2017.

3 Brent Berlin, Paul Kay: *Basic Color Terms. Their Universality and Evolution,* University of California Press, Berkeley 1991.

Weiß

1 Brian P. Meier, Michael D. Robinson, Gerald L. Clore: »Why Good Guys Wear White. Automatic Inferences About Stimulus Valence Based on Brightness«, in: *Psychological Science,* Vol. 15(2), 2004, DOI: 10.1111/j.0963-7214.2004.01502002.x

2 John Gage: *Colour and Culture,* Thames & Hudson, London 1993.

3 Victoria Finlay: *The Brilliant History of Colors in Art,* Yale University Press, New Haven 2014, S. 21.

4 Gottfried Semper: *Vorläufige Bemerkungen über bemalte Architektur und Plastik bei den Alten,* Altona 1834; ders.: *Die Anwendung der Farben in der Architectur und Plastik,* Heft 1, Rom 1836.

5 Bundesgerichtshof, Urteil vom 18. 06. 2008 – VIII ZR 224/07.

6 *Mineral Commodity Summaries 2016,* U.S. Geological Survey 2016.

7 Siehe hierzu auch das Kapitel »Das Gewicht der Farben«.

8 M. Carr Payne Jr.: »Apparent Weight as a Function of Color«, in: *The American Journal of Psychology,* Vol. 71(4), Dezember 1958, S. 725–730.

9 Siehe jährliche Studien wie »DuPont Global Automotive Color Popularity Report« oder »Axalta Coating Systems Global Automotive Color Popularity Report«.

10 *Earth & Space Science News,* American Geophysical Union 2018.

11 N. Kwallek, C. M. Lewis, J. W. D. Lin-Hsiao, H. Woodson: »Effects of nine monochromatic office interior colors on clerical tasks and worker mood«, in: *Color Research and Application,* Vol. 21(6), Dezember 1996, S. 448–458, DOI: 10.1002/(SICI)1520-6378(199612)21:6<448::AID-COL7>3.0.CO;2-W.

Schwarz

1 Blind klingt zwar drastisch, doch nach gesetzlich verankerten Regelungen der Weltgesundheitsorganisation trifft das auf jeden Menschen zu, der weniger als zwei Prozent sieht.

2 Vgl. G. Nissen: *Endogene Psychosyndrome und ihre Therapie im Kindes- und Jugendalter,* Verlag Hans Huber, Bern u. a. 1992, S. 65–73.

3 Andrew G. Reece, Christopher M. Danforth: »Instagram photos reveal predictive markers of depression«, in: *EPJ Data Science,* Vol. 6(15), 2017, DOI: 10.1140/epjds/s13688-017-0110-z.

4 Stephanie Rosenthal (Hrsg.): *Black Paintings: Robert Rauschenberg, Ad Reinhardt, Mark Rothko, Frank Stella,* Hatje Cantz, Ostfildern 2006.

5 Slavoj Žižek: *Ein Sachcomic,* TibiaPress, Überlingen 2013.

6 Siehe hierzu auch das Werk von Malern wie Caravaggio, Tizian, Rembrandt van Rijn, Jan Vermeer, Peter Paul Rubens und Diego Velázquez.

7 S. Craig Roberts, Roy C. Owen, Jan Havlicek: »Distinguishing Between Perceiver and Wearer Effects in Clothing Color-Associated Attributions«, in: *Evolutionary Psychology,* Vol. 8(3), 2010.

8 »… Vantablack … [ist] eine extrem schwarze Beschichtung, die den Weltrekord als dunkelfarbigste, von Menschen hergestellte Substanz hält.«, https://www.surreynanosystems.com/about/vantablack.

Grau

1 D. Elger, H. U. Obrist (Hrsg.): *Gerhard Richter. Text 1961–2007: Schriften, Interviews, Briefe,* Verlag der Buchhandlung Walther König 2008, S. 92.

2 Emanuel Bubla et al.: »Seeing Gray When Feeling Blue? Depression Can Be Measured in the Eye of the Diseased«, in: *Biological Psychiatry,* Vol. 68(2), 15. Juli 2010, S. 205–208.

3 IARC Working Group on the Evaluation of Carcinogenic Risk to Humans: IARC Monographs on the Evaluation of Carcinogenic Risks to Humans, Vol. 99, International Agency for Research on Cancer, Lyon 2010.

4 Quelle: Partnerportal www.zweisam.de mit dem Marktforschungsinstitut GfK; Basis: repräsentative Stichprobe von 1005 Deutschen, Befragungszeitraum: 11.–14.05.2018, Mehrfachnennungen möglich.

5 Bei 19- bis 26-jährigen Frauen beträgt die Wahrscheinlichkeit einer Schwangerschaft etwa 50 Prozent. Zwischen dem 35. und 39. Lebensjahr liegt sie unter 30 Prozent. Ab dem 45. Lebensjahr reduziert sich die Wahrscheinlichkeit auf zwei bis drei Prozent (D. B. Dunson, B. Colombo, D. D. Baird: »Changes With Age in the Level and Duration of Fertility in the Menstrual Cycle«, in: Human Reproduction, Vol. 17(5), Mai 2002, S. 1399–1403). Männer produzieren lebenslang Spermien, deren Gesundheit und Fruchtbarkeit mit dem Alter jedoch deutlich nachlassen.

6 Dieser Begriff findet häufig Anwendung in der Umgangssprache wie in Journalismus und Literatur, wo er sowohl negativ (abschätzig) als auch positiv (mitfühlend) gebraucht wird.

Rot

1 R. W. Wrangham: »The evolution of sexuality in chimpanzees and bonobos«, in: *Human Nature,* Vol. 4(1), März 1993, S. 47–79, DOI: 10.1007/BF02734089; L. G. Domb, M. Pagel: »Sexual swellings advertise female quality in wild baboons«, in: *Nature,* Vol. 410(6825), März 2001, S. 204–206
2 Schawelka, mehr dazu auch bei »Rosa«.
3 Gad Saad, Eric Stenstrom: »Calories, beauty, and ovulation: The effects of the menstrual cycle on food and appearance-related consumption«, in: *Journal of Consumer Psychology,* Vol. 22(1), Januar 2012, S. 102–113.
4 Robert P. Burriss et al.: »Changes in Women's Facial Skin Color Over the Ovulatory Cycle are Not Detectable by the Human Visual System«, in: *PloS One,* DOI: 10.1371/journal.pone.0130093; Anmerkung: Vielleicht würde ein Test, der die Gesichtsrötung nicht anhand von Computerfotos beurteilen lässt, sondern an realen Frauen in natürlichen Lichtsituationen sehr viel deutlichere Rotfärbungen zeigen. Tageslicht ist deutlich heller und intensiver, weist einen größeren Farbumfang, eine bessere Farbwiedergabe und höhere Kontraste auf.
5 Alec T. Beall, Jessica L. Tracy: »Women Are More Likely to Wear Red or Pink at Peak Fertility«, in: *Psychological Science,* Vol. 24(9), S. 1837–1841.
6 William Shakespeare: *Die Sonette – The Sonnets,* übersetzt von Klaus Reichert, Fischer 2016, S. 130.
7 Meg Cohen, Karen Kozlowski: *Read My Lips: A Cultural History of Lipstick,* Chronicle Books, San Francisco 1998.
8 Andrew J. Elliot, Adam D. Pazda: »Dressed for Sex: Red as a Female Sexual Signal in Humans«, in: *PLoS One,* Vol. 7(4), e34607, April 2012.
9 Ebd.
10 Nicolas Guéguen: »Color and Women Hitchhikers' Attractiveness: Gentlemen Drivers prefer Red«, in: Color. Research and Application, Vol 37(1), 2012, S.76–78. DOI: 10.1002/col.20651.
11 Nicolas Guéguen, Céline Jacob: »Clothing Color and Tipping: Gentlemen Patrons Give More Tips to Waitresses With Red Clothes«, in: *Journal of Hospitality and Tourism Research,* Vol. 38(2), 2014, S. 275–280; dies.: »Lipstick and Tipping Behavior: When Red Lipstick Enhance Waitresses Tips«, in: *International Journal of Hospitality Management,* Vol. 31(4), 2012, S. 1333–1335.
12 Charles Darwin: *The Expression of the Emotions in Man and Animals,* 1872.
13 Diana Wiedemann, D. Michael Burt, Russell A. Hill, Robert A. Barton: »Red clothing increases perceived dominance, aggression and anger«, 2015, https://royalsocietypublishing.org/doi/full/10.1098/rsbl.2015.0166.
14 S. Dickerson, M. E. Kemeny: »Acute Stressors and Cortisol Responses: A Theoretical Integration and Synthesis of Laboratory Research«, in: *Psychological Bulletin,* Vol. 130(3), Juni 2004, S. 355–91, DOI: 10.1037/0033-2909.130.3.355; Corine Dijk, Peter J. de Jong, Madelon L. Peters: »The Remedial Value of Blushing in the Context of Transgressions and Mishaps«, in: *Emotion,* Vol.9(2), 2009, S.287–291.
15 Peggy Zoccola, Sally Dickerson, Sue Lam: »Eliciting and Maintaining Ru-

minative Thought: The Role of Social-Evaluative Threat«, in: *Emotion,* Vol. 12(4), 2012, S. 673–677, DOI: 10.1037/a0027349.

16 Lee Shepherd, Russell Spears, Antony S. R. Manstead: »When does anticipating group-based shame lead to lower ingroup favoritism? The role of status and status stability«, in: *Journal of Experimental Social Psychology,* Vol. 49(3), Mai 2013, S. 334–343.

17 Mandrill-Affen: Kampfkraftanzeiger – je roter die Männchen, umso aggressiver, vgl. www.researchgate.net/publication/229528487_Dominance_Status_Signals_and_Coloration_in_Male_Mandrills_Mandrillus_sphinx.

18 I. D. Stephen, F. H. Oldham, D. I. Perrett, R. A. Barton: »Redness enhances perceived aggression, dominance and attractiveness in men's faces«, in: *Evolutionary Psychology,* Vol. 10(3), 2012, S. 562–572.

19 Melissa L. Meyer: *Thicker Than Water. The Origins of Blood as Symbol and Ritual,* Routledge 2005.

20 Tim Marshall: *Im Namen der Flagge. Die Macht politischer Symbole,* dtv 2017.

21 »Dann legten sie ihm einen Purpurmantel um und flochten einen Dornenkranz; den setzten sie ihm auf und grüßten ihn: Sei gegrüßt, König der Juden!«, Neues Testament, Markus 15,17.

22 Jean-Gabriel Causse: Die unglaubliche Kraft der Farben, Hanser 2015, S. 67; N. Hagemann, B. Strauss, L. Leißing: »When the Referee Sees Red …«, in: *Psychological Science,* Vol. 19(8), 2008, S. 769–771, DOI: 10.1111/j.1467-9280.2008.02155.x.

23 »Is red an innate or learned signal of aggression and intimidation?«, in: *Animal Behaviour,* Vol. 78(2), August 2009, S. 393–398 , DOI: 10.1016/j.anbehav.2009.05.013.

24 Richard Dukes, Heather Albanesi (University of Colorado, Colorado Springs): »The Social Science Journal«, Online-Vorabveröffentlichung, DOI: 10.1016/j.soscij.2012.07.005.

Grün

1 Guy Deutscher: *Im Spiegel der Sprache: Warum die Welt in anderen Sprachen anders aussieht,* C. H. Beck, München 2013.

2 Michel Pastoureau: Green. *The history of a color,* Princeton University Press, Princeton 2014.

3 Agnes Keil, ETH Zurich: »Ist Grün gleich Grün? Die Wirkung der Farbe Grün als Verpackungselement auf die Wahrgenommene Ökologische Nachhaltigkeit von Produkten«, DOI: 10.13140/RG.2.2.20086.50249/1.

4 Aussage des stellvertretenden Deutschlandchefs des Unternehmens McDonald's Holger Beeck gegenüber der *Financial Times Deutschland.*

5 DIN EN ISO 7010.

6 Iranisch-Irakischer Krieg 1980–88.

7 Michel Pastoureau: Green. *The history of a color,* Princeton University Press, Princeton 2014.

8 A. E. van den Berg, C. G. van den Berg: »A comparison of children with ADHD in a natural and built setting«, in: *Child: care, health and development,* DOI: 10.1111/j.1365-2214.2010.01172.x; Annakarin Olsson et al.: »Persons with early-stage dementia reflect on being outdoors: a repeated

interview study«, in: *Aging & Mental Health,* Vol. 17(7), 2013, DOI: 10.1080/13607863.2013.801065.

9 Daniela Haluza, Renate Cervinka: »GREEN PUBLIC HEALTH & GREEN CARE: Gesundheitsfördernde Wirkung von Wald«, in: *NATUR. RAUM.MANAGEMENT Journal,* Vol. 25, 2015, S. 4-5.

10 M. M. Hansen, R. Jones, K. Tocchini: »Shinrin-Yoku (Forest Bathing) and Nature Therapy: A State-of-the-Art Review«, in: *International Journal of Environmental Research and Public Health,* Vol. 14(8), 28. Juli 2017, S. 851, DOI:10.3390/ijerph14080851.

11 Siehe dazu auch das Kapitel »Farben sind Geschmackssache«.

12 Joost Mertens: »Arsengrüner Walzer«, in: *Kultur & Technik,* 2/2015.

13 Stephanie Lichtenfeld et al.: »Fertile Green: Green Facilitates Creative Performance«, DOI: 10.1177/0146167212436611.

Blau

1 Barry J. Babin et al.: *Color and Shopping Intentions: The Intervening Effect of Price Fairness and Perceived Affect,* University of Southern Mississippi 2003.

2 »Why Google has 200m reasons to put engineers over designers«, in: *The Guardian,* 05.02.2014.

3 Matthias Koddenberg: *Yves Klein. In/Out Studio,* Kettler, Dortmund 2016.

4 Takeshi Hatta, Hirotaka Yoshida, Ayako Kawakami, Masahiko Okamoto: »Color of computer display frame in work performance, mood, and physiological response«, in: *Perceptual and Motor Skills,* Vol. 94(1), 2002, S. 39-46, DOI: 10.2466/PMS.94.1.39-46.

5 Antoine Viola, Lynette M James, Luc Schlangen, Derk-Jan Dijk: »Blue-enriched white light in the workplace improves self-reported alertness, performance and sleep quality«, in: *Scandinavian Journal of Work, Environment & Health,* Vol. 34(4), S. 297-306, DOI: 10.5271/sjweh.1268; University of Surrey: »Office Workers Given Blue Light To Help Alertness«, *ScienceDaily,* 30. Oktober 2008.

6 George H. van Doorn, Dianne Wuillemin, Charles Spence: »Does the colour of the mug influence the taste of the coffee?«, in: *Flavour,* Vol. 3(10), 2014, DOI: 10.1186/2044-7248-3-10.

7 Michel Pastoureau: *Blau. Die Geschichte einer Farbe,* Verlag Klaus Wagenbach, Berlin 2013, S. 42-44.

8 »Lektion XII: Michelangelo als Künstler der Päpste. Maltechnik, Farben und Restaurierung«, arthistoricum.net.

9 Michel Pastoureau: *Blau. Die Geschichte einer Farbe,* Verlag Klaus Wagenbach, Berlin 2013, S. 110-111.

10 Nicolas Guéguen: »The Effect of Glass Colour on the Evaluation of a Beverage's Thirst-Quenching Quality«, in: *Current Psychology Letters,* Vol. 2(11), 2003, http://cpl.revues.org/398.

11 M. Ziat, C. A. Balcer, A. Shirtz, T. Rolison: »A Century Later, the Hue-Heat Hypothesis: Does Color Truly Affect Temperature Perception?«, in: F. Bello, H. Kajimoto, Y. Visell (Hrsg.): *Haptics. Perception, Devices, Control, and Applications,* EuroHaptics 2016. Lecture Notes in *Computer Science,* Vol. 9774, Springer.

12 NTT Communication Science Laboratories, Nippon Telegraph and Telephone Corporation, 3-1 Morinosato Wakamiya, Atsugi, Kanagawa, 243-0198, Japan, Graduate School of Engineering Science, Osaka University, 1-3 Machikaneyama, Toyonaka, Osaka, 560-8531, Japan.

Gelb

1 D. E. Moerman, W. B. Jonas: »Deconstructing the Placebo Effect and Finding the Meaning Response«, in: *Annals of Internal Medicine,* Vol. 136, 19. März 2002.
2 Susanne Brügel: »Farben in mittelalterlichen Minnereden«, Vortrag 2008, Arbeitstagung »Farbensymbolik« bei der Schweizerischen Gesellschaft für Symbolforschung.
3 Dr. Letizia Monico, Prof. Koen Janssens et al.: »Evidence for Degradation of the Chrome Yellows in Van Gogh's *Sunflowers*: A Study Using Noninvasive In Situ Methods and Synchrotron-Radiation-Based X-ray Techniques«, 2015, DOI: 10.1002/anie.201505840.
4 Helen R. Carruthers, Julie Morris, Nicholas Tarrier, Peter J. Whorwell: »The Manchester Color Wheel: development of a novel way of identifying color choice and its validation in healthy, anxious and depressed individuals«, in: *BMC Medical Research Methodology,* 2010, DOI: 10.1186/1471-2288-10-12.
5 Johannes Itten: *Kunst der Farbe,* Studienausgabe, Seemann 2001.
6 »Global Cosmetic Products Market-Analysis of Growth, Trends and Forecasts (2018-2023)«, OrbisResearch.com.
7 Yves Schumacher, Carmen Gasser Derungs (Hrsg.): *gelb! Das Buch zur Ausstellung einer Farbe,* Das Gelbe Haus Flims 2016.

Braun

1 Allein in Deutschland verwenden mehr als eine halbe Million Menschen künstliche Bräunungsmittel. Quelle: Statista Bevölkerung in Deutschland nach Häufigkeit der Verwendung von Selbstbräunern von 2015 bis 2018 (in Millionen).
2 »Michael Jackson: Mit Kälte wurde seine Haut gebleicht«, in: *Ärzte Zeitung,* 26.06.2009, Springer Medizin Verlag.
3 Margaret Hunter: »The Persistent Problem of Colorism: Skin Tone, Status, and Inequality«, in: *Sociology Compass,* Vol. 1(1), 2007, S. 237–254, DOI: 10.1111/j.1751-9020.2007.00006.x.
4 Im Jahr 2019 wurden in 29 afrikanischen Ländern 207 Albinos wegen ihrer auffällig hellen Haut- Haar- und Augenfarbe getötet, 366 verstümmelt, vergewaltigt oder verletzt. Quelle: Christliche Wohltätigkeitsorganisation Living under the same sun: »Reported Attacks of Persons with Albinism (PWA) – 1 Page Summary, Date of report: January 7, 2019«.
5 E. J. Gibson, R. D. Walk: »The ›visual cliff‹«, in: *Scientific American,* Vol. 202(4), 1960, S. 64–71; Joseph J. Campos, Alan Langer, Alice Krowitz: »Cardiac Responses on the Visual Cliff in Prelocomotor Human Infants«, in: *Science,* 9. Oktober 1970, S. 196–197, DOI: 10.1126/science.170.3954.196.
6 D. R. Fell: *Wood in the human environment: restorative properties of wood*

in the built indoor environment (T), University of British Columbia 2010, DOI: 10.14288/1.0071305.

7 Jennifer Rice, Robert A. Kozak, Michael J. Meitner, David H. Cohen: »Appearance of Wood products and psychological well-being«, in: *Wood and Fiber Science,* Vol. 38(4), 2006, S. 644–659.

8 Y. Tsunetsugu, Y.Miyazaki, H. Sato: »Physiological effects in humans induced by the visual stimulation of room interiors with different wood quantities«, https://link.springer.com/content/pdf/10.1007/s10086-006-0812-5.pdf.

9 Christoph Johannes Häberle: *Farben in Europa. Zur Entwicklung individueller und kollektiver Farbpräferenzen,* Dissertation Bergische Universität Wuppertal 1999.

10 Eva Heller: Wie Farben wirken. *Farbpsychologie – Farbsymbolik – Kreative Farbgestaltung,* Rowohlt, Reinbek bei Hamburg 2004.

11 Adolf Hitler, Rede vom 9. Mai 1926 in Eutin, in: *Anzeiger für das Fürstentum Lübeck,* 15. Mai 1926.

12 GRA Stiftung gegen Rassismus und Antisemitismus, 2015.

13 »Irritationen wegen des Hemds von Moderator Jochen Breyer: Das olivgrüne Hemd wirkte im TV tatsächlich braun. Sorry!«, in: *ZDF-Morgenmagazin* (@morgenmagazin), 28.10.2014.

Rosa

1 Caroline Kaufmann: *Zur Semantik der Farbadjektive rosa, pink und rot* (Dissertation Ludwig-Maximilians-Universität München), Herbert Utz Verlag, München 2006.

2 Bartolomé Esteban Murillo: »Die beiden Dreieinigkeiten«, ca. 1675–1682. Auf dem Gemälde trug der knabenhafte Jesus ein rosafarbenes Kleid, Gottvater im Himmel hingegen ein rosafarbenes Tuch. Die frühesten Darstellungen finden sich in den Gemälden des Florentiner Malers Cimabue und des sienesischen Malers Duccio di Buoninsegna aus dem 13. und 14. Jahrhundert.

3 Franz Xaver Winterhalter: »The Royal Family in 1846« – Queen Victoria, Prince Albert, and children.

4 V. Jadva, M. Hines, S. Golombok: »Infants' preferences for toys, colors, and shapes: sex differences and similarities«, in: *Archives of Sexual Behavior,* Vol. 39(6), 2010, S. 1261–1273, DOI: 10.1007/s10508-010-9618-z.

5 Derek Jarman: Chroma. *A Book of Colour,* Vintage Classics, London 1995.

6 Nina G. Jablonski, George Chaplin: »The Evolution of Human Skin Coloration«, in: *Journal of Human Evolution,* Vol. 39(1), 1. Juli 2000, S. 57.

7 Robert J. Pellegrini, Alexander G. Schauss, Michael E. Miller: *Room Color and Aggression in A Criminal Detention Holding Cell: A Test of the »Tranquilizing Pink« Hypothesis,* New York 1978.

8 Karl Schawelka: Farbe. *Warum wir sie sehen, wie wir sie sehen,* Verlag der Bauhaus Universität Weimar 2007.

9 Otis L. Guernsey Jr., *New York Herald Tribune.*

10 Kassia St. Clair: *Die Welt der Farben,* Tempo, Hamburg 2017.

11 Pinkstinks Germany e. V., Hamburg. Zitat: https://pinkstinks.de/was-wir-tun/ (13.03.2019).

12 Jo B. Paoletti: *Pink and Blue. Telling the Girls from the Boys in America,* Indiana University Press 2012.
13 Elizabeth V. Sweet: Boy Builders and Pink Princesses: *Gender, Toys, and Inequality over the Twentieth Century,* Dissertation Department of Sociology University of California 2013.
14 Pantone LLC, ein US-amerikanisches Unternehmen mit Sitz in Carlstadt, New Jersey, veröffentlicht jährlich die »PANTONE Color of the Year«.
15 Norbert Blech, NRW: »Skandal um Rosa Liste bei Polizei«, Artikel im schwul-lesbischen Magazin *queer.de* vom 19. Mai 2005.
16 Karl Schawelka: »Showing Pink«, in: Barbara Nemitz: *Pink. The Exposed Color in Contemporary Art and Culture,* Hatje Cantz, Ostfildern 2006.
17 Gesa Dane: *Zeter und Mordio. Vergewaltigung in Literatur und Recht,* Wallstein Verlag, Göttingen 2005.
18 Verkürztes Zitat aus der Frage-Antwort-Plattform: gutefrage.net.

Orange

1 Tim Barringer, Jason Rosenfeld, Alison Smith: Pre-Raphaelites. Victorian Avant-Garde, Ausstellungskatalog, London, Tate Britain, 12.9.2012–13.1.2013.
2 »Letter from Vincent van Gogh to Emile Bernard Arles«, 6.–11. Juni 1888.
3 P. Willard: *Secrets of Saffron. The Vagabond Life of the World's Most Seductive Spice,* Beacon Press, Boston 2002.

Violett

1 Zitat aus dem Roman *Das Bildnis des Dorian Gray.*
2 Ines Bogensperger: »Purpur. Eine Farbe als Statussymbol«, in: *Mitteilungen der Anthropologischen Gesellschaft in Wien,* Bd. 145, 2015, S. 155–172.
3 Ebd.
4 Zitat aus: Stella Paul: *Chromaphilia. The Story of Colour in Art,* Phaidon 2017.

Silber

1 Richard G. Coss, Saralyn Ruff, Tara Simms: »All That Glistens: II. The Effects of Reflective Surface Finishes on the Mouthing Activity of Infants and Toddlers«, in: *Ecological Psychology,* Vol. 15(3), 2003, S. 197–213, DOI: 10.1207/S15326969ECO1503_1
2 Maria Schilder: *Die Kaurischnecke,* Geest & Portig, Leipzig 1952, S. 45.
3 Tzilla Eshel, Yigal Erel, Naama Yahalom-Mack, Ofir Tirosh, Ayelet Gilboa: »Lead isotopes in silver reveal earliest Phoenician quest for metals in the west Mediterranean«, in: *PNAS,* Vol. 116(13), 26. März 2019, S. 6007–6012, Erstveröffentlichung 25. Februar 2019, DOI 10.1073/pnas.1817951116.
4 Siehe jährliche Studien des US-Lackherstellers DuPont.
5 Christian Cajochen et al.: »Evidence that the Lunar Cycle Influences Human Sleep«, Centre for Chronobiology, Psychiatric Hospital of the Uni-

versity of Basel, 4012 Basel, Switzerland, in: *Current Biology,* Vol. 23(15), 5. August 2013, S. 1485–1488.

Gold

1 Corinna Rossi: *Architecture and Mathematics in Ancient Egypt,* Cambridge University Press 2004.
2 Virginia Hughes: »Hagia Sophia. Shaken, not stirred«, in: *Nature,* Vol. 443, September 2006.
3 Anne Schloen: *Die Renaissance des Goldes. Gold in der Kunst des 20. Jahrhunderts,* Dissertation Universität zu Köln 2006.
4 Johann Wolfgang von Goethe: *Faust I. Der Tragödie erster Teil,* Kapitel 11, Reclam, Stuttgart 1992.
5 *Moderne Alchemie,* Wuppertal 1960 (Veröffentlichungen der Vereinigten Glanzstoff Fabriken AG).
6 J. D. Lyman et al.: »The optical afterglow of the short gamma-ray burst associated with GW170817«, in: *Nature Astronomy,* Vol. 2, 2018, S. 751–754.
7 Keramikschale im Museum Warna, Bulgarien, Fundstätte Warna Friedhof, Grab 4, um 3900 v. Chr.
8 Joycelyne Gledhill Russell: *The Field of Cloth of Gold. Men and Manners in 1520,* Barnes & Noble, New York 1969.
9 Anne Schloen: *Die Renaissance des Goldes. Gold in der Kunst des 20. Jahrhunderts,* Dissertation Universität zu Köln 2006.
10 Thora, 2. Buch Mose 32, 25–28.
11 Sein Vorgänger Obama verlangte in einer Rede vom 7. September 2018 von seiner Regierung daher auch nicht weniger als die »Wiederherstellung von Ehrlichkeit, Anstand und Rechtmäßigkeit«. Transkript des Redemanuskripts: https://eu.usatoday.com/story/news/politics/elections/2018/09/07/president-barack-obamas-speech-transcript-slamming-trump/1225554002/.
12 Informationen zu diesem Kunstwerk unter https://www.sfmoma.org/artwork/91.1/.

Farbpsychologie und Farbgestaltung

1 Umfrage des Instituts für Demoskopie Allensbach 2002, Allensbacher Jahrbuch für Demoskopie 1998–2002.
2 Anya Hurlbert, Yazhu Ling: »Biological components of sex differences in color preference«, in: *Current Biology,* DOI: 10.1016/j.cub.2007.06.022.